이상사회를 찾아서

左道右器의 길

| 지은이 김윤상

서울대학교 법과대학과 환경대학원, 미국 펜실베이니아대학교(도시계획학 박사)를 졸업하였다. 공군 중위로 전역한 1976년부터 39년간 경북대학교 행정학부 교수로 재직하였고 2017년 현재는 경북대학교 명예교수 겸 석좌교수로 연구를 계속하고 있다.
토지정책, 사회정의 전공자로서 토지사유제, 서울중심주의, 학벌주의 등 특권적인 사회제도와 관행을 비판해 왔다. 최근에는 좌파의 이상을 우파의 방법으로 달성한다는 좌도우기(左道右器)론을 기반으로 모두를 포용할 수 있는 이상사회를 설계하고 있다.
주요 저서로는 『지공주의: 새로운 토지패러다임』, 『특권 없는 세상: 헨리 조지 사상의 새로운 해석』 등이 있고, 주요 역서로는 헨리 조지의 『진보와 빈곤』, 『노동 빈곤과 토지 정의』 등이 있다.

이상사회를 찾아서
左道右器의 길

찍은 날 2017년 2월 20일 · **펴낸 날** 2017년 2월 27일
지은이 김윤상 · **펴낸이** 김상동 · **펴낸 곳** 경북대학교출판부
출판등록 1973년 10월 10일 ㉑97호 · **주소** 대구광역시 북구 대학로 80
전화 053-950-6741~3 · **팩스** 053-953-4692 · **이메일** press@knu.ac.kr
홈페이지 http://knupress.com
ISBN 978-89-7180-457-5 93330
* 정가는 뒤표지에 있습니다. 파본은 바꾸어 드립니다.

이상사회를 찾아서

左道右器의 길

독자적인 판단을 하지 않는 사람은 자동인형과 다름없습니다. 자동인형에서 벗어나 인간다운 삶을 살도록 하려면 교육과 복지가 약입니다. 단순한 지식을 주입하는 것이 아니라 스스로 생각하고 판단하는 능력을 기르는 교육이 필요합니다. 또 자신과 사회를 돌아볼 여유를 가지려면 기본 생활이 보장되어야 합니다. 교육도 정글 사회에서 살아남는 기술을 익히는 것이 아니라

각자 삶의 보람을 위해 잠재력을 계발하는 과정이 되려면 역시 복지가 갖추어져 있어야 합니다. 그렇게 본다면 교육보다 복지가 더 우선적인 약이라고 하겠습니다. 개미가 베짱이를 먹여 살리는 식의 복지가 아니라 자기 돈으로 자기 삶을 보장하는 복지를 실현하려면 좌도우기 개혁이 필요합니다. 정의와 복지가 공존하게 됩니다.

김윤상 지음

경북대학교출판부

서 문

이 책의 주제는 제가 40년 넘게 관심을 가져온 '좋은 사회제도'이며 2013년의 졸저 『특권 없는 세상』의 속편에 해당됩니다.

어떤 분은 '사회'제도가 그렇게 중요하냐, 각자 성실하게 자기 일을 하면 되는 것 아니냐고 합니다. 저도 개개인이 훌륭하면 사회도 더 좋아질 것이라고 생각하며 '최고의 사회봉사는 자기 수양'이라고 믿고 있습니다. 그러나 구성원이 아무런 악의 없이 한 행동도 사회에 나쁜 결과를 낳는 수가 많습니다. 내가 승용차를 타면 지구의 대기를 오염시킵니다. 싼 물건을 고르는 합리적인 행위 때문에 지구촌 어딘가에서 노동자가 착취당하기도 합니다. 그래서 사회적 차원의 대응이 필요합니다.

또 어떤 분은 '제도' 자체보다 운영이 더 중요하다고 합니다. 그 심정을 이해합니다. 모든 제도는 그 취지대로 운영되기 어렵고 좋은 제도나 나쁜 제도나 결과가 비슷한 경우도 있습니다. 그렇지만 좋은 제도를 갖추고 있을 때는 사회 개선에 대한 희망을 가질 수 있습니다. 예를 들어, 인권과 정의를 보장하는 헌법과 형법이 버젓이 존재하지만 현실에서는 '유전무죄, 무전유죄'라고 느끼는 국민이 의외로 많습니다. 그러나 좋은 헌법과 형법이 있어야 '법대로 하자'고 외치기라도 할 수 있지 않습니까? 그래서 저는 오랜 세월 좋은 사회제도를 연구해 온 것입니다.

이상사회를 모색하는 방식에는 대체로 세 가지가 있습니다. 자신이 상상하는 이상사회를 자유롭게 그려 보이는 비전 제시 방식, 제1원리를 출발점으로 삼고 거기서부터 논리에 따라 세부 원리와 제도를 도출하는 연역 방식, 주민이 합의를 통해 자신들에게 적용할 제도를 만드는 상황을 가정하고 그 결과를 예상해 보는 주민 합의 방식이 그것입니다. 2013년의 졸저 『특권 없는 세상』에서는 비전 제시 방식을 사용하였습니다. 율도국이라는 가상의 나라를 방문하여 그 사회를 소개하는 여행기입니다. 2009년의 졸저 『지공주의』에서는 연역 방식을 사용하였습니다. 모든 인간은 평등하게 자유롭다는 제1원리로부터 출발하여 바람직한 토지제도를 도출하였습니다. 이 책에서는 나머지 방식인 주민 합의 방식을 시도하였습니다.

제1장은 이 책의 핵심입니다. 주민 합의를 통해 좋은 사회제도를 설계할 수 있을지를 점검해 보았습니다. 이해관계가 엇갈리는 주민들이 각자 자신에게 유리한 제도를 추구하는 우리 현실에서는 이런 합의가 불가능하다는 것이 종래의 통념입니다. 그래서 일단 불교의 가르침처럼 생명이 윤회한다고 할 때, 현생의 주민이 다시 인간으로 환생할 것으로 기대하면서 환생 후의 사회를 설계한다면 어떤 사회제도에 합의할지를 추정해 보았습니다. 그 결과 약육강식의 이기형 제도를 지지하는 주민은 극히 소수이고, 다수는 정의로운 균형형 제도 또는 자비로운 이타형 제도를 지지한다는 사실을 알게 되었습니다. 이어서 주민이 자신의 처지를 알고 있는 상황에서 합의할 사회제도를 추정해 보았는데 예상 밖으로 환생사회와 비슷한 결과를 얻었습니다. 또 좌도우기(左道右器) 즉 좌파가 추구하는 이타형 제도의 목표를 우파가 동의하는 균형형 제도의 수단으로 달성하는 것이 이론상 가능하며, 주민을 제대로 대표하는 정치제도만 있으면 실현도 가능하다는 희망적인 결론을 얻게 되었습니다. 이런 결론에 실은 저 자신도 좀 놀랐습니다.

제2장은 제1장의 보충 설명입니다. 제1장에서 다룬 특권 중 토지특권에 대해서 살펴보았습니다. 다른 사람을 배제하고 토지를 단독으로 소유하거나 사용하는 권리인 토지특권은 특권 중에서 가장 중요한 특권입니다. 이 토지특권을 이해하면 다른 특권을 이해하기도 쉽기 때문에 자세히 다루었습니다.

제3장에서는 이상사회를 모색하는 세 가지 방식의 대표적인 예를 검토하였습니다. 비전 제시 방식으로는 토머스 모어(Thomas More)의 『유토피아』(*Utopia*), 연역 방식으로는 허버트 스펜서(Herbert Spencer)의 『사회정학』(*Social Statics*), 주민 합의 방식으로는 존 롤스(John Rawls)의 『정의론』(*A Theory of Justice*)을 소개하고 각각에 대해 논평하는 내용입니다.

제4장에서는 제가 60여 년 살아오면서 나름대로 진지하게 대응했던 사회문제를 '답사기'라는 제목 아래 소개했습니다. 이 책의 내용이 그저 우연히 떠오른 생각이 아니라 오랜 체험에서 나온 것임을 보여 주고 싶었습니다. 독자들이 사회문제에 더 많은 관심을 가지는 데 도움이 되면 좋겠습니다. 사회문제의 구체적인 내용은 시대와

지역에 따라 다르고, 또 같은 문제를 체험한 사람이라고 해도 감도와 해법이 서로 다를 것입니다. 저의 '답사기'에 공감하지 않는 독자라도 반면교사로 삼을 수 있기를 기대합니다.

제1장에서 제3장까지는 대화 형식을, 제4장은 독백 형식을 취했습니다. 대화편에서는 졸저『특권 없는 세상』제1부에서처럼 고복지, 나중도, 신자유 세 사람이 등장하며 발제자 겸 사회자로 이상향이라는 인물을 설정하였습니다. 고복지, 신자유 두 사람은 그 이름이 상징하듯이 각각 진보와 보수의 세계관을 가지고 있으며 나중도는 절충적인 입장의 인물입니다. 세계관이 서로 다른 사람이 같은 주제를 각자의 시각에서 바라보면서 점검하도록 설정하였습니다. 한 사람이 못 보거나 안 보는 측면이 있다면 다른 사람이 짚어 주어 결론이 한쪽으로 치우치는 것을 막기 위해서입니다.

저는 1976년 이래 39년간 교수로 재직하던 경북대학교에서 2015년 2월에 정년을 맞았습니다. 그러나 3년 임기의 석좌교수로 임용된 덕에 종전의 연구실을 그대로 지키면서 이 책을 집필할 수 있었습니다. 경북대 캠퍼스를 복현골이라고 합니다. 엎드려 있는 현자의 마을이라는 뜻입니다. 부귀공명을 멀리하고 유유히 세상을 관조하는 현자의 마을, 그러나 엎드려만 지내는 것이 아니라 때로는 세상을 위해 일어설 준비가 되어 있는 현자의 마을. 멋있지 않습니까? 이런 멋진 마을에 40년 이상 머물 수 있어, 저는 운이 좋은 사람입니다.

저는 이제 연구 실적을 평가받을 일이 없습니다. 그래서 학계보다는 일반 국민에게, 특히 미래를 책임질 젊은 층에게 좀 더 나은 세상이 가능하다는 희망을 보이고 싶었습니다. 그래서 교수로서 몸에 밴 딱딱한 문체를 벗어나서 가급적 평이하게 쓰려고 했고 군데군데 해설도 달아 보았습니다. 이 책이 좋은 세상을 만드는 데 조금이라도 기여할 수 있다면 더 바랄 것이 없겠습니다.

2017년 2월

C O N T E N T S

CHAPTER

1

좋은 사회제도에 합의할 수 있을까?

CHAPTER

1

'살고 싶은 나라, 풍요와 정의가 넘치는 나라를 만들자. 가난과 불평등을 벗어나 새로운 나라를 건설해 보자.' 괴로운 세상을 사는 사람들은 흔히 이런 꿈을 꾼다. 자기 자신을 위해서 꿈을 꾸기도 하고, 좀 더 차원 높게는 만인을 사랑하는 마음에서 꿈을 꾸기도 한다. 그래서 많은 사람이 이상사회를 건설하려고 노력해 왔다.

졸저 『알기 쉬운 토지공개념』의 첫머리에 나오는 문장입니다. 우리나라는 단기간에 빈곤에서 벗어나 선진국으로 발돋움하는 단계에 와 있다고 하지만 국민이 행복해 보이지 않습니다. 국가별 행복지수나 자살률을 비교해 보면 분명하지 않습니까? 특히 젊은 세대는 연애, 결혼, 출산을 포기한 3포 세대라고 불리다가 여기에 취업, 주택 등이 계속 추가되어 5포 세대니 n포 세대니 합니다. 참 막막합니다. 지금 이대로는 안 된다는 데 많은 사람이 공감하고 있습니다.

그런데 우리가 지향해야 할 사회의 구체적인 내용과 개혁 방법에 대한 의견은 제각각입니다. 그래서 선의를 가지고 개혁을 추구하는 사람들 사이에서도 의견이 충돌하는 경우가 많습니다. 심지어 자신과 의견이 다른 상대방을 적대시하는 이상한 일이 이제는 오히려 자연스러워 보일 정도입니다. 인간은 판으로 찍어낸 로봇이 아니기에 의견 차이가 있는 것은 당연합니다. 또 의견이 달라야 발전도 있습니다. 그러나 국민의 행복을 위한다는 사람들끼리 상대방을 짓밟는다면 그 자체로 모순이고 비극입니다.

우리 현대사에는 이런 아픔이 생생하게 배어 있습니다. 1950년 김일성은 자신이 추구하는 이상사회를 북한만이 아니라 남한에서도 건설하겠다는 명분으로 전쟁을 일으켰습니다. 그러나 그 결과는 무엇입니까? 전쟁으로 인해 무수한 인명이 살상되고 국토는 폐허가 되다시피 하였습니다. 사실 과거로 거슬러 갈 것도 없습니다. 오늘날 우리의 현실은 어떻습니까? 보수와 진보로 분열된 진영 논리가 판치고 있습니다. 상대 진영의 주장에 대해서는 내용이 무엇이건 우선 '반대'라는 결론부터 내놓고는, 그 이후에 이유를 찾아 갖다 대고 있는 실정입니다. 상대를 무조건 의심하고 조롱하고 증오합니다.

갈등의 원인에는 두 가지가 있습니다. 기본적으로 이기적인 인간들이 한정된 자원을 놓고 생존경쟁을 벌이다 보면 갈등이 발생합니다. 자원 한정성과 생존 욕구는 인간이 처한 숙명이고 여건입니다. 그러나 갈등의 해결이 불가능한 것은 아닙니다. 갈등 해결이 불가능했다면 인류는 이미 멸종하지 않았을까요? 인류가 지금껏 사회를 이루어 살고 있는 것은 갈등의 조정을 가능하게 하는 본성이 사람 속에 있다는 걸 의미합니다.

다른 하나의 원인은 세계관 내지는 이념의 차이입니다. 좋은 세상에 대한 견해가 다르다는 것입니다. 이 차원의 갈등은 생존을 위한 갈등보다는 수준이 높습니다. 그러나 현실의 보수 진영과 진보 진영은 합리적인 사람들만으로 이루어지지 않습니다. 어떻게든 정권을 잡아야 자신들이 원하는 정책을 펼 수 있다는 명분 아래, 일부 국민들의 저급한 정서와 욕망을 자극하여 자기편으로 끌어들이고 있습니다. 이런 과정 속에서 각 진영은 자신들이 지향했던 원래의 가치가 무엇인지 아예 생각하지 않게 됩니다. 기가 막힌 일입니다.

저는 이런 모습을 이렇게 묘사한 바 있습니다.

> 진정한 이념은 인간에 대한 사랑에서 나온다. 그러므로 이념을 주창한 사람이나 깊이 있는 동조자는 입장이 다르더라도 서로 통하기 마련이다. 그러나 이해관계와 정서로 뭉친 현실의 이념 사단(理念師團)은 상대방을 존중하지 않는다. 진보의 입장에서 보는 현실의 보수는, 이상사회를 향해 진지하게 고민

하지 않는 속물이며 부당한 기득권을 누리면서 추호도 양보하지 않는 이기 집단이다. 반면 보수의 입장에서 보는 현실의 진보는, 물정도 모르면서 설치는 하룻강아지이며 '사회정의'라는 이상한 깃발을 들고 떼를 쓰는 집단이다. 그러다 보면 인간에 대한 사랑은 사라지고 혐오만 남는다. / 김윤상, 2009가: 21-22

현실의 진보 진영과 보수 진영에 속하는 사람들의 지향에 따라 [표 1]과 같이 분류할 수 있습니다. A, B, C, D는 각기 해당 지향을 갖는 집단을 의미합니다.

[표 1] 진보/보수 진영의 지향

진영 / 태도	진보	보수
공존	A: 평등, 사회연대, 복지	B: 자유, 개인 책임, 시장
이기	C: 무임승차, 타인 의존	D: 승자 독식, 기득권 보호

A와 B는 자신의 지향에 합리적인 근거를 제시하며, 견해가 다르더라도 공존을 모색합니다. 그중 A는 평등과 사회연대를 중시합니다. 사회 속에서 개인이 취할 수 있는 선택 폭이 너무 좁기 때문에 개인 책임보다는 사회연대가 더 중요하다고 봅니다. 시장은 사회계층을 1%와 99%로 양극화하는 부작용이 있으므로 정부가 적극 개입하여 높은 수준의 복지를 구현해야 한다고 믿습니다. 반면 B는 자유와 개인 책임을 중시합니다. 개인은 각자 자신의 자유로운 선택에 따라 인생을 스스로 책임져야 한다고 봅니다. 시장 작용에 대한 기대가 크고, 시장에 결함이 있다고 해도 정부의 결함보다는 덜하다고 믿습니다. A는 따듯한 공존을, B는 차가운 공존을 추구합니다.

합리와 공존을 바탕으로 하는 A, B와는 달리 C, D는 타인에게 손해를 끼치더라도 자신에게 유리한 것을 추구합니다. C는 스스로 노력하기보다는 공짜를 바라면서 남에게 기대려 하고, D는 경쟁을 통해 획득한 것은 과정이야 어쨌든 독차지하는 것이 당연하다고 여깁니다. 또 일단 자신에게 유리하게 형성된 사회구조는 선악을 불문하고 지키려고 합니다.

이런 상황에서 이기적 집단 C 또는 D를 대변하는 정파보다는 합리적 집단 A 또는 B를 대변하는 정파가 집권하는 것이 사회를 위해 바람직합니다. 혹 A정당이나 B정당이 단독으로는 과반수 지지를 확보하지 못한다면 두 유형이 연합하는 것이 바람직합니다. 그런데 사람들은 A와 B는 세계관이 충돌하여 연합이 어렵다고 생각합니다. 그래서 진보 진영은 자신을 A로, 보수 진영은 자신을 B로 포장하면서 실제로는 각기 A+C, B+D의 연합체를 구성합니다. 그러고는 서로 상대 진영의 이기적인 모습만을 지적하면서 비난하는 경우가 많습니다. 현 수준의 인류가 이런 파괴적 갈등을 넘어 더 좋은 사회제도를 성취할 수 있을까요?

제1장의 목적은 이 질문에 답하는 데 있습니다. 답을 찾는 과정에는 세계관이 서로 다른 고복지, 나중도, 신자유 세 인물이 등장합니다. 한 사람이 못 보거나 안 보고 넘어가는 면을 다른 사람이 짚어 주어 결론이 한쪽으로 치우치는 것을 막기 위해서입니다. 고복지, 신자유 두 사람은 그 이름이 상징하듯이 각각 진보와 보수의 세계관을 가지고 있습니다. 고복지는 A, 신자유는 B에 속합니다. 고복지는 복지와 정치 분야 전문가입니다. 신자유는 시장과 경제 분야 전문가입니다. 나중도는 자유로운 교양인으로서 원칙을 지키는 가운데 조화와 화합을 추구합니다. 또 꼼꼼하게 계산하고 따지는 성격입니다.

세 사람은 공통점도 있습니다. 자신의 고정관념과 이해관계를 떠나 오로지 이성과 논리에 의해서만 신중하게 판단합니다. 자신만을 위해 사는 것이 아니라 좀 더 나은 세상을 위해 헌신할 자세가 되어 있습니다. 이들의 좌우명도 일치합니다. '나로 인해 세상이 조금이라도 더 좋아지기를.' 세 사람 외에 토론 사회자로 이상향이 동참합니다.

그럼 시작합니다.

CHAPTER

1

〔토론 1〕

인간의 성향과 사회제도

이상향 = 안녕하십니까? 자기 한 몸 살아 내기 어려운 시절에, 더 좋은 세상을 위해 애쓰시는 훌륭한 분들을 만나 정말로 기쁩니다. 오랫동안 이상적인 사회제도에 관심을 두어 온 제가 여러분께 조금이라도 도움이 되었으면 합니다. 마침 세 분의 성을 합하니 '신나고!'가 되는군요. 언제 어디서나 신나고 살맛 나는 세상이 되기를 바라면서 대화를 시작하겠습니다.

나중도 = '신나고!' 그것 참, 재미있군요. 앞으로 우리 토론이 신도 나고 생산성도 높으면 좋겠습니다.

이상향 = 네, 다 같이 노력해야겠지요. 우리가 여러 차례 토론을 하게 될 텐데, 처음에는 제가 말이 좀 많더라도 양해해 주십시오.

신자유 = 아, 그래야지요. 생산적인 토론을 위해서는 전제와 용어가 통일되어야 하니까요.

이상향 = 이해해 주시니 감사합니다. 제일 먼저 할 작업은 현 수준의 인간이 어떤 사회적 성향을 갖고 있는지를 파악하는 것입니다. 무슨 제도든 적용 대상이 되는 주민의 특성과 맞지 않으면 효과를 제대로 발휘할 수 없기 때문입니다. 천국이나 극락의 제도가 아무리 훌륭한들 어느 사회에서나 효과가 있을까요? 예를 들어, 어떤 나라에 타인에 대한 배려심이 넘치는 사람들만 살아, 교차로에서 서로 양보하느라 교통이 지체되는 문제가 생긴다고 가정해 봅시다. 그래서 이곳 사람들은 교통 흐름을 원활하게 하기 위해 새로운 교통신호 체계를 만들었습니다. 푸른 신호에 진행하지 않으면 이들이 기피하는 내용의 벌칙을 안기는 반면, 붉은 신호인데도 진행하면 '급한 일이 있겠지!' 하고 이해해 주는 것이지요. 그런데 서로 양보하지 않아서 문제가 생기는 사회에 이런 교통체계를 그대로 도입해도 될까요? 당연히 역효과가 날 것입니다. 그러므로 제도를 모색하기 전에 그곳 주민이 어떤 사람인지를 파악할 필요가 있습니다. 마치 옷을 맞추려면 신체 치수를 재야 하는 것과 같습니다.

인간이 대인 관계에서 갖는 성향을, 자신과 타인 중 누구의 이익을 우선하느냐에 따라 이기, 균형, 이타 성향으로 구분할 수 있습니다. 이기 성향은 타인에게 손해를 끼치더라도 자신의 이익을 우선하려는 성향이고, 이타 성향은 타인을 위해 자신의 손해를 감수하려는 성향이며, 균형 성향은 자신이든 타인이든 서로 손해가 없도록 하려는 성향입니다. 또 이타 성향은 자신이 감수하려는 손해의 정도에 따라 양보 성향과 희생 성향으로 구분할 수 있습니다. 사정에 따라서는 타인을 위해 다소간의 손해를 감수하려는 성향이 양보 성향, 타인을 위해 자신의 이익을 포기하려는 성향이 희생 성향입니다.

이 중에서 나와 너의 공존을 추구하는 성향은 균형 성향과 양보 성향입니다. 균형 성향은 서로 손해가 없도록 한다는 점에서 차가운 공존을 지향하며, 양보 성향은 자신의 몫을 어느 정도 내놓을 수 있다는 점에서 따듯한 공존을 지향합니다.

인간의 사회적 성향은 [표 2]와 같이 정리할 수 있습니다.[1]

1 [표 1]의 집단 분류와 [표 2]의 성향 분류를 연계시켜 보면, 집단 A는 양보 성향을, 집단 B는 균형 성향을 가진 집단이다.

[표 2] 사회적 성향의 유형과 특징

성향		특징
이기		타인에게 손해를 끼치더라도 자신의 이익을 우선함
균형		자신이든 타인이든 서로 손해가 없도록 함(차가운 공존)
이타	양보	타인을 위해 다소간의 손해를 감수함(따듯한 공존)
	희생	타인을 위해 자신의 이익을 포기함

생물로서 인간은 자기 보존 본능을 가지고 있습니다. 그래서 주변에서 일어나는 현상이 자신에게 어떤 영향을 미칠지에 관심을 두게 되고, 특히 위기 상황에서는 자신의 안위를 우선적으로 돌보게 됩니다. 이러한 특성을 이기적이라고 표현한다면 인간을 포함한 모든 생물은 이기적일 수밖에 없습니다. 그러므로 성향별 주민 구분이 의미를 가지려면, 비상시가 아닌 일상적인 상황에서 자기 보존을 포함한 자신의 목적을 달성하기 위해 어떤 방식을 선택하는지에 따라 주민들의 성향을 구분해야 합니다. 그래서 타인에게 손해를 끼치더라도 자신의 이익을 추구하는 사람만을 이기적 주민으로 분류합니다.

또 같은 사람이 한 가지 성향만을 일관되게 가지는 것은 아닙니다. 예를 들면 가족처럼 늘 만나는 사람과의 관계에서는 이타적으로 행동하는 사람도 자신과 무관한 타인에 대해서는 이기적인 모습을 보이는 경우도 있습니다. 그러므로 일상적인 사회생활에서 드러나는 사회적 성향을 기준으로 판단해야 합니다.

그럼 각 성향의 주민이 어떤 비율로 구성되어 있는지 추정해 볼까요?

나중도 = 사회적 성향은 오랜 진화 과정을 거치면서 인간의 유전자에 각인되었을 것입니다. 하지만 우리가 직접 유전자를 분석하지 않는 다음에야 결국 행동으로 드러나는 모습을 통해 성향을 추정할 수밖에 없겠지요. 그런데 같은 성향을 가진 사람도 사회 환경과 상황에 따라 다르게 행동하는 경우가 적지 않을 것이므로 행동이 성향을 정확하게 반영한다고 보기는 어려울 것입니다. 예를 들면 이미 어떤 제도가 존재하고 있다면, 그 제도에 순응하는 행동을 많이 보일 것입니다. 현재의 사회제도가 대체로 균형형에 가깝다면 사람들이 그 영향을 받아 실제 자신의 성향보다는 더 균형적인 행동을 보이지 않을까 합니다. 또 자신이 관계를 맺는 상대방이 가족인지, 동창인지, 전혀 모르는 사람인지에 따라서도 행동이 달라질 것입니다. 그러므로 새로운 제도를 설계하려는 우리로서는 현재 우리에게 보이는 행동만으로 사람의 성향을 판단해서는 안 될 듯합니다.

이상향 = 네, 좋은 지적입니다. 그건 어쩔 수 없는 한계입니다. 나중도 님의 말씀처럼 세 분이 경험해 오신 주민의 행동을 바탕으로 하되, 특수한 사회 환경과 상황으로 인한 영향을 감안하여 추정해 주시면 고맙겠습니다.

(고복지, 나중도, 신자유 세 사람이 신중하게 추정한 후 그 결과를 이상향에게 제출하였다.)

이상향 = 세 분이 추정하신 결과를 종합하니 [표 3]과 같습니다.

[표 3] 성향별 주민 비율 (%)

성향	고복지	나중도	신자유
이기	40	50	60
균형	30	30	30
이타(희생)	30(1)	20(1)	10(1)

이 표를 보니, 이기적 주민이 가장 많고 이타적 주민은 가장 적으며, 특히 희생적 주민은 거의 없다는 것이 세 분의 공통된 의견이군요. 한편 고복지 님은 이타적 주민을, 그리고 신자유 님은 이기적 주민을 다른 분보다 많다고 추정하셨고, 나중도 님은 중간입니다.

신자유 = 네, 결과를 보니 제가 두 분보다 이기적 주민을 많다고 추정하였군요. 아마도 제가 경제학 전공자라서 그런 듯합니다. 경제학에서는 인간을 이익 극대화를 추구하는 합리적 인간인 '경제인'이라고 가정합니다. 그런데 여기서 '합리적'이라는 말은 '이치에 맞다'는 원래의 의미보다는 이해득실을 따지는 '타산적'이라는 의미입니다. '경제인' 가정은 인간이 반드시 그렇다는 것이 아니라 이론상 필요해서 둘 뿐인데, 이런 학문을 오래 접하다 보면 자신도 모르게 실제로 인간이 다 그렇다는 인식에 젖기도 합니다. 심지어는 '경제인'처럼 살아도 도덕적으로 아무 문제 될 것이 없다고 오해하는 경우도 있습니다. 특히 개인주의가 지배적인 미국에서 형성된 경제학을 공부한 분들에게 그런 경향이 더 두드러집니다.

'좋은 법률가는 나쁜 이웃'(A good lawyer is a bad neighbor)이라는 말이 있습니다. 이웃 간의 문제는 상호 이해와 배려로 해결하는 게 바람직하고, 그게 잘 안 되는 부득이한 경우에만 법이 필요합니다. 그런데 '법대로만 하면 된다'고 착각하면서 이웃을 대하는 법률가가 적지 않습니다. 나쁜 이웃 목록에 법률가 외에 경제학자도 포함되지 않을까 걱정됩니다.

고복지 = 벌써 포함된 것 아닌가요? 토론 분위기를 부드럽게 하기 위한 농담입니다. (일동 웃음)

신자유 = 하하, 그러나 최근에는 행동경제학(behavioral economics) 분야에서는 이런 '경제인' 가정이 실제와 다르다는 실험 결과가 많이 발표되었고, 이 때문인지 경제학자들의 생각도 조금씩 달라지고 있습니다. 저도 보통의 경제학자보다는 '경제인' 가정의 영향에서 다소 벗어나 있는 편입니다. 혼자만의 착각인지 몰라도…….

고복지 = 신자유 님의 말씀을 듣고 보니 저도 자신을 돌아보게 됩니다. 제가 두 분보다 이타적 주민의 비율을 더 높게 추정했는데, 사회연대를 중시하는 복지에 관심을 두다 보니 그런 사안에 대한 저의 희망이 반영된 것은 아닌지 모르겠습니다.

나중도 = 제 추정치는 두 분의 중간이군요. 제 나름대로는 단순한 물리적 중간이나 기회주의적 중립이 아니라 원칙을 지키면서 조화와 화합을 추구하려고 노력해 왔다고 생각하지만, 갈등이 많은 세상에서 저도 모르게 어정쩡한 형식적 중립을 취한 것은 아닌지 성찰해 보겠습니다.

이상향 = 세 분이 반성문을 쓰셨네요. (일동 웃음) 자신을 돌아보시는 태도에 경의를 표합니다.

이어서 사회제도를 분류해 보겠습니다. 사회제도는 사람 간의 관계가 차등적인 경우와 대등한 경우로 나눌 수 있습니다. 모든 인간이 평등하게 존엄하다고 전제하는 민주 사회에서 차등적인 관계가 공인되는 예로는 공직자가 일반 국민을 대상으로 공권력을 행사하는 경우, 조직 내에서 상관이 하급자보다 더 많은 권한을 갖는 경우 등이 있습니다.

앞으로 우리는 관계가 대등한 경우를 다루려고 하지만, 차등적 관계에 관한 제도도 매우 중요하므로 잠시 생각해 보겠습니다. 공직자와 상관이 권한을 남용하여 횡포를 부린다면 약자인 상대방의 인간적 존엄과 가치가 크게 손상될 수 있습니다. 민주주의의 역사는 국가의 횡포를 막아 국민의 인권을 보호하려는 투쟁의 역사였고, 그동안 많은 사람이 피를 흘린 덕에 지금은 대다수 국가에서 국가 권력에 대한 통제 장치가 법제화되어 있습니다. 조직 내의 상하 관계에 대해서도 권한과 책임을 명시하는 명문 규정을 두는 경우가 많습니다. 물론 현실에서는 안타깝게도 그런 장치가 제대로 작동하지 않는 사례가 적지 않으므로, 권한의 남용을 막기 위한 장치가 반드시 필요합니다.

이 정도로 해 두고 이제부터는 대등한 사람들 사이에 적용할 사회제도에 국한하여 토론을 진행하겠습니다. 인간의 사회적 성향처럼 사회제도도 이기형, 균형형, 이타형 제도로 분류할 수 있습니다. 이기형 제도는 이기적 행동, 즉 자신의 이익을 위해 타인에게 손해를 끼치는 행동을 용인하는 제도이고, 이타형 제도는 이타적 행동, 즉 어려운 처지의 타인을 위해 양보하도록 하는 제도입니다. 균형형 제도는 두 제도의 중간, 즉 누구에게도 손해가 가지 않도록 하는 제도입니다. 균형형 제도에서는 역지사지(易地思之)해도, 즉 누구든 다른 사람과 처지를 바꾸어 생각해도 유불리가 없고 따라서 아무도 억울하지 않게 됩니다. 정리하면 [표 4]와 같습니다.

[표 4] 제도의 유형과 특징

제도 유형	특징
이기형 제도	이기적 행동을 용인하는 제도
균형형 제도	누구에게도 손해가 되지 않도록 하는 제도
이타형 제도	어려운 처지의 타인을 위해 양보하도록 하는 제도

신자유 = 세 제도 중에 균형형 제도가 인간의 보편적 정의 관념에 제일 가까운 제도라고 생각합니다. 예를 들어, 그리스 신화에 나오는 정의의 여신 디케(Dike)는 〈그림 1〉에서 보듯이 두 눈을 가린 채 한 손에는 저울을 들고 다른 손에는 칼을 쥐고 있습니다. 저울이 기울면 대상이 누구인지 가리지 않고 가차 없이 칼로 베어 균형을 맞춘다는 것이지요.

〈그림 1〉 정의의 여신 디케

고복지 = 정의의 여신 디케의 모습은 차가운 공존을 잘 상징하고 있군요. 그러나 차가운 공존만으로는 인간다운 생활을 하기 어려운 사람이 있기 마련이므로 이타형 제도도 필요할 것입니다.

이상향 = 균형형 제도와 이타형 제도가 양립하기 어렵다는 것이 지금까지의 상식입니다만 어떻게든 두 제도가 조화를 이룰 수 있으면 좋겠습니다. 이 문제는 다음 기회에 다루기로 하겠습니다. 저의 지루한 설명을 경청해 주셔서 감사드립니다.

CHAPTER

1

〔토론 2〕

균형형 제도에 어울리는 분배

이상향 = 〔토론 1〕에서 제도를 세 유형으로 나누었는데 토론을 더 진행하기 전에 각 유형의 개념을 분명하게 해 둘 필요가 있습니다. 토론자들이 같은 용어를 서로 다르게 이해하면 토론이 무의미해질 수 있기 때문입니다.

나중도 = 동감입니다. 균형형 제도부터 정의하는 것이 능률적일 것 같습니다. 일단 균형형 제도의 개념이 정해지면, 그보다 자신의 이익을 앞세우는 행동을 허용하는 제도는 이기형, 그보다 타인을 더 배려하도록 하는 제도는 이타형으로 자연히 구분될 것이기 때문입니다.

이상향 = 그렇습니다. 〔토론 1〕에서 균형형 제도를 "누구에게도 손해가 되지 않도록 하는 제도"라고 하였습니다. 누구에게도 손해가 되지 않도록 하려면 어떻게 해야 하는지 분배 문제를 통해 생각해 보겠습니다.

결과를 낳는 원인에는 원인 제공자가 특정되는 경우와 그렇지 않은 경우가 있습니다. 원인 제공자가 특정되는 경우는 다시 농사처럼 상대방이 없는 일방 행위와, 거래처럼 상대방이 있는 쌍방 행위로 나눌 수 있고, 원인 제공자가 한 사람인 경우와 여러 사람인 경우로 나눌 수도 있습니다.

원인 제공자가 특정되는 경우부터 보겠습니다. 첫째로, 일방 행위가 원인이 되어 결과가 발생하는 경우에는 응보, 즉 결과를 원인 제공자에게 귀속시키면 됩니다. 씨 뿌린 자가 거두도록 하는 것이지요. 둘째로, 두 당사자가 서로 주고받는 쌍방 행위의 경우에는 교환하는 것의 가치가 대등해야 할 것입니다. 셋째로, 원인 제공자가 다수일 경우에는 원인 제공 정도에 비례하여 결과를 귀속시키면 될 것입니다.

한편, 원인 제공자가 없거나 특정되지 않는 가운데 결과가 발생하는 경우도 있습니다. 인간의 행위와는 무관하게 자연에 의해 발생하는 경우, 불특정 다수의 집합체인 사회에 의해 형성되는 경우, 국민을 대표하는 정부가 조성하는 경우 등이 여기에 해당합니다. 이때는 결과를 주민 모두에게 공동 귀속되도록 하면 될 것입니다.

이를 정리하면 균형형 제도에 맞는 분배 원칙은 [표 5]와 같습니다.

[표 5] 균형형 제도에 맞는 분배 원칙

원인의 유형		결과 귀속 방식
원인자 특정	일방 행위	(응보) 원인 제공자에게 귀속
	쌍방 행위	(등가) 상호 대등한 반대급부 교환
	원인자 다수	(비례) 원인에 비례하여 결과 귀속
원인자 없거나 불특정 (자연, 사회, 정부)		(공유) 주민에게 공동 귀속

신자유 = 아주 깔끔한 정리입니다. 세 분배 원칙의 공통점은 원인과 결과 간 그리고 주민 간의 '균형'이군요. 정의의 여신이 저울을 들고 있는 것이 바로 이런 의미이겠지요. 앗, 제가 너무 당연한 말씀을 드렸습니다. 균형형 제도에 맞는 분배 원칙이므로 공통점이 '균형'일 수밖에 없는데요. (일동 웃음)

이상향 = 제 말씀에 동의해 주시니 힘을 얻어 좀 더 진행하겠습니다.

결과에는 소득과 같은 이익도 있고 처벌이나 손실과 같은 불이익도 있지만 일단은 이익, 그중에서도 이해하기 쉬운 소득에 대해 생각해 보겠습니다. 다만, 소득을 검토하여 얻은 결론이 소득 이외의 다른 결과나 불이익에도 일관되게 적용될 수 있는지는 따져 보아야 하겠지요.

흔히 소득의 원인에는 노력, 능력, 운이 있다고 합니다. 예를 들어 시험 성적에는 본인의 노력, 그리고 평소 실력, 두뇌, 체력과 같은 능력, 그리고 시험 운이 작용합니다. 농사를 짓는다고 해도 본인이 직접 투입한 노력, 농사를 짓는 능력 외에 날씨와 같은 운이 필요합니다. 능력은 당사자의 노력에 의해서 형성되는 부분과 선천적 자질 및 생장 환경 등 운에 의해서 형성되는 부분이 있습니다. 결국 능력은 노력과 운의 결과이므로 앞으로는 능력을 빼고 노력과 운만으로 구분하려고 합니다.

그 밖에 특권도 소득에 영향을 준다는 사실을 우리는 잘 알고 있습니다. 특권은 자신의 노력과 운에 비해 남보다 더 유리한 결과를 얻을 수 있는 원인입니다. 농구 시합을 예로 들면, 골에는 2점짜리와 3점짜리가 있는데 특정 팀의 모든 골을 3점으로 인정한다면 그 팀에게 특권을 부여하는 것입니다.

소득에는 본인의 노력이 가미되어 있는 노력 소득과 본인의 노력과 무관하게 생기는 불로소득이 있습니다. 분류를 단순하게 하기 위해, 운이 함께 작용하더라도 노력이 들어 있기만 하면 모두 노력 소득으로 부르기로 합시다. 불로소득의 원인에는 노력과 결합하지 않은 운도 있고 특권도 있습니다.

이런 소득의 원인을 그림으로 나타내면 〈그림 2〉와 같습니다.

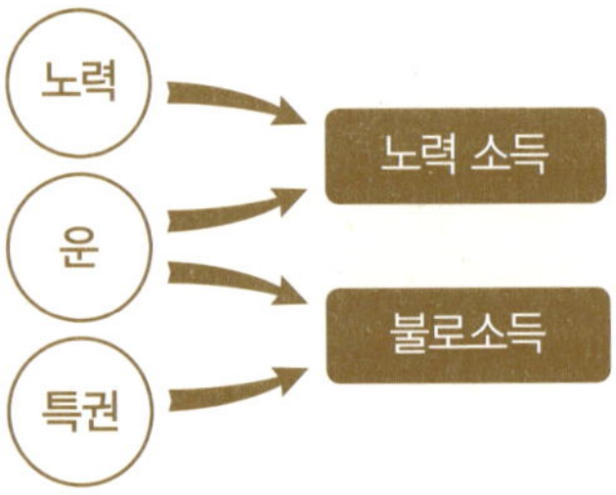

〈그림 2〉 소득의 원인과 결과

나중도 = 운과 특권의 구분에 대해서 좀 더 분명하게 해 둘 필요가 있지 않을까요? '운이 좋아 특권을 누린다'는 말을 하기도 하니까요.

이상향 = 네, 일상생활에서는 그런 표현을 쓰지만 우리는 둘을 구분해야 하겠지요. 인생살이에는 인간이 어쩔 수 없는 요인이 작용하는데 이것이 운입니다. 운은 당사자나 사회의 의도 또는 희망과 무관하게 우연히 발생하는 원인으로서,

인간이 통제할 수 없으며 사람을 차별하지 않습니다. 반면, 특권은 인위적인 원인이며 운과 달리 차별을 동반합니다.

나중도 = 남성이 우대받는 사회에서 성별은 운이 결정하지만 남성이 누리는 특권은 사회가 만든 것이라고 보면 되겠군요.

이상향 = 맞습니다. 그러면 노력, 운, 특권 중에서 균형형 제도와 어울리는 원인, 어울리지 않는 원인은 어느 것일까요? 개인의 자유를 가장 폭넓게 존중해야 한다고 보시는 신자유 님의 의견은 어떠신가요?

신자유 = 균형형 제도는 인간의 평등을 전제하면서 누구도 손해 보는 일이 없도록 해 주는 제도입니다. 그러므로 적어도 자신의 심신을 활용하여 무언가를 만들어 내는 행위, 노력은 정당하고, 다른 사람을 차별하는 특권은 부당하다는 결론을 내릴 것입니다. 사람이 어쩔 수 없는 원인인 운은 인위적으로 누군가를 차별하지 않으므로 균형형 제도와 모순되지 않을 것으로 생각합니다.

고복지 = 저도 신자유 님처럼 노력은 정당하고 특권은 부당하다고 봅니다. 그러나 운은 균형형 제도로 정당화하기 어렵다고 생각합니다.

나중도 = 저도 노력과 특권에 관해서는 신자유 님과 같은 의견이지만, 운에 대해서는 좀 더 생각해 볼 필요가 있을 듯합니다.

이상향 = 균형형 제도에서 노력은 정당하고 특권은 정당한 원인이 될 수 없다는 데 다들 동의하셨습니다. 다만 운에 대해서는 의견차가 있으므로 다음 기회에 토론해 보기로 하겠습니다. 감사합니다.

CHAPTER

1

〔토론 3〕

환생 후의 사회제도를 설계한다면?

이상향 = 앞에서 주민의 성향을 추정한 다음 사회제도의 유형을 분류하고 균형형 제도에 어울리는 분배 원칙을 검토하였습니다. 그럼 세 유형의 사회제도 가운데 어느 것이 이상사회에 적합한지에 대해 토론해 볼까요?

이상적인 사회제도를 모색하는 방식에는 세 가지가 있습니다. 첫째로, 비전 제시 방식입니다. 유명한 예를 들면, 플라톤(Plato, 기원전427~기원전347)은 『국가』(*Republic*)에서 그리고 모어(Thomas More, 1478~1535)는 『유토피아』(*Utopia*)에서 바람직한 사회의 모습을 소개하고 있습니다. 이 방식은 이상향을 제약 없이 그려 보일 수 있다는 장점이 있는 반면, 다른 사람을 논리적으로 설득하는 데는 한계가 있습니다.

둘째로, 연역 방식입니다. 많은 사람들이 공감하는 어떤 제1원리를 출발점으로 삼고 그 원리로부터 논리에 따라 구체적인 제도를 도출하는 방식입니다. 마치 유클리드 기하학에서 단순한 몇 개의 공리를 전제하고 이를 인정하는 사람이라면 누구도 부정할 수 없는 방대한 진리 체계를 논리적으로 구성해 내는 것과 같습니다. 이 방식의 예로, 허버트 스펜서(Herbert Spencer, 1820~1903)는 『사회정학』(*Social Statics*)에서 사회제도의 제1원리(First Principle)로 '평등한 자유'(equal freedom)를 제시하고 여기에서부터 구체적인 제도를 논리에 따라 도출하였습니다. 헨리 조지(Henry Goerge, 1839~1897)도 인간의 평등한 자기 소유권이라는 제1원리로부터 토지사유제의 부당성을 입증하고 제1원리에 맞는 토지제도를 제시하였습니다. 이 방식은 결론의 옳고 그름을 논리만으로 판단할 수 있다는 장점을 가지지만 그 출발점인 제1원리 자체는 논리의 영역 밖이라는 한계가 있습니다.

셋째로, 주민 합의 방식입니다. 주민이 자신들에게 적용할 제도를 합의를 통해 만들어 가는 상황을 상정하고 거기서 나올 결론을 예상하는 방식입니다. 존 롤스(John Rawls, 1921~2002)는 『정의론』(*A Theory of Justice*)에서 이 방식을 통해 정의의 원리를 도출한 것으로 유명합니다. 주민의 전원일치 합의에 의해 제도를 만들 수 있다면 가장 이상적이지만, 현실에서는 각자 자신에게 유리한 제도를 고집하는 경우가 많아 합의가 이루어지기 어렵습니다. 그래서 이런 방식에서는 합의 상황에 관한 가정을 두고 그런 상황을 통해 합의하게 될 제도를 예상해 보게 됩니다. 그래서 가상적 사회계약이라고 부르기도 합니다. 롤스는 계약 당사자가 자신의 처지를 모른다고 가정하면서 이를 '무지의 장막'(veil of ignorance)이라고 불렀습니다.[2]

세 방식 중에서 우리는 주민 합의 방식을 시도합니다. 우리도 롤스처럼 합의 상황에 대한 가정을 두기로 합니다. 불교의 윤회사상처럼 인간이 죽더라도 다시 인간으로 태어날 수 있다고 가정하고 주민들이 합의를 통해 자신이 다시 태어날 사회의 제도를 설계합니다. 주민들은 자신과 인간과 세상에 대해서 이해하고 있습니다. 롤스의 가정과는 달리 자신에 대해 전혀 모르는 로봇 같은 사람이 아니라 적어도 자신의 사회적 성향은 그대로 유지하는 사람들이 합의에 임합니다. 그러나 후생에서 각자 어떤 소질과 능력을 부여받아 어떤 가정에 태어날지 그리고 어떤 환경에서 살면서 어떤 행운과 불운을 겪을지에 대해서는 전혀 모릅니다. 합의는 만장일치가 되면 좋겠지만 소수 의견을 가진 주민을 불리하게 하지 않는다는 조건하에 다수결로 정할 수 있도록 합니다. 이런 방식을 '환생사회 설계'라고 부르겠습니다.

나중도 = 환생할 경우에 희망하는 사회제도를 설계해 본다고요? 제가 알기로는 지금

2 세 가지 방식의 대표 사례인 『유토피아』, 『사회정학』, 『정의론』은 제3장에서 소개하고 토론한다.

까지 아무도 시도해 보지 않은 새로운 방법인 것 같습니다. 재미있겠네요.

이상향 = 그럼 앞서 세 분이 추정하신 것과 같은 성향을 가진 주민이 환생사회 설계에 참여할 경우에 어떤 사회제도를 선호할 것인지 예상해 주시겠습니까?

(얼마 후)

나중도 = 그럼 저부터 말씀드릴까요? 후생에서는 자신이 어떤 처지가 될지 모르므로 설계에 임하는 주민은 최소한 두 가지 조건이 충족되기를 원할 것입니다. 첫째, 자신이 약자로 환생할 경우에도 생존의 위협으로부터 보호받는다는 조건입니다. 둘째, 후생에서 어떤 처지가 되든 억울한 일을 당하지 않는다는 조건입니다. 이러한 두 가지 최소조건에 따르면 이기형 제도를 원하는 사람은 없을 것입니다. 후생에 자신이 강자로 태어나지 못할 가능성이 큰데, 그럴 경우 강자로부터 불이익을 당할까 염려할 것이기 때문입니다.

세부적으로 보면, 이기적 주민은 이타형 지지자 또는 균형형 지지자로 나뉠 것입니다. 환생 후의 처지에 대해 불안감을 많이 느끼는 사람은 첫 번째 조건을 충족시키기 위해 이타형 제도를 지지할 것이고, 불안감이 덜한 사람은 두 번째 조건을 충족시키기 위해 균형형 제도를 지지할 것입니다.

균형적 주민은 당연히 균형형 제도에 쏠릴 것입니다. 베짱이에게 유리한 이타형 제도의 재원은 개미의 소득에서 나와야 하는데, 그럴 경우 개미가 손해를 본다고 생각할 것이기 때문입니다.

이타적 주민은 이타형 지지자와 균형형 지지자로 나뉠 것입니다. 이들은 자신의 성향에 맞는 이타형 제도를 원하지만, 세상에는 자신과 다른 성향을 가진 사람이 많다는 것을 알기 때문에 이들을 배려하여 균형형 제도에 동의하는 사람도 상당수 있을 것입니다.

이런 예상을 정리하면 [표 6]과 같습니다.

[표 6] 주민의 성향별 선호 제도

성향	이기	균형	이타
선호 제도	이타형+균형형	균형형	이타형+균형형

고복지 = 저도 나중도 님의 의견에 대체로 동의합니다.

신자유 = 저도 대체로 동의하지만, 이기적 주민 중에는 자신이 강자로 태어날 경우에 큰 이익을 얻기 위해 이기형 제도를 원하는 사람도 있지 않을까요? 물론 이들은 무모한 사람이고 무모함은 후생에 대한 불안감 때문에 상당히 위축되겠지만 그래도 무모한 사람도 존재한다고 보는 것이 더 현실적이지 않나요? 그렇다면 나중도 님의 의견을 [표 7]처럼 수정할 수 있을 것입니다.

[표 7] 주민의 성향별 선호 제도

성향	이기	균형	이타
선호 제도	이타형+균형형+이기형	균형형	이타형+균형형

나중도 = 그 말씀을 듣고 보니 그럴 수도 있겠다고 생각됩니다. 제가 이랬다저랬다 하는군요. 중도의 비극이라고 할까요? (일동 웃음)

이상향 = 그럼 각자 구체적인 비율을 추정해 주십시오.

고복지 = 제가 추정했던 성향별 주민 비율을 대입했더니 [표 8]에서 보듯이 이기형, 균형형, 이타형 제도 지지율이 0%, 65%, 35%로 나왔습니다. 같은 성향 주민의 지지가 균형형과 이타형으로 나뉠 경우에는 단순화를 위해 각각 반반씩 처리하였습니다.

[표 8] 성향별 제도 지지율 – **고복지** (%)

성향 \ 지지 제도	이기형	균형형	이타형	합계
이기	0	20	20	40
균형	0	30	0	30
이타	0	15	15	30
합계	0	65	35	100

신자유 = 후생이 불안하더라도 이기적 주민 중 일부는 이기형 제도를 지지할 가능성이

있다고 말씀드렸는데, 이런 사람이 10% 정도 있을 것으로 봅니다. 이 비율과 함께 앞서 제가 제시했던 성향별 주민 비율을 적용하였더니 [표 9]처럼 이기형, 균형형, 이타형 제도 지지율이 6%, 62%, 32%로 나왔습니다. 저도 고복지 님처럼, 같은 성향의 주민의 지지가 이기형 외에 균형형과 이타형으로 나뉠 경우에는 단순화를 위해 각각 반반씩 처리하였습니다.

[표 9] 성향별 제도 지지율 – **신자유** (%)

성향 \ 지지 제도	이기형	균형형	이타형	합계
이기	6	27	27	60
균형	0	30	0	30
이타	0	5	5	10
합계	6	62	32	100

나중도 = 고복지 님처럼 계산해 보니 제 추정치는 [표 10]처럼 이기형, 균형형, 이타형 제도 지지율이 0%, 65%, 35%로 나왔습니다. 고복지 님과 성향별 주민 비율

[표 10] 성향별 제도 지지율 – **나중도** (%)

성향 \ 지지 제도	이기형	균형형	이타형	합계
이기	0	25	25	50
균형	0	30	0	30
이타	0	10	10	20
합계	0	65	35	100

추정치가 다른데도 신기하게 제도별 지지율은 같게 나왔네요.

반면, 신자유 님처럼 이기적 주민 중 10%가 '무모한' 기대를 품는 사람이라고 한다면 제 결과는 [표 11]에서 보듯이 이기형, 균형형, 이타형 제도 지지율이 5%, 62.5%, 32.5%로 나왔습니다.

[**표 11**] 성향별 제도 지지율 – **나중도** (%)

성향 \ 지지 제도	이기형	균형형	이타형	합계
이기	5	22.5	22.5	50
균형	0	30	0	30
이타	0	10	10	20
합계	5	62.5	32.5	100

이상향 = 세 분의 추정 결과를 보니, 균형형 제도 지지율이 50%를 훌쩍 넘고 이타형 제도 지지율도 30%를 넘습니다. 반면, 이기적 주민이 다수인데도 주민이 이기형 제도를 지지하는 비율은 매우 낮습니다. 세 분의 세계관이 다른데도 이처럼 의견이 근접할 수 있다는 사실을 알게 된 것은 작지 않은 성과라고 봅니다. 감사합니다.

CHAPTER

1

〔토론 4〕

특권의 사례와 대책

이상향 = 균형형 제도에서는 특권이 소득의 정당한 원인이 될 수 없다는 데 세 분 의견이 일치했습니다. 우리 사회에 존재하는 특권의 구체적인 사례를 보면 균형형 제도를 더 잘 이해할 수 있을 것입니다.

〔토론 2〕에서 "특권은 자신의 노력과 운에 비해 남보다 더 유리한 결과를 얻을 수 있는 원인"이라고 하였습니다. 이러한 특권이 존재하더라도 누구나 쉽게 취득할 수 있다면 더 이상 특권이 아닐 것이므로 특권 취득을 제약하는 사정에 따라 분류해 보면 이해에 도움이 될 것입니다. 특권 취득이 자연적으로 제약되어 있는 경우도 있고 사회경제적 사정으로 인해 취득이 어려운 경우도 있습니다. 또 이런 특권 중에는 사회가 공익의 관점에서 의도적으로 인정하는 특권도 있고 의도와는 무관하게 현실적으로 존재하는 비공인특권도 있습니다. 이런 기준으로 특권을 분류하고 각 유형의 대표적인 사례를 예시해 보면 [표 12]와 같습니다.

[표 12] 특권의 분류와 예시

제약 / 공인 여부	자연적 제약	사회경제적 제약
공인	A: 토지소유권, 탄소배출권	B: (일부) 면허, 특허
비공인	C: 남성특권, 인종특권	D: 학벌특권, 정규직특권

공인된 특권 중 유형 A, 즉 비특권자의 진입에 자연적인 제약이 존재하는

특권의 대표적인 예는 토지소유권입니다. 토지의 위치와 면적은 자연에 의해 한정되어 있는데 누군가 특정 토지의 소유권을 취득하면 다른 사람의 취득 기회는 그만큼 사라지거나 줄어들기 때문입니다. 탄소배출권도 여기에 속합니다. 환경에는 오염을 허용할 수 있는 자연적 한도가 존재하는데 탄소배출권은 그 한도 내에서 탄소를 배출할 수 있도록 공인하는 권리라는 점에서 토지소유권과 다르지 않습니다. 그 밖에도 존재량이 한정되어 있는 자원을 채취할 권리를 설정한다면 이 역시 토지소유권과 동일한 성격의 특권입니다.

유형 B는 사회가 공인하지만 비특권자의 진입에 사회경제적인 제약이 존재하는 특권입니다. 가장 쉬운 예로는 봉건시대의 신분특권을 들 수 있습니다. 지금도 존재하는 예로는 면허, 특허 등을 들 수 있습니다. 의사 면허를 볼까요? 토지와 달리 의사 면허의 총량이 물리적으로 고정되어 있는 것은 아니지만 아무에게나 면허를 준다면 제도의 의미가 없어집니다. 토지소유권도 그렇듯이 합당한 이유가 있다면 면허제도 자체가 부당한 것은 아닙니다. 다만 그로 인해 면허 취득자가 자신의 노력과 기여에 비해 더 많은 소득을 얻는다면 면허가 특권이 됩니다. 많은 학부모가 자녀의 진로로 의사를 선망하는데, 이는 의사 면허에서 특권이익이 발생한다는 현실을 반영하는 것 아닐까요? 특권이익이 없다면 의사가 지금과 같은 인기 직종이 되지 않았겠지요.

신자유 = 한 가지 확인해 두고 싶습니다. 의사의 소득이 다른 직종보다 높다고 해서 의사 면허가 곧 특권이 되는 것은 아니겠지요?

이상향 = 물론입니다. 의료행위가 다른 직종에 비해 노력이 더 필요하고 사회적 기여가 더 많다면 의사의 소득이 높은 게 당연합니다. 노력과 기여의 대가를 취하는 것이 바로 균형형 제도이기 때문입니다. 그러나 단지 면허가 있다는 이유로 노력이나 기여에 비해 수입이 많은 상황이라면 의사 면허가 특권이 되고 그 초과수입은 특권이익이 된다는 것입니다. 이 점은 특허의 경우도 동일합니다.

나중도 = 저도 그 점이 궁금했는데 명확하게 정리되는군요.

이상향 = 그럼 계속하겠습니다. 사회가 공인하지 않지만 현실적으로 존재하는 특권도 많습니다. 유형 C는 비공인특권 중 자연적 제약이 작용하는 특권입니다. 본인의 선택과 무관하게 자연에 의해 주어지는 성별, 인종에 따른 특권이 대표적인 예이지요. 남성 우대 사회의 남성특권, 유색인종에 대한 차별이 존재하는 미국 같은 사회의 백인특권이 여기에 속합니다.

유형 D에 속하는 특권도 매우 많습니다. 우리 생활과 가까운 예로 학벌특권이 있습니다. 우리 사회에는 학벌이 좋은 사람을 우대하는 학벌주의가 만연해 있습니다. 소위 명문대학 졸업자가 같은 능력을 가진 다른 사람보다 인생살이에서 유리하다면 학벌은 특권이 됩니다. 이런 사회에서는 서로 좋은 학벌을 취득하려고 하지만 그런 학벌을 쌓을 수 있는 교육기관의 시설과 정원이 한정되어 있다는 점에서 토지소유권과 닮았습니다. 토지와 같은 물리적 제약이 있는 것은 아니지만 적어도 단기간에는 시설과 정원을 늘리기 어렵다는 사회적 제약이 있는 것입니다. 경력특권도 비슷합니다. 예를 들면, 고위 공직 등 좋은 경력을 쌓은 사람이 사외이사나 로비스트가 되어 능력 아닌 인맥과 연고를 동원하여 영향력을 행사하는 경우가 있습니다. 이런 영향력이 통하는 사회에서는 좋은 경력도 특권이 됩니다. 그런데 경력을 쌓을 기회도 학벌처럼 사회적 제약이 존재합니다.

대기업이 중소기업에, 강자가 약자에게 '갑질'을 해 이익을 취한다면 갑의 특권도 유형 D의 사례가 됩니다. 정규직과 비정규직 간의 차별이 존재하는 사회에서 정규직이 유리한 것도 이 유형의 특권 때문입니다. 시장원리에 따르면 신분이 불안정한 비정규직은 정규직과 동일한 일을 하더라도 불안정에 대한 보상으로 보수를 더 받아야 합니다. 그런데도 오히려 정규직이 비정규직보다 우대받는 현실은 정규직특권이 존재한다는 증거입니다. 수도권특권도 있습니다. 서울중심주의로 인해 한국에서 수도권 주민이 지방 주민보다 유리하다는 사실은 새삼스러운 일이 아닙니다. 지방 주민 중에 장관이 되는 일이 거의 없다는 사실만 보더라도 수도권특권이 존재함을 알 수 있습니다. 그 밖에도 유형 D의 사례는 많습니다.

신자유 = 특권이 존재하더라도 누구나 쉽게 취득할 수 있다면 그런 특권은 금방 사라질 것이므로 사회문제가 되지 않을 것입니다. 그래서 상당수 주류 경제학자는 시장에 맡겨 두면 특권 문제가 해소될 것으로 낙관하는 편입니다. 그러나 이상향 님이 제시한 여러 사례를 보면 낙관론을 펴기 어렵습니다. 그래서 저는 특권이 시장에서 쉽게 해소되지 않은 이유를 생각해 보았습니다.

그 이유에 따라 특권을 대체로 세 가지 종류로 나눌 수 있습니다. 첫째, 공급 제약형특권이 있습니다. 공급이 고정되어 있거나 그에 준하는 정도로 비탄력적이어서 누군가 일부를 차지하면 다른 사람이 그만큼 배제될 수밖에 없는 경우에 발생하는 특권입니다. 이상향 님의 분류에서 유형 A에 속하는 토지소유권, 탄소배출권, 자원채취권이 이런 예입니다. 둘째, 권력형특권이 있습니다. 공권력이나 경제 권력이 작용하여 시장의 자유로운 경쟁을 제약함으로써 발생하는 특권입니다. 이상향 님이 예시한 봉건시대의 신분특권이나 현대의 갑질특권, 정규직특권 등이 여기에 해당합니다. 셋째, 편견형특권이 있습니다. 사회적 편견이 시장작용을 왜곡하여 발생하는 특권입니다. 이상향 님의 분류에서 유형 C에 속하는 남성특권, 인종특권이 대표적인 예입니다.

둘 이상의 이유가 함께 작용하여 발생하는 경우도 있습니다. 예를 들면, 학벌특권은 특정 학벌을 우대하는 사회적 편견이 존재하는 사회에서 좋은 학벌을 얻을 수 있는 학교 정원이 제한되어 생깁니다. 즉 학벌특권은 공급 제약과 편견이 같이 작용하여 생기는 특권입니다. 또한 좋은 학벌을 공유하는 사람들이 사회경제의 결정권을 독과점하여 더욱 유리한 결과를 차지한다면 권력형특권이 되기도 합니다.

고복지 = 이상향 님과 신자유 님이 각기 다른 기준의 분류를 제시해 주시니까 이해가 더 잘되는군요. 저는 두 분이 든 여러 사례 외에 일자리특권도 있지 않을까 생각하였습니다. 일자리 공급이 탄력적으로 변화하기 어려운 상황에서 동일한 능력을 갖춘 취업 희망자 중 일부만 능력에 상응하는 일자리를 얻고 다른 사람은 실업 또는 그 하위 직종에 취업할 수밖에 없다면 그 일자리 취업자는 공급 제약형특권을 누리는 게 아닐까요? 예를 들면, 개인택시 영업권에 프리미엄이 붙어서 거래되고 있다는 사실이 일자리특권의 존재를 증명합니다. 일자리특권까지 포함시킨다면 세상은 특권 천지라고 하겠습니다.

신자유 = 실업률이 높은 사회에서 경직된 시장 구조 때문에 일자리를 쉽게 늘릴 수 없다면 일자리특권이 더 중요해집니다. 실제로 경제학계에 일자리 지대(employment rent)를 연구하는 분도 있습니다. 시장 작용에 대해 낙관적인 믿음을 가진 신자유주의 중심의 학계 분위기 속에서 아직 주목받지는 못하지만, 앞으로 로봇과 인공지능이 사람의 일자리를 대신해 간다면 일자리특권이 점점 부각될 것입니다.

이상향 = 균형형 제도에 어긋나는 특권이 이렇게 많은데 이 문제를 어떻게 풀어야 할까요?

나중도 = 우선 특권을 줄여야 하겠습니다. 사회가 특권을 공인할 때는 그것이 공익을 증진한다는 사실을 철저하게 입증해야 합니다. 공인하지 않은 특권이 현실적으로 존재한다면 가급적 줄이기 위해 노력해야 합니다.

신자유 = 권력형특권은 정부가 나서서 반드시 없애야 하고 또 마음만 먹으면 없앨 수 있다고 봅니다. 편견형특권은 오랜 세월 관습에 의해 형성된 경우가 많아서 정부의 노력만으로 단기간에 없애기가 쉽지 않을 것입니다. 그렇더라도 교육과 사회 캠페인을 통해 줄여 나가야 하겠습니다. 공급 제약형특권은 정부가 제약 자체를 없애거나 줄이기가 불가능하거나 매우 어려울 것으로 봅니다. 어떤 유형이든 특권이 일단 존재한다면 최소한 취득 기회라도 균등하게 보장해야 합니다.

고복지 = 두 분 말씀에 동의하지만 그 정도로는 충분하지 않다고 봅니다. 특권이 존재하면 그 특권에서 이익이 발생하게 됩니다. 신자유 님 말씀처럼 사회에는 없애기 어려운 특권이 적지 않고 특권이익이 누적되어 부당한 빈부격차가 발생합니다. 〔토론 2〕에서 우리는 원인자가 특정되지 않은 경우에는 결과를 주민에게 공동 귀속시키는 것이 균형형 제도라고 했으니 특권이익도 환수하여 공평하게 처리해야 할 것입니다.

이상향 = 세 분 말씀을 종합하면 균형형 제도의 특권 대책 3원칙이 됩니다.

- 첫째, 꼭 필요한 최소한의 특권만 인정한다.
- 둘째, 특권 취득 기회를 균등하게 보장한다.
- 셋째, 특권이익을 환수하여 공평하게 처리한다.

(세 사람 모두 특권 대책 3원칙에 동의)

이상향 = 3원칙 중 셋째 원칙을 실행에 옮기려면 특권이익의 측정이 필요합니다. 특권이익의 크기는 그 특권으로 인해 특권자가 유리해지는 정도이자, 비특권자가 불리해지는 정도와 같습니다. 특권 중 가장 대표적이고 이해하기가 쉬운 토지소유권을 예로 들어 보면 좋겠습니다. 경제학 전공자인 신자유 님이 설명을 더 잘하실 것 같습니다만.

신자유 = 토지소유권의 이익에 관해 경제학 교과서에 나오는 내용을 소개하겠습니다. 토지소유권은 특권이지만 주거용 또는 생산용 토지에 대한 배타적인 권리를 설정하는 것이 공익에 부합한다고 보아 토지사유제를 공인하는 나라가 많습니다. 토지국유를 원칙으로 하는 나라에서도 중국처럼 장기적인 토지사용권을 민간에게 주는 경우가 있는데, 어느 쪽이든 토지의 배타적 사용권에서 특권이익이 발생한다는 사실은 다르지 않습니다. 특정 토지를 차지한 사람이 얻는 유리함 혹은 토지를 차지하지 못한 사람이 받는 불리함은 바로 토지의 임대가치, 즉 지대로 나타납니다.

지대가 결정되는 과정을 간략히 말씀드리겠습니다. 토지는 필지마다 형질과 위치가 다르기 때문에 품질에 따라 여러 등급으로 나눌 수 있습니다. 예를 들어, 토지에 5개 등급이 있고 평균적인 능력을 가진 사람이 각 등급의 토지를 사용하면 단위면적당 연간 각각 100, 90, 80, 70, 60의 수익을 얻을 수 있다고 해 봅시다. 사람들은 생산성이 높은 1등급 토지부터 사용하게 될 텐데, 사회의 수요를 충족시키기 위해 1등급, 2등급 토지가 모두 사용되고 3등급 토지의 일부까지 사용하는 상황이라고 가정합시다. 이때 3등급 토지를 한계 토지라고 합니다. 사람들이 사용하는 토지 중에서 가장 품질이 나쁜 토지 또는 사람들이 사용하지 않는 토지 중에서 가장 품질이 좋은 토지가 한계 토지입니다. 토지 소유자가 일부러 유휴 상태로 두는 땅은 한계 토지가 아니라 유휴지입니다.

특정 토지의 지대는 그 토지의 수익과 한계 토지의 수익의 차이입니다. 즉 우리 예에서는 1등급, 2등급, 3등급 토지의 단위면적당 연간 지대는 각각 20, 10, 0이 됩니다. 사회 수요의 변화가 생겨서 4등급 토지의 일부까지 이용하게 되었다고 하면 각 등급 토지의 연간 지대는 10씩 올라서 30, 20, 10, 0이 됩니다. 두 상황을 정리하면 [표 13]과 같습니다.

[표 13] 지대의 발생과 변화

		1등급 토지	2등급 토지	3등급 토지	4등급 토지	5등급 토지
객관적 수익/년		100	90	80	70	60
상황 1	사용 여부	사용	사용	일부 사용		
	지대/년	20	10	0		
상황 2	사용 여부	사용	사용	사용	일부 사용	
	지대/년	30	20	10	0	

이상향 = 설명 고맙습니다. 토지특권을 통해 이해한 내용은 다른 특권에도 적용할 수 있겠지요?

신자유 = 다시 저를 바라보면서 말씀하시는군요. (일동 웃음)

경제학에서는 특권이익을 지대 또는 경제지대(economic rent)라고 하는데 토지 지대에서 시작된 개념이 일반화되어 그렇게 부르게 되었습니다. 경제지대는 "사람들로 하여금 경제활동을 계속하도록 유도하기 위해서 꼭 지불해야 하는 최소한도의 수준을 초과한 소득"(이정전, 2008: 295)이고 "인위적으로 형성된 비생산적인 전이금(transfer payment)"이며 "정상적인 경쟁요소에 의해 감소되거나 제거될 수 없는 높은 보상"을 말합니다(김성준, 2012: 87).

경제지대 개념은 "자연자원, 특수한 기술, 유명 예술가의 작품, 그리고 단기간에는 공급이 고정되어 있는 자원이나 재화 등 재생산할 수 없는 자산"(김성준, 2012: 85-86)에까지 확대되었습니다. 최근의 연구에 따르면 최고경영자(CEO)의 엄청난 보수는 순수한 시장작용이 아니라 경영권력(managerial power)의 영향에 의해 형성된 것이기 때문에 상당 부분 경제지대에 해당한다고 보기도 합니다(Bebchuk *et al.*, 2002).

경제지대가 경제학에서 주목받는 이유는 "공연히 지불된 돈 혹은 굳이 지급하지 않았어도 (경제 효율에) 아무런 지장이 없는 소득"(이정전, 2008: 295)이기 때문입니다. 반면, 우리가 특권에 주목하는 이유는 배제와 차별을 야기하는 특권이 정의를 추구하는 균형형 제도에 위배되기 때문입니다. 그러므로 경제지대 중에서 배제와 차별을 야기하지 않는 것은 우리가 말하는 환수 대상이 아닙니다. 예를 들어 경제학 교과서에 흔히 나오는 사례로, 특출한 운동선수의 고액 연봉의 상당 부분이 경제지대입니다. 그 선수가 다른 직업에 종사할 때 얻을 수 있는 소득보다 단 1원만 연봉이 높아도 선수로 뛸 테니까요. 그러나 고액 연봉이 다른 사람을 배제하거나 차별한 결과가 아니라면 정의의 관점에서 환수할 이유는 없을 것입니다.

이상향 = 네, 감사합니다. 그럼 경제학에서는 배제와 차별의 결과로 생기는 특권이익을 완전히 환수하자는 주장이 많이 나오나요?

신자유 = 네, 그런 주장이 있기는 하지만 다수의 관심을 받고 있지는 못합니다. 경제학이 정의보다는 효율에 초점이 맞추어져 있어 그렇지 않나 생각합니다.

고복지 = 혹 특권이익 환수는 사회의 강자층에 불리한 주장이기 때문은 아닐까요? 물론 신자유 님은 다르시지만. 농담입니다. (일동 웃음)

신자유 = 농담 속에 진리가 있네요. 저 역시 그런 측면이 다분히 있다고 봅니다. 애덤 스미스, 리카도 등 위대한 경제학자들은 토지지대는 환수해도 경제에 지장을 주지 않기 때문에 이상적인 과세 대상이 된다고 지적했습니다. 그런데도 토지지대를 우선적인 세원으로 삼자는 주장은 학계의 주목을 받지 못하거든요. 최근에는 경제 권력의 힘이 강해지면서 그런 경향이 더 심해지는 것 같습니다.

고복지 = 주류 경제학과 대척점에 있는 좌파 경제학의 계급투쟁도 특권의 관점에서 해석할 수 있을 것 같습니다. 자본가라는 특정 계급이 경제 결정권을 휘두르는 사회에서는 노동자와 자본가 사이에 계급투쟁이 발생한다는 것이 칼 마르크스(Karl Marx, 1818~1883)의 견해입니다. 이 현상을 우리 관점에서는, 자본가가 특권을 가지는 사회에서 차별 받는 다른 계급과 갈등이 발생한다고 표현할 수 있습니다. 이에 대한 우리의 대책은, 생산에 참여하는 모든 당사자가 공평하게 기업이나 경제의 결정권을 행사하여 자본가의 특권을 없애거나, 그게 현실적으로 어렵다면 자본가의 특권이익이라도 환수하자는 것입니다. 마르크스는 프롤레타리아 혁명을 대책으로 제시했는데, 특권 대책만으로는 충분하지 않다고 생각했거나 폭력적인 방법을 통해서라도 단기간에 문제를 해결하고 싶었기 때문이 아닐까 추측해 봅니다.

이상향 = 특권 대책 제3원칙에서 환수한 특권이익을 공평하게 처리하기로 했는데 어떻게 하면 될까요?

나중도 = 어떤 특권 때문에 불이익을 당하는 사람이 특정된다면 그 환수액으로 우선 이들에게 보상한 다음, 잔액에 대해서는 모든 주민에게 동일한 지분을 보장하면 되겠지요. 모든 주민에게 동일한 금액을 분배할 수도 있고, 다른 세금에 우선하여 정부 재정에 충당하여 공평하게 지출하는 방법도 있을 것입니다.

신자유 = 그런데 특권 대책 3원칙이 확립되지 않은 채로 토지사유제가 이미 정착해 버린 우리 현실에서는 지대를 모두 환수한다는 데 대해 이의를 제기하는 사람이 있지 않을까요? 땅을 살 때 목돈을 내고 매입한 토지 소유자에게서 다시 지대를 징수한다면 토지 소유자가 이중 부담을 하는 게 아니냐는 것입니다. 또 경제 원리에 따르면, 지대를 모두 징수하면 토지 매매가격 즉 지가가 0으로 하락합니다.(▸265쪽 해설 9 참조) 그래서 단기간에 지대 환수 제도를 도입하면 사회에 큰 충격을 주게 되는데 그에 대한 배려도 필요할 것입니다.

이상향 = 네, 제도 개혁이 사회에 충격을 주지 않고 연착륙하도록 하는 것도 매우 중요합니다. 기회가 닿으면 꼭 검토하고 싶습니다. 이번 토론을 통해 특권을 더 잘 이해하게 되었습니다. 감사합니다.

CHAPTER 1

〔토론 5〕

특권 다시 보기

이상향 = 우리는 균형형 제도에서는 특권이 정당한 원인이 될 수 없고 부득이한 사유로 특권이 존재할 경우에는 특권 대책 3원칙을 적용해야 한다고 합의하였습니다. 그러나 반론도 있습니다. 특권 문제를 매듭짓기 위해서는 그런 반론에 대해 충분히 검토하는 게 좋겠습니다. 정부 개입에 소극적인 신자유주의자의 반론이 많을 듯하므로 신자유 님께 의견을 부탁드릴까요?

신자유 = 네, 아무래도 시장을 중시하는 쪽의 반론이 많을 것입니다. 반론은 대체로 두 가지로 정리할 수 있습니다. 첫째, 특권 취득 기회를 균등하게 보장한다면 특권 대책 중 셋째 원칙을 굳이 둘 필요가 없다는 견해가 있고 둘째, 특권을 취득하기 위해 노력을 한다면 그렇게 취득한 특권은 노력의 결과이니 정당하다는 견해도 있습니다.

이상향 = 취득 과정의 정당성이 취득 대상을 정당하게 만들어 준다는 논리이군요. 그런 견해를 펴는 사람 중에 반상제도나 노예제도처럼 인간을 신분으로 나누어 차별하는 제도가 정당하다고 생각할 사람이 있을까요?

신자유 = 그런 사람은 없을 것입니다. 200여 년 전만 해도 신분제도를 당연하게 여긴 사람이 적지 않았습니다. 예를 들어, 미국에서 남북전쟁이 끝나기 전까지는 노예제도를 옹호하는 각종 주장이 많았습니다. 그러나 오늘날에는 그런 제도를 공개적으로 옹호하는 사람은 없습니다.

이상향 = 그럼 역사상 존재했던 신분제도와는 달리 출생 후 어느 시점에 무작위 추첨으로 신분을 결정한다면 신분제도를 정당하다고 할까요? 또 신분 취득을 위한 시합이 매년 열리고 노력을 통해 이 시합에서 승리하는 사람이 신분을 취득한다면 어떨까요?

신자유 = 반론자들도 추첨을 하든 시합을 하든 신분제도는 정당하지 않다고 볼 것입니다. 그런데 이들 제도는 역사적으로 이미 지나간 문제이기 때문에 합의가 쉽지만 현재 진행형인 제도에 대해서는 다른 견해가 나오기도 합니다.

이상향 = 그렇군요. 우리는 현실이 아니라 환생사회에서 특권을 인정할지 생각해 보았기 때문에 특권이 균형형 제도에 부합하지 않는다고 쉽게 합의했으나, 현실사회에서는 느낌이 다를 수 있겠습니다.

신자유 = 네, 그렇지요. 한국에서 매우 민감한 문제인 학벌특권을 예로 들어 볼까요? 학벌주의가 만연한 우리 사회에서 좋은 학벌을 쌓으면 노력과 기여 이상의 우대를 받아 인생살이가 쉬워지기 때문에 학벌특권이 모든 국민의 관심사입니다. 그런데 학벌 취득 기회가 균등하다면 학벌특권을 없앨 필요가 없다거나, 열심히 공부하여 좋은 대학에 입학한 사람이 학벌특권을 누리는 것은 노력의 결과이므로 정당하다고 생각하는 사람이 적지 않습니다. 여기에 더해서 학벌특권을 얻기 위해 학생들이 열심히 공부하면 학력이 높아지므로 학벌특권을 인정하는 것이 나쁘지만은 않다고 하기도 합니다.

이상향 = 신자유 님은 이미 이런 반론에 대한 답을 가지고 계시겠지만 혹 동료들의 눈치가 보이신다면 나중도 님께 부탁드려도 될까요?

신자유 = 아니, 눈치 보일 것까지는 없지만……. 아무래도 조금 거리가 있는 나중도 님이 해 주시면 더 좋겠지요.

나중도 = 네, 그럼 제 생각을 말씀드리지요. 취득 과정이 정당하다고 해서 취득 대상까지 정당하게 되는 것은 아닙니다. 첫째, 신분제도에서 생기는 특권처럼 인간의 평등성을 부정하는 특권은 취득 기회가 아무리 균등해도 신분특권 자체의 부당성이 사라질 수 없습니다. 학벌특권은 장기간 내지 평생 지속되는 특권이므로 신분특권과 사실상 다를 게 없습니다. 신분특권이 정당하지 않다면 학벌특권도 정당하지 않다는 결론을 내려야 일관성이 있습니다.

둘째, 노력해서 취득한다면 특권도 정당하다는 반론에 대해서는 모든 노력이 정당한 것이 아니라 무엇을 위한 노력인가에 따라 다르다는 점을 지적하고 싶습니다. 노력을 많이 하기로는 도둑질을 빼놓을 수 없는데, 그렇다고 도둑질이 정당한 것은 아니지 않습니까? 타인에게 손해를 끼치는 특권을 차지하기 위한 노력은 정당한 노력이 아닙니다.

특권이 이미 존재하는 사회에서 개인이 특권을 취득하기 위해 노력했을 경우, 그 개인의 의지와 노력을 칭찬할 수는 있습니다. 또 사회가 특권을 상당기간 공인 또는 용인해 오다가 제도를 변경할 경우에 노력을 통해 취득한 특권을 상실하게 될 사람에게 보상할 수도 있습니다. 예를 들어 노예제도를 철폐할 때도 노예주에 대한 보상이 필요하다는 의견이 적지 않았습니다. 실제로 미국에서는 남북전쟁을 통해 보상 없이 노예제도를 철폐한 반면, 영국이 서인도제도의 노예제도를 철폐할 때는 소유자에게 보상하였습니다. 그러나 개인적 칭찬이나 보상 문제는 특권 자체의 정당성 문제와는 별개입니다.

셋째, 특권을 취득하기 위한 노력이 사회에 도움이 될 수 있다는 반론은 정의가 아니라 효율을 기준으로 하는 판단입니다. 사회제도를 설계할 때는 정의만이 아니라 효율도 고려해야 하니까, 사회의 이익이 매우 크다면 피해자에 대한 보상을 조건으로 하여 특권적 제도에 합의할 수도 있겠지요. 그러나 제 생각에 특권이 사회에 이익을 주는 경우는 거의 없습니다. 학벌특권의 경우, 학생들이 공부를 열심히 한다고 해서 진정한 학력이 높아진다고 하기 어려울 뿐 아니라, 입시 공부에만 매달리다 보면 인간적 성장을 위해 학생 시절에 놓치지 말고 해야 할 일을 희생하게 됩니다. 이처럼 효율의 측면에서 보더라도 특권 취득의 노력은 사회에 도움이 안 된다고 생각합니다. 학생들의 공부를 독려할 필요가 있다면 학벌특권이 아닌 다른 인센티브를 주는 것이 옳습니다.

신자유 = 나중도 님의 의견에 동의합니다. 특히 특권 취득 노력이 사회에 도움이 되는지에 대해서는 경제학에서 많은 연구가 있습니다. 이런 연구 주제를 지대 추구(rent-seeking)(►262쪽 해설 1 참조)라고 부릅니다. 여기서 '지대'는 토지 지대만이 아니라 특권이익 전반을 의미합니다. 이들 연구에 따르면 특권을 얻기 위한 노력은 사회적으로 낭비를 초래합니다. 특권으로 얻는 소득은 사회의 생산을 증가시키는 것이 아니라 단지 부의 이전에 불과하며 따라서 특권을 취득하기 위한 경쟁에 지출되는 자원은 그만큼 낭비된다는 것이지요. 지대 추구에 관한 연구에서는 주로 지대 추구 비용의 낭비성에 초점을 맞추고 있지만, 특권적 제도는 그 자체로 완전경쟁시장의 조건을 충족시키지 못한다는 사실도 중요합니다. 특권자와 비특권자로 나뉜 시장에서는 참가자의 노력과 기여에 비례하는 대가가 돌아가지 않기 때문에 완전경쟁시장에서 가정하는 대등하고 자유로운 경쟁이 이루어지지 않는다는 것이지요. 그러므로 경제 효율을 위해서도 특권 자체를 없애거나 부득이 하면 특권이익이라도 환수해야 한다는 특권 대책 3원칙이 필요합니다.

이상향 = 방금 학벌특권에 대해 생각해 보았는데, 토지특권은 어떨까요? 혹시라도 토지특권은 학벌특권과 다른 점이 있을까요?

신자유 = 완전경쟁시장에서는 토지특권의 이익 즉 토지 불로소득이 0입니다. 모든 미래 지대가 매입지가에 반영되기 때문입니다. 그러므로 최초의 토지 소유자를 제외하고는 토지소유권에서 특권이익이 생기지 않습니다. 특권 대책 중 세 번째 원칙을 적용해도 환수할 것이 없습니다. 그러나 현실 토지시장은 불완전하여 단지 토지 소유자라는 이유만으로 불로소득을 얻는 경우가 많습니다. 이런 불완전한 시장에서는 당연히 세 번째 원칙을 적용하여 특권이익을 징수하여야 합니다.

그런데 서부 개척의 역사를 가진 미국에는 '목숨을 걸고 토지를 쟁취한 자가 토지를 소유하는 게 뭐 이상한가?'와 같은 감정적 반응도 있습니다. 심지어 뛰어난 학자들까지도 이런 주장을 한 사례가 있습니다. 미국 학계의 영향을 받은 한국의 학계도 토지특권에 대해 관대한 학자들이 많습니다. 토지를 포함한 부동산이 가계 자산의 큰 부분을 차지하고 있는 현실에서 일반 국민 중에도 토지특권을 유지하려는 정서가 강하기도 합니다.

고복지 = 한국에서 일류 대학 출신 중에 학벌특권을 당연시하는 사람이 많은 것도, '고생해서 일류 대학에 입학하고 졸업했는데 뭐 잘못되었나?'와 같은 정서 때문이겠지요.

신자유 = 맞습니다. 사회적으로 토지나 자원의 개척이 필요하다고 하면 개척자에게 다른 형태로 보상해 주자고 할 수는 있겠습니다. 국가유공자에게 훈장이나 혜택을 주는 것과 같습니다. 그런데 소유권은 배타적인 사용권, 수익권, 처분권을 영구적으로 행사하는 권리인데 개척의 보상으로 토지나 자원에 대한 소유권을 부여한다면 과잉 보상입니다. 적당한 기간의 사용권 정도라면 몰라도……. 이처럼 혹시라도 학력 경쟁이 사회에 도움이 되는 경우가 있다면 학벌특권 아닌 다른 유인을 제공하는 것이 좋겠지요.

이상향 = 혹 균형형 제도에서도 받아들일 수 있는 특권은 없을까요?

신자유 = 우리는 〔토론 1〕에서 사회제도를 사람 간의 관계가 차등적인 경우와 대등한 경우로 나누고, 모든 인간이 평등하게 존엄하다고 전제하더라도 공직자가 일반 국민보다 그리고 조직의 상급자가 하급자보다 더 많은 권한을 갖게 된다고 하였습니다. 이것은 정상적인 업무 수행을 위해 필요한 특권이므로 균형형 제도에 위배되지 않습니다.

좋은 예로 국회의원의 특권이 있습니다. 헌법 제44조에 규정된 국회의원의 불체포특권이 있습니다. 국회의원은 현행범인 경우를 제외하고는 회기 중 국회의 동의 없이 체포 또는 구금되지 않으며, 국회의원이 회기 전에 체포 또는 구금된 때에는 현행범이 아닌 한 국회의 요구가 있으면 회기 중 석방됩니다. 또 제45조에는 면책특권도 정하고 있습니다. 국회의원은 국회에서 직무상 행한 발언과 표결에 관하여 국회 외에서 책임을 지지 않습니다. 이것은 우리가 정의한 '특권'임은 분명하지만 국회의원에게 이런 특권을 주는 것은 소신을 가지고 업무를 수행하도록 하기 위해서입니다.

또 국가유공자 후손에게 일정한 혜택을 주는 사례도 있습니다. 수혜자인 후손은 자신의 노력과 운에 비해 남보다 유리한 결과를 얻는 특권을 갖습니다. 그러나 이 역시 국가에 대한 개인의 헌신을 기리고 장려하기 위한 사회적 필요성에 의해 설정하는 특권이므로 균형형 제도에서도 도입할 수 있다고 봅니다.

나중도 = 그럼 저도 하나 보탤까요? 특권이 이미 존재할 때 이를 시정하는 과정에서 차별 받은 계층에게 일정한 혜택을 주는 경우가 있습니다. 지역균형 인사 제도를 예로 들어 보겠습니다. 균형형 제도가 제대로 확립된 사회라면 수도권 특권은 아예 존재하지 않거나 특권 대책 3원칙에 의해 그 특권이익이 환수되었을 것입니다. 그러나 어떤 이유로든 그렇지 못한 상황이 되었을 경우에, 지역균형 채용을 위해 지방 인재를 우대한다면 지방의 인재가 '특권'을 갖게 됩니다. 그러나 이런 경우는 과거 또는 현재의 차별을 교정 또는 보상하자는 것이 정책의 목적이므로 균형형 제도에서도 부당한 특권이 아닙니다.

이상향 = 네, 놓치기 쉬운 측면을 지적해 주셔서 특권과 균형형 제도에 대한 우리의 이해가 더 풍성해졌습니다. 취득 기회가 균등하고 노력을 통해 취득한다고 해서 특권 자체가 정당화되는 것은 아니라는 점, 지대 추구는 사회적 낭비를 초래한다는 점, 그리고 균형형 제도에서도 받아들일 수 있는 '특권'이 있다는 점을 알게 되었습니다. 감사합니다.

고복지 = 토론을 마무리하기 전에 한 가지 짚어 두고 싶은 것이 있습니다. 불운한 주민에게 다른 주민의 정당한 소득을 재원으로 하여 복지 급여를 제공한다면 복지 수급자는 우리가 정의한 '특권'을 갖게 됩니다. 즉 자신이 제공한 원인에 비해 더 많은 이익을 얻는다는 것이지요. 그러나 이것은 누구에게나 인간다운 생활을 보장하려는 복지제도의 목적이기 때문에 이런 특권은 정당하다고 해야 하지 않을까요?

신자유 = 고복지 님 말씀처럼 균형형 제도에서는 복지 수급권을 특권으로 이해할 수밖에 없습니다. 비유하자면 복지는 개미가 베짱이를 먹여 살리는 일이라고 표현할 수도 있습니다. 불운한 주민에게 도움을 주지 말아야 한다는 뜻이 아니라 복지는 균형형 제도의 영역에 속하는 정의가 아니라 이타형 제도의 영역에 속하는 자선이라는 것입니다.

이상향 = 두 분이 좋은 점을 지적해 주셨습니다. 만일 균형형 제도만으로도 인간다운 생활을 보장할 수 있다면 특권을 설정하지 않고도 복지의 문제가 해결되는데, 그게 가능한지 〔토론 8〕에서 다루기로 합니다. 감사합니다.

CHAPTER 1

〔토론 6〕

운은 '이상한 놈'

이상향 = 앞에서 특권에 대해 토론해 보았는데 균형형 제도에 대한 검토를 마무리하려면 아무래도 운에 대해서도 생각해 보아야 하겠습니다. 균형형 제도에서 노력은 정당한 원인이므로 노력한 자에게 그 결과를 귀속시켜야 하며, 특권은 부당한 원인이므로 대책이 필요하다는 데 이미 합의하였습니다. 그렇다면 나머지 원인, 즉 인간이 통제할 수 없는 원인인 운은 어떻게 다루어야 할까요?

토론에 들어가기 전에 우리 주제에 맞게 운을 분류해 두는 게 좋겠습니다. 운에는 선천적 자질, 집안 환경처럼 본인의 노력과 무관하게 인간의 능력에 영향을 주는 운이 있고, 농사에서 날씨처럼 노력과 결합하여 결과에 영향을 주는 운이 있습니다. 한편 노력이나 능력과 무관한 운, 예를 들면 하늘에서 돈이 비처럼 떨어지는 경우나 천재지변과 같은 운도 있습니다. 각 운을 운1, 운2, 운3이라고 부르겠습니다. 정리해 보면 [표 14]와 같습니다.

[표 14] 운의 종류

명칭	설명	예
운1	노력과 무관하게 인간의 능력에 영향을 주는 운	자질, 집안
운2	노력과 결합하여 결과에 영향을 주는 운(능력 제외)	농사 날씨
운3	노력 및 능력과 무관하게 작용하는 운	돈 비, 천재지변

나중도 = 요즘 우리 사회에는 '수저론'이 공감을 얻고 있습니다. 좋은 집안 출신을 '금

수저', 별 볼일 없는 집안 출신을 '흙수저'라고들 부릅니다. 이런 경우는 어디에 해당되나요?

이상향 = 매우 적절한 질문입니다. 출신 집안이 개인에게 영향을 미치는 경우는 두 가지일 것입니다. 하나는 집안을 배경으로 하여 특권을 누리는 경우이고 다른 하나는 집안 덕에 능력을 잘 기르는 경우입니다. 좋은 집안에 태어난 덕에 좋은 학벌을 취득해서 인생이 유리해지는 경우는 학벌특권에서 다루면 되고, 좋은 집안에서 자란 덕에 능력이 우수해졌다면 운1에 포함시키면 됩니다.

나중도 = 그렇게 하면 '수저론'도 기존의 분류에 다 포함시킬 수 있겠습니다.

이상향 = 네, 그렇습니다. 그럼 균형형 제도에서는 운의 결과를 어떻게 다루어야 할까요?

고복지 = 저는 균형형 제도의 취지가 본인이 선택하지 않은 원인에 의해 인생의 유불리가 결정되지 않도록 하는 데 있다고 봅니다. 따라서 모든 운의 결과가 본인에게 귀속되지 않도록 해야 할 것입니다.

신자유 = 균형형 제도는 이기적 행동을 허용하지 않는 제도입니다. 운은 인간의 통제 밖에서 주어지는 원인이므로 여기에서 말하는 이기적 '행동'이 아닙니다. 따라서 균형형 제도에서는 운의 결과를 모두 본인에게 귀속시키는 것이 옳다고 봅니다.

나중도 = 균형형 제도는 원인 제공자에게 결과를 귀속시키는 제도이므로 자신의 노력과 전혀 무관한 운3의 결과를 본인에게 귀속시키는 것은 균형형 제도에 어울리지 않습니다. 반면 운1과 운2는 본인의 의도와 무관하게 주어지는 원인이지만 행위가 있어야만 결과에 영향을 줍니다. 따라서 운1, 2는 어느 측면을 중시하느냐에 따라 그 결과를 행위자에게 귀속시킬 수도 있고 귀속시키지 않을 수도 있다고 봅니다.

그래서 효율의 관점에서 생각해 보겠습니다. 정의가 가장 우선적인 기준이 되어야 하지만 정의를 훼손하지 않는 범위 내에서 효율이라는 기준을 추가 적용하면 더 세련된 제도를 설계할 수 있을 것입니다. 운1의 결과를 본인에게 귀속시키면 능력을 발휘하도록 유도하는 인센티브로 작용하지만 다른 운은 그렇지 않습니다. 운3은 말할 것도 없고 운2의 경우도 수확에 영향을 주는 날씨처럼 당사자의 노력에 대한 인센티브가 되지 않습니다.

이 점은 소득과 같은 이익 외에 처벌과 같은 불이익의 경우를 생각해도 마찬가지입니다. 운1에 의해 선천적으로 힘이 센 사람과 약한 사람이 동일한 정도의 폭행을 한다면 힘 센 사람이 야기하는 피해가 더 클 것입니다. 그럼 이런 경우에 운1에 의해 타고난 체력의 영향을 배제한다면 두 사람을 동일하게 처벌해야 합니다. 피해가 다른데도 처벌이 동일해야 할까요? 힘이 센 사람으로 하여금 다른 사람보다 더 많은 주의를 기울이도록 유도할 필요가 있습니다. 이런 이유에서 운1의 결과는 본인에게 귀속시키는 것이 좋다고 봅니다.

그래서 운1의 결과는 본인에게 귀속시키고 운3의 결과는 특권이익처럼 공유로 해야 하지만, 운2의 결과는 반드시 어느 쪽으로 하는 것이 좋다고 말씀드리기 어렵습니다. 두 분과 달리 제 생각은 단순명료하지 않군요.

고복지 = 운1의 결과를 본인에게 귀속시켜야 한다고 하셨는데, 부유한 집안에서 태어나 사교육을 많이 받은 덕에 다른 사람보다 더 큰 능력을 갖추게 된 경우에 그 결과를 모두 그 사람에게 귀속시켜야 할까요?

나중도 = 네, 좋은 지적을 해 주셨습니다. 교육은 개인의 자질을 발견하고 능력을 함양하는 과정이므로 균형형 제도에서는 당연히 공교육이 이런 기능을 담당해야 합니다. 그리고 학벌특권이 존재하지 않는다면 우리 현실처럼 사교육이 번성할 리도 없습니다. 사교육으로 인해 능력의 차이가 크게 발생한다면 그건 이미 균형형 제도에서 벗어난 상태라고 하겠지요.

이상향 = 세 분의 말씀을 들으니 운에 관해서 만장일치 합의를 이루기는 어렵겠습니다.

노력, 특권, 운은 각각 '좋은 놈, 나쁜 놈, 이상한 놈'이라는 생각이 듭니다.

(일동 웃음)

세 분의 의견을 정리하면 [표 15]와 같습니다.

[표 15] 본인 귀속 판단

원인	고복지	나중도	신자유
운1	×	○	○
운2	×	△	○
운3	×	×	○

○은 정당, ×은 부당, △는 중간

균형형 제도에서 공공경비를 조달하기 위한 최적의 재원은 당연히 특권이익이지만 특권이익만으로 충분하지 않아 추가 재원이 필요하다면 다른 원인에 의한 소득도 징수해야 할 것입니다. 균형형 제도에서 노력은 정당한 원인이라는 데 다 동의하셨으므로 결국 특권이익 다음의 징수 대상은 운에 의한 소득이 될 것입니다. 운에 관한 세 분의 판단을 기초로 하여 공공재원 조달의 우선순위를 정해 보면 좋겠습니다.

나중도 = 주민이 우리 세 사람뿐이라면 다수결로 결정할 경우, 특권이익 다음으로 운3에 의한 불로소득이 징수 대상이 되겠군요. 그러고도 공공경비가 부족하여 추가재원을 마련해야 한다면 다음 순서는 운2, 운1에 의한 소득이 되겠지요.

신자유 = 저는 원칙적으로 운의 결과를 모두 본인에게 귀속시키고 정부가 간섭하지 말자는 입장이지만 비상사태의 경우에 공공재원이 꼭 더 필요하다면 나중도 님이 제안하신 우선순위에 동의합니다.

고복지 = 저는 원칙적으로 모든 운의 결과를 본인에게 귀속시키지 말자는 입장이지만 공공재원의 우선순위를 정해야 한다면 역시 나중도 님의 순위에 동의합니다. 다만 이미 말씀드렸듯이 공교육이 부실한 상태에서 부유한 집안 출신이 사교육에 의해 형성된 우수한 능력 덕에 많은 소득을 올릴 경우에는 그 초과

소득 부분은 운2에 의한 소득과 같은 순위로 다루어야 할 것으로 봅니다.

또 운의 결과를 본인에게 귀속시킬 경우 빈부격차가 극심해진다면 역시 다른 대책이 필요하지 않을까요?

신자유 = 네, 좋은 말씀입니다. 자연 현상은 대체로 좌우대칭의 정규분포를 이룬다는 사실은 잘 알려져 있습니다. 그런데 소득은 이상하게도 중·저소득층에 쏠리는 비대칭적인 분포를 이루면서 심한 빈부격차를 나타내는 경우가 많습니다. 이것은 주로 부자연스러운 원인, 즉 사회가 설정 또는 묵인하는 특권 때문이라고 저는 생각하고, 따라서 우리가 합의한 특권 대책 3원칙을 지키면 운에 의한 빈부격차는 큰 문제가 되지 않을 것으로 예상합니다. 그러나 이러한 제 생각은 엄밀한 근거를 바탕으로 한 것은 아니므로, 고복지 님의 염려처럼 운으로 인해 심한 빈부격차가 발생한다면 재고할 수 있습니다.

이상향 = 운에 관해서는 의견이 엇갈리지만 추가 공공재원의 우선순위에 대해서는 대체로 합의를 본 듯합니다.

운과 관련하여 사회적 지위에 영향을 주는 상속·증여를 어떻게 다루어야 할지도 관심 대상입니다. 어떻게 생각하시는지요?

신자유 = 그렇습니다. 상속·증여에는 양면성이 있습니다. 피상속자와 증여자가 균형형 제도에 부합하는 방식으로 형성한 재산이라면 처분권을 존중하여야 합니다. 또 저는 모든 운의 영향을 본인에게 귀속시키자는 입장이므로 상속·증여 소득도 본인에게 귀속시키기를 원합니다.

고복지 = 그러나 상속자와 수증자의 입장에서는 아무런 노력 없이 순전히 운에 의해 얻는 소득이므로 운3에 의한 불로소득과 같습니다. 저는 운에 의한 결과를 본인에게 귀속시키지 말자는 입장인데 다음 세대에 부당한 불평등을 물려준다는 점을 염려하여 상속·증여 소득에 대해 부정적입니다.

나중도 = 저는 처분권을 존중하면서도 부의 대물림도 동시에 염려하여 절충점을 찾고 싶습니다.

신자유 = 고복지 님과 나중도 님이 상속·증여가 다음 세대 간 불평등을 야기할 것으로 염려하시는 뜻은 잘 알겠습니다. 저도 그 점을 생각하지 않은 것은 아닙니다. 지금처럼 특권이익을 제대로 환수하지 않는 사회에서는 커다란 빈부격차가 발생하며 따라서 상속·증여가 불평등의 큰 요인이 됩니다. 그러나 우리가 합의한 대로 특권이익을 모두 환수하여 공평하게 처리하는 사회에서는 경제적 격차가 지금보다 매우 작을 것이고 따라서 상속·증여 소득이 다음 세대의 불평등에 미치는 영향도 훨씬 작을 것으로 예상합니다.

나중도 = 그럼 특권이익을 환수해도 상속·증여가 차세대 빈부격차의 큰 원인이 된다면 신자유 님도 상속·증여 소득의 전부 또는 일부 환수에 동의하실 수 있나요?

신자유 = 그럴 가능성이 낮지만 혹 그렇다면 적절한 조치가 필요하다는 데 동의합니다.

나중도 = 이번에는 고복지 님께 질문드려도 될까요? 신자유 님의 말씀처럼 상속·증여가 다음 세대의 불평등에 별 영향을 미치지 않는다면 어떻게 하시겠습니까?

고복지 = 저도 신자유 님과 같은 대답을 할 수밖에 없습니다. 그럴 가능성이 낮다고 생각하지만 혹 그렇다면 환수의 정도를 낮출 수 있겠지요.

나중도 = 그럼 상속·증여가 차세대 불평등도에 미치는 영향에 따라 두 분의 의견이 접근할 수 있겠습니다. 저 역시 상황에 따라 입장을 조정할 수 있습니다. 그렇다면 한 가지 더 생각할 점이 있습니다. 앞에서 우리는 추가 징수의 우선순위에서 여러 운 중에서 운1을 가장 후순위로 정했습니다. 그런데 운1의 영향력이 매우 커서 그로 인해 심한 불평등이 야기된다면 그 우선순위도 재고할 수 있지 않을까요?

고복지 = 점점 복잡해지는군요. 참고로, 존 롤스(John Rawls)의 견해를 소개합니다. 롤스는 운에는 천부적으로 주어지는 운(accidents of natural endowment)과 사회 상황에 의해 우연히 발생하는 운(contingencies of social circumstance)이 있다고 하면서 이는 도덕의 관점에서 자의적인(arbitrary from a moral point of view) 원인이라고 표현하였습니다. 그러고는, 운에 의한 불평등은 불가피하지만 최불운 계층에게 가장 유리한 결과가 돌아가도록 하는 제도가 정의롭다고 하였습니다. 제가 토론을 더 복잡하게 만들었나요? 자세한 설명은 다음 기회로 미루지요 (제3장의 Ⅲ 참조).

이상향 = 노력과 특권처럼 만장일치에 이르지는 못했지만 그래도 이번 토론에서도 성과가 많았습니다. 세 분의 의견을 종합하면, 특권이익 이외의 추가 공공재원의 우선순위를 정한다면 운3에 의한 소득, 더 필요하다면 운2에 의한 소득을 징수하면 되겠습니다. 다만 이 순위는 상속·증여 소득처럼 불평등에 미치는 영향에 따라 탄력적으로 조정할 수밖에 없겠습니다. 역시 운은 '이상한 놈'입니다. 그래도 세 분의 세계관이 서로 다르다는 점을 감안하면 상당히 건설적인 합의를 이루었다고 봅니다. 감사합니다.

CHAPTER

1

〔토론 7〕

현실의 주민은 어떤 제도를 지지할까?

이상향 = 환생사회 설계에서는 합의 당사자가 환생 후 자신이 어떤 처지가 될지 모른다고 가정하였습니다. 그러나 사람들이 자신의 처지를 알고 있는 현실에서는 지지하는 제도가 다를 수 있습니다. 그래서 현실과 환생사회 설계가 어느 정도까지 근접할 수 있을지를 검토해 보는 것도 의미가 있을 것입니다. 〔토론 3〕의 환생사회 설계에서 자신의 성향을 아는 주민이 지지할 제도를 예상해 본 것처럼, 이번에는 자신의 성향 외에 소속 계층도 알고 있다면 어떤 제도를 지지할지 예상해 보겠습니다. 〔토론 3〕에서 좋은 시범을 보여 주신 나중도 님께서 이번에도 수고 좀 해 주시겠습니까?

나중도 = 그럴까요? 칭찬을 받으니 힘이 납니다. (일동 웃음)

주민이 지지하는 사회제도는 자신이 속한 계층에 따라, 더 정확하게 자신의 소속 계층에 대한 인식에 따라 달라집니다. 그래서 각자 인식하는 자신의 소속 계층을 강자, 중간층, 약자로 구분해 보겠습니다.

이기적 주민은 자신에게 유리한 제도를 지지합니다. 그래서 이기적 주민 중 강자는 남에게 손해를 끼쳐도 제재를 가하지 않는 이기형 제도가 자신에게 유리하다고 예상하여 이기형 제도를 지지할 것입니다. 이기적 주민 중 약자는 복지제도와 같은 이타형 제도를 지지할 것입니다. 이기적 주민 중 중간층은 이기형 제도에서는 강자의 침해를 받을 염려가 있고 이타형 제도에서는 원치 않게 약자를 도와야 할 염려가 있으므로 균형형 제도를 지지할 것입니다.

반면, 균형적 주민은 원칙적으로 자신의 성향에 맞는 균형형 제도를 선호하겠지만, 그중 약자는 눈앞의 사정이 어려운 만큼 부득이 자신의 성향과는 다른 이타형 제도를 희망하는 경우도 꽤 있을 것입니다. 그리고 이타적 주민은 원칙적으로 이타형 제도를 선호할 것입니다. 그러나 이들은 타인에 대한 배려심이 많기 때문에, 다른 성향을 가진 주민에게 이타형 제도를 강요하는 것은 지나치다고 생각하는 사람도 있을 것이고 이들은 사회 화합을 위해 균형형 제도라면 지지할 용의가 있을 것입니다. 그러나 아무리 양보하더라도 타인에게 손해를 입히는 행위를 허용하는 이기형 제도를 지지하지는 않을 것 같습니다.

이런 예상을 정리하면 [표 16]과 같습니다.

[표 16] 주민의 성향과 계층 인식에 따른 지지 제도

계층 인식 \ 성향	이기 성향	균형 성향	이타 성향
강자	이기형	균형형	이타형+균형형
중간층	균형형		
약자	이타형	균형형+이타형	

각 제도에 대한 구체적인 지지 비율은 주민의 성향 구성비와 함께 계층 구성비에 의해 정해질 것입니다. 이 중에서 성향 구성비는 이미 앞에서 추정해 보았으므로 계층 구성비를 추가하면 결과를 얻을 수 있겠지요.

계층을 강자, 중간층, 약자로 나눌 때 그 비율이 단순히 1:1:1이 되지는 않을 것입니다. 제도 지지를 결정할 때는 실제 소속 계층보다는 자신이 주관적으로 인식하는 소속 계층이 중요한데, 자신을 강자라고 인식하는 비율은 20%보다 더 작을 것입니다. 그러나 강자의 비율을 최대한으로 잡아 20%라고 해 두겠습니다. 나머지 80%는 중간층과 약자가 반씩 즉 각 40%씩이라고 가정합니다. 또 동일 집단의 지지 제도가 둘로 나뉠 경우에는 〘토론 3〙에서처럼 구성비를 단순히 1:1이라고 가정하겠습니다.

저는 〘토론 1〙에서 이기적, 균형적, 이타적 주민이 각각 50%, 30%, 20%일 것

으로 추정하였으므로 위의 가정과 이 비율로 계산하면 [표 17]과 같은 결과가 나옵니다.[3]

[표 17] 제도 유형별 지지율 예상치 – **나중도** (%)

계층	제도 유형	이기 성향	균형 성향	이타 성향	합계
강자	이기형	10	0	0	10
	균형형	0	6	2	8
	이타형	0	0	2	2
	소계	**10**	**6**	**4**	**20**
중간층	이기형	0	0	0	0
	균형형	20	12	4	36
	이타형	0	0	4	4
	소계	**20**	**12**	**8**	**40**
약자	이기형	0	0	0	0
	균형형	0	6	4	10
	이타형	20	6	4	30
	소계	**20**	**12**	**8**	**40**
합계		50	30	20	100

위 표에서 제도의 유형별로 지지율을 합산하면 이기형, 균형형, 이타형이 각각 10%, 54%, 36%가 됩니다. 현실의 주민도 이기형 제도를 지지하는 사람은 많지 않은 가운데, 과반수가 균형형 제도를 지지하고 3분의 1 정도가 이타형 제도를 지지할 것으로 예상됩니다. 이기적 주민이 50%를 차지해도 이기형 제도를 지지하는 사람이 많지 않다는 점이 특히 주목됩니다. 저는 종래 막연히 주민 합의를 통해서는 이상사회로 나아가기 어렵다고 생각해 왔는데 이런 결과를 보면서 희망을 갖게 되었습니다.

신자유 = 저도 나중도 님의 방식에 따라 계산해 보겠습니다. 저는 이기적, 균형적, 이타적 주민이 각각 60%, 30%, 10%라고 추정하였으므로 이를 대입하면……. (잠시 후) [표 18]과 같은 결과가 나옵니다.

3 인터넷 포털 '다음' 카페 〈지공주의 연구실〉 내의 자료실에, 주민의 성향과 계층 비율을 입력하면 각 유형의 제도에 대한 지지율 계산 결과를 얻을 수 있는 엑셀 파일이 있다.

[표 18] 제도 유형별 지지율 예상치 – **신자유** (%)

계층	제도 유형	이기 성향	균형 성향	이타 성향	합계
강자	이기형	12	0	0	12
	균형형	0	6	1	7
	이타형	0	0	1	1
	소계	**12**	**6**	**2**	**20**
중간층	이기형	0	0	0	0
	균형형	24	12	2	38
	이타형	0	0	2	2
	소계	**24**	**12**	**4**	**40**
약자	이기형	0	0	0	0
	균형형	0	6	2	8
	이타형	24	6	2	32
	소계	**24**	**12**	**4**	**40**
합계		60	30	10	100

위 표에서 제도의 유형별로 지지율을 합산하면 이기형, 균형형, 이타형이 각각 12%, 53%, 35%가 됩니다. 이기적 주민이 60%를 차지해도 이기형 제도를 지지하는 사람이 많지 않다는 예상 밖의 결과가 나와 저도 놀랐습니다. 이 결과를 통해 나중도 님처럼 현실에서도 주민의 합의를 통한 개혁이 가능하다는 희망을 갖게 됩니다.

고복지 = 저도 같은 방식을 사용하였습니다. 저는 이기적, 균형적, 이타적 주민이 각각 40%, 30%, 30%라고 추정하였으므로 이를 대입하여 [표 19]와 같은 결과를 얻었습니다.

[표 19] 제도 유형별 지지율 예상치 – **고복지** (%)

계층	제도 유형	이기 성향	균형 성향	이타 성향	합계
강자	이기형	8	0	0	8
	균형형	0	6	3	9
	이타형	0	0	3	3
	소계	**8**	**6**	**6**	**20**
중간층	이기형	0	0	0	0
	균형형	16	12	6	34
	이타형	0	0	6	6
	소계	**16**	**12**	**12**	**40**

계층	제도 유형	이기 성향	균형 성향	이타 성향	합계
약자	이기형	0	0	0	0
	균형형	0	6	6	12
	이타형	16	6	6	28
	소계	**16**	**12**	**12**	**40**
합계		40	30	30	100

위 표에서 제도의 유형별로 지지율을 합산하면 이기형, 균형형, 이타형이 각각 8%, 55%, 37%가 됩니다.

이상향 = 그럼 제가 세 분의 결과를 종합해 볼까요? [표 20]과 같은 결과가 나오는군요.

[표 20] 제도 유형별 지지율 비교 (%)

지지 제도	고복지	나중도	신자유
이기형	8(0)	10(0/5)	12(6)
균형형	55(65)	54(65/62.5)	53(62)
이타형	37(35)	36(35/32.5)	35(32)

* 괄호 속은 환생사회 설계 때의 비율(〈토론 3〉 참조)

결과를 보니 환생사회 설계 때와 비교하면 큰 차이가 없으며 이기형과 이타형 제도 지지율이 조금 높아지고 균형형 제도 지지율은 조금 낮아졌습니다. 그래도 역시 균형형 지지율은 50%가 넘고 이타형 제도 지지율도 30%가 넘습니다.

이기적 주민이 많고 또 모든 주민이 자신이 소속한 계층을 의식하는데도 이기형 제도 지지율이 얼마 되지 않는다는 결과는 매우 인상적입니다. 그러나 생각해 보면 이 결과가 이상할 것도 없습니다. 이기형 제도를 지지하는 비율은 전체 주민 중 이기적이면서 동시에 강자인 비율과 같습니다. 그런데 자신을 강자라고 생각하는 주민 비율은 아무리 많아도 50%를 넘지 않습니다. 자신과 힘이 비슷한 사람이 주민 중 반이 넘는다면 자신이 강자가 아니라는 말과 같으니까요. 그러므로 이기적인 주민만으로 구성된 사회라고 해도 이기형 제도 지지율은 50%를 넘을 수가 없고, 성향이 다른 주민도 섞여 있는 사회에서 지지율은 더 낮을 수밖에 없습니다.

우리는 인간의 이기적 본성이 적나라하게 드러나는 비열한 현실을 겪으면서 국민의 합의를 국정에 반영하는 민주정치에 기대를 걸지 않는 경우가 많습니다. 그러나 이번 토론을 통해, 주민이 이기형 제도를 선택하지는 않을 것임을 알게 되었습니다. 그렇다면 일단, 주민 합의를 통해서도 세상의 품격을 지금보다 더 높일 수 있다는 희망을 갖게 됩니다.

좋은 토론 감사합니다.

CHAPTER 1

〔토론 8〕

균형형 제도로 충분한가?

이상향 = 지금까지의 토론을 통해 알게 되었듯이 환생사회 설계에서나 현실에서나 이기형 제도를 지지하는 주민은 소수이고 대부분은 균형형 제도와 이타형 제도를 지지합니다. 그렇다면 균형형 제도와 이타형 제도 중 어느 쪽을 선택할 것인지를 생각할 차례입니다.

신자유 = 균형형 제도는 대다수 국가에서 사회제도의 기초를 이루고 있습니다. 대한민국헌법 전문에는 "정치·경제·사회·문화의 모든 영역에 있어서 각인의 기회를 균등히 하고"라는 문구가 있고 제11조에는 "모든 국민은 법 앞에 평등하다. 누구든지 성별, 종교 또는 사회적 신분에 의하여 정치적·경제적·사회적·문화적 생활의 모든 영역에 있어서 차별을 받지 아니한다."고 명시하고 있습니다. 국제연합의 세계인권선언(▸262쪽 해설 2 참조) 제1조에도 "모든 사람은 태어날 때부터 자유롭고, 존엄성과 권리에서 평등하다."(All human beings are born free and equal in dignity and rights.)고 되어 있고, 다른 많은 나라의 헌법에도 균형형 제도를 지지하는 표현이 들어 있습니다. 이처럼 균형형 제도는 폭넓은 공감대를 형성하고 있습니다.

고복지 = 20세기 중반부터 사회보장과 같은 이타형 제도에 대한 관심이 서구 각국을 비롯하여 세계적으로 높아진 것은 반가운 일입니다. 그러나 아직은 노동력이 없는 경우의 필수 생계 지원 정도에 머물러 있습니다.

대한민국 헌법 제34조는 국가의 국민 보호 의무를 다음과 같이 명시하고 있습니다.

> **제34조** ① 모든 국민은 인간다운 생활을 할 권리를 가진다.
> ② 국가는 사회보장·사회복지의 증진에 노력할 의무를 진다.
> ③ 국가는 여자의 복지와 권익의 향상을 위하여 노력하여야 한다.
> ④ 국가는 노인과 청소년의 복지 향상을 위한 정책을 실시할 의무를 진다.
> ⑤ 신체장애자 및 질병·노령 기타의 사유로 생활능력이 없는 국민은 법률이 정하는 바에 의하여 국가의 보호를 받는다.
> ⑥ 국가는 재해를 예방하고 그 위험으로부터 국민을 보호하기 위하여 노력하여야 한다.

여기서 보듯이 사회보장은 자유권이나 참정권에 비해 제한적으로 규정되어 있습니다. 인간다운 생활을 할 권리를 인정하면서도 국가는 사회보장·사회복지의 증진에 '노력'하여야 한다고 되어 있습니다. 즉 실현 의무가 아니라 노력 의무로 약하게 표현하고 있습니다.

사회보장에서 앞서가는 나라들도 정도의 차이는 있지만 대체로 비슷합니다. 예를 들어, 핀란드 헌법 제19조에도 "품위 있는 삶에 필요한 수단을 얻을 수 없는 사람은 필수 생계 지원과 보호를 받을 권리가 있다."고 하여 사회보장의 범위를 필수 생계로 한정하고 있습니다. 사회주의 국가에서도 마찬가지입니다. 중국 헌법 제45조는 "늙고 병들거나 노동력을 상실한 경우에는 국가 및 사회로부터 물질적 도움을 받을 권리가 있다."고 하여, 노동력이 없는 경우로 한정하고 있습니다.

세계인권선언도 비슷합니다. 제25조 1은 "모든 사람은 식량, 의복, 주택, 의료, 필수적인 사회역무를 포함하여 자신과 가족의 건강과 안녕에 적합한 생활수준을 누릴 권리를 가지며, 실업, 질병, 불구, 배우자와의 사별, 노령, 그 밖의 자신이 통제할 수 없는 상황에서의 다른 생계 결핍의 경우 사회보장을 누릴 권리를 가진다."고 되어 있습니다. 즉 사회보장 권리를 "생계 결핍의 경우"에만 인정합니다.

이런 사례로 볼 때 현재 세계 각국은 대체로 균형형 제도를 위주로 하되 그것만으로는 필수 생계에 위협을 받는 국민이 생길 것을 염려하여 이타형 제도로 보완하는 정도입니다.

신자유 = 사회보장의 범위를 제한하는 데에는 두 가지 이유가 있다고 봅니다. 하나는, 균형형 제도와 이타형 제도가 이론상 양립하기 어렵다고 보기 때문입니다. 균형형 제도는 차가운 공존을, 이타형 제도는 따뜻한 공존을 추구하므로 두 제도가 원리상 충돌할 수도 있다는 것이 지금까지 많은 사람이 갖고 있는 견해입니다. 다른 하나는, 사회보장을 위한 충분한 재원을 마련하기도 어려울 것으로 생각하기 때문입니다.

나중도 = 두 가지 이유 다 해결이 어렵다는 것이 지금까지의 일반적인 관념이었습니다. 그런데 균형형 제도만으로 모든 주민의 인간다운 생활을 보장할 수 있다면 이타형 제도 지지자도 균형형 제도에 동의할 수 있지 않을까요?

고복지 = 그렇게만 된다면 합의도 가능하겠습니다. 저는 사회연대를 중시하며, 모든 사람에게 인간다운 생활을 보장하는 이타형 제도가 품격이 높은 제도라는 신념을 가지고 있습니다. 나중도 님 말씀처럼 균형형 제도만으로도 사회적 약자 보호에 지장이 없다면 성향과 세계관이 다양한 모든 주민에게 구태여 이타형 제도를 강제할 필요가 없겠지요. 비유하자면 높이뛰기를 50센티미터만 해도 지장이 없다면 굳이 1미터를 넘으라고 주민에게 강요할 이유가 없습니다.

신자유 = 고복지 님이 이렇게 유연하게 생각하실 줄은 몰랐습니다. 복지를 중시하는 쪽에서는 무조건(?) 사회연대와 약자 보호를 앞세워 이타형 제도를 고집하는 경우도 있기 때문에 제가 선입견을 가진 듯합니다. 죄송합니다.

고복지 = 아니, 죄송할 것까지야……. (일동 웃음)

제가 그런 말씀을 드리는 것은 제가 유연해서라기보다 우리 세 사람이 전에 좌도우기(左道右器)의 나라 율도국을 같이 여행하면서 보고 들은 것이 있기 때문입니다. 우리가 율도국에서 설명을 들었듯이 좌도우기란 좌파가 추구하는 이상을 우파도 동의하는 방식으로 달성한다는 뜻입니다. 우리 식으로 표현하면 이타형 제도로 실현하려는 결과를 균형형 제도를 통해 얻는다는 것이지요. 우리도 율도국처럼 할 수 있다면 균형형 제도에 저도 동의할 것입니다.

나중도 = 이상향 님은 율도국에 가 보시지 않으셨고 우리도 다녀온 후 시간이 어느 정도 지났으므로 우선 율도국의 제도부터 확인해 두어야 하겠습니다. 당시에 제가 율도국 여행기를 남겨 두었는데, 그 기록을 바탕으로 율도국의 복지제도를 소개할까요?[4]

이상향 = 그렇게 해 주시면 감사하지요.

나중도 = 그럼 율도국의 복지제도를 소개하겠습니다.

율도국은 균형형 제도를 취하고 있기 때문에 특권이익을 환수하며, 또 환수액에 대해서는 모든 주민이 균등한 지분을 가진다는 굳은 합의가 있습니다. 특권이익으로 국민에게 복지를 제공하는 방법에는 크게 두 가지가 있을 것입니다. 단순히, 아무런 조건도 제약도 없이 모든 국민에게 동일한 금액을 나누어 주는 방법이 있습니다. 그런데 조세가 경제 효율을 저해하는 부작용을 염려하시는 신자유 님 같은 분은 특권이익 수입을 다른 정부비용으로도 사용할 수 있다면 더 좋아하실 것입니다. 또 고복지 님 같은 분은, 모든 국민에게 같은 금액을 나누어 준다면 정작 필요한 사람에게 돌아갈 몫이 적어지지 않을까 걱정하실 수도 있습니다. 그래서 율도국에서는 적은 비용으로

4 율도국 여행기는 김윤상(2013) 제1부에 있다.

필요한 사람에게 많이 지원하는 방식 즉, '생존권보험'을 기본으로 삼고 있습니다.

사회가 관심을 가져야 할 개인 생활비에는 의·식·주와 같이 상시적으로 필요한 비용과 의료(요양 포함), 교육(보육 포함)처럼 특정한 상태 또는 시기에 일시적으로 드는 비용이 있습니다. 전자를 '상시비용', 후자를 '일시비용'이라고 부르도록 합니다. 율도국에서는 기본적인 상시비용을 보장하기 위해 생존권보험이 있습니다. 개요는 다음과 같습니다.

- 모든 국민은 특별한 신청 절차 없이 수태 시점에 자동 가입한 것으로 간주한다.
- 보험료는 특권이익에 대한 각 국민의 지분으로 납부한다. 수태 전의 모든 잠재적인 인간은 불우한 인생에 처할 확률이 동일하기 때문에 모든 국민의 보험료는 같다.
- 보험사고는 소득이 상시비용에 미달하는 상태를 말하며 사고가 발생하면 그 차액을 보험금으로 지급한다.
- 지급한 보험금은 수령자가 일정 수준 이상의 소득을 얻을 경우에 환수한다.

생존권보험의 보험사고는 두 가지 면에서 특별합니다. 첫째, 일반 보험과는 달리 보험사고의 발생 여부가 참조 기간에 따라 달라질 수 있다는 것입니다. 인생에는 기복이 있기 마련이어서, 일생 동안 엄청난 소득을 올리는 사람도 일시적으로는 경제적 어려움에 처하는 수가 있고 스키장이나 해수욕장처럼 계절에 따라 소득에 큰 차이를 보이는 업종도 있습니다. 이런 경우 짧은 기간을 단위로 보면 보험사고이지만 긴 기간을 단위로 보면 보험사고가 아닌 경우가 생깁니다. 물론 단기간이라도 빈곤에 빠진 사람에게는 일단 보험금을 지급해서 상시비용을 보장해 주어야 합니다. 하지만, 장기간을 통산하여 실제 소득이 상시비용보다 많다면 보험금을 지급할 이유가 없으므로 지급한 보험금을 돌려받습니다. 즉 율도국에서 지급하는 생존권보험금에는 상환의무가 있다는 것입니다. 상환의무의 이행을 담보하기 위해서 상환금 예치제도도 두고 있습니다. 소득이 높은 사람도 장래에 보험사고를 당할 수 있으므로 그럴 경우에 필요한 상환금을 미리 적립해 둔다는 것입니다. 노령에 이르기까지 적립된 금액이 보험금 수령액을 초과하면 그 차액에 이자를 붙여 돌려줍니다. 이런 경우에 적립금은 노후 생활에 대비하는 연금에 가입한 것과 같은 효과를 냅니다.

다만, 장기간의 합산 소득이 상시비용을 초과하자마자 상환을 시작한다면 보험사고에서 벗어나려는 유인이 적을 수도 있습니다. 그래서 율도국에서는 한국 등 여러 나라에서 실시하는 근로장려세제(▶ 262쪽 해설 3 참조)에 준하는 상환 방식을 채택합니다.

둘째, 자신의 선택에 따라 빈곤하게 사는 자발적 빈곤자의 경우도 보험사고로 봅니다. 일반 보험에서는 보험사고의 요건으로 우연성이 필요합니다. 즉, 피보험자의 고의가 개입되지 않아야 보험금을 지급한다는 것입니다. 그러나 생존권보험의 목적은 누구에게나 인간다운 생활을 보장하는 데 있습니다. 인간은 누구나 행복할 권리가 있고, 하기 싫은 일을 생계를 위해 억지로 하는 것은 인간다운 삶이 아닙니다. 또 특권이익에 대해서는 모든 사람이 동일한 지분을 갖고 있는데, 보험 방식을 취한다고 해서 자기 삶을 위해 그 지분을 사용할 권리를 박탈하는 것은 옳지 않습니다. 이런 이유에서 자발적 빈곤자에게도 보험금을 지급하도록 합니다.

율도국의 생존권 보험제도에 대한 두 분의 평가는 다음과 같았습니다.

(고복지 님의 평가) 자발적 빈곤자에게도 보험금을 지급하는 장치가 마음에 듭니다. 그리고 수령한 보험금에 대한 조건부 상환의무를 둔 점이 생소했는데, 곰곰이 생각해 보니 보험사고가 나지 않았으면 수령한 보험금을 도로 갚는 게 당연하다고 생각됩니다.

(신자유 님의 평가) 개인의 책임을 중시하는 저로서는 상환의무를 둔다는 점이 매우 신선하고 좋습니다. 그리고 자발적 빈곤자에 대해 보험금을 지급하는 데 대해 처음에는 거부감이 들었는데 좀 더 생각해 보니 이해가 됩니다. 특권이익 기금에 대한 지분은 본래 자기 돈이니까요.

생존권보험 외에도 율도국의 주거복지, 의료복지, 교육복지 등도 주목할 만한데 자세한 내용은 제 기행문(김윤상, 2013)에 있으니 길게 언급하지 않겠습니다.

이상향 = 율도국에서 그런 제도를 실시하고 있다니 놀라운 일이지만 세 분이 직접 둘러보셨으므로 상당한 현실감이 느껴지는군요. 진작 알았더라면 저도 같이 갈 걸 그랬습니다.

나중도 = 제가 율도국 여행을 주선할 때 이상향 님을 알았다면 초대했을 텐데 아쉽습니다.

실은 저도 율도국의 생존권보험을 접하고는 신자유 님처럼 자발적 빈곤자에 대해서도 보험금을 지급해도 되는지 의문을 가졌습니다. 율도국이 특권 없는 세상이며 특권은 자신의 노력과 운에 비해 남보다 더 유리한 결과를 얻을 수 있는 원인이라고 했는데, 돈을 벌려고 노력하지 않는 사람이 복지 혜택을 받는다면 그것도 또 하나의 특권이 아닌가 하는 의문이 들지요. 그러나 생존권보험은 일하든 놀든 누구나 균등한 지분을 갖는 특권이익을 재원으로 만든 제도인데다가 복지 수급액에 대한 상환의무까지 두기 때문에 특권적 제도가 아니라는 결론을 얻었습니다.

이상향 = 네, 기존 사회에 너무 익숙한 사람들이 자발적 빈곤자에 대한 복지에 의문을 제기하는 것은 무리가 아닙니다. 성경에도 "누구든지 일하기 싫어하거든 먹지도 말게 하라."(데살로니가 후서 3:10)와 같은 구절이 있고, 레닌도 자본가를 겨냥한 말이기는 하지만, 공산주의 사회 첫 단계에는 이 원칙이 적용된다고 하였을 정도로 보편적 호소력이 있지요. 그러나 고복지 님이나 나중도 님만이 아니라 신자유 님도 동의하신 것으로 볼 때 율도국 자발적 빈곤자의 복지 수급권은 특권이 아닌 것으로 이해됩니다.

그 외에 자발적 빈곤자에게 생존권보험의 보험금을 지급한다면 베짱이처럼 일하지 않고 놀기만 하는 게으름뱅이까지 보호하는 게 아닌가 하는 의문도 있겠지요?

나중도 = 네, 먹고살기 위해 싫은 일도 억지로 해 온 세상에서는 당연히 그런 의문이 생길 것입니다. 그러나 그저 무의미하게 놀고먹는 것은 인간의 본성이 아니라고 생각합니다. 헨리 조지의 표현처럼 "무의미한 일에서 해방된다면 인간은 본성적으로 더 열심히, 더 훌륭히 일하게 되며 그럴 때 자신을 위해 또는 타인을 위해 무언가 일다운 일을 하게"(George, 1879, 김윤상 옮김, 2016: 471) 됩니다. 세계 여러 나라에서 특히 사회보장이 잘 된 나라에서 사회봉사 활동이 급속하게 늘어나고 있다는 사실을 보더라도 이 말을 수긍하게 됩니다. 혹 자신의 길을 찾지 못하고 인생을 허비하는 사람이 있다면 사회가 좋은 삶을 살 수 있도록 도와주어야 하겠지요. 생존권보험에 관한 여러 상식적인 의문에 대한 율도국 측의 해명은 앞에서 말씀드린 저의 여행기 제9일 〈생존권보험의 부작용은?〉에 나와 있습니다.

이상향 = 그러면 한국 현실에서 율도국 방식을 채택할 경우 재원이 충분할지 검토해 보면 좋겠습니다.

나중도 = 한국은행과 통계청이 발표한 '2015년 국민대차대조표(잠정) 작성 결과'를 보면 토지 자산이 약 6600조 원입니다. 토지의 연간 임대가치를 매매가격의 3% 내지 5%로 잡으면 1인당 연간 임대가치는 400만 원 내지 650만 원 정도 됩니다. 그 외에 〚토론 4〛에서 보았던 여러 특권에서 생기는 이익까지 합하면 훨씬 더 큰 금액이 됩니다. 또 율도국처럼 보험방식을 택하고 게다가 보험금에 대한 상환의무까지 둔다면 재원을 걱정할 필요는 없을 듯합니다.

고복지 = 저도 재원은 충분할 것으로 예상합니다. 그렇게만 된다면 대한민국헌법 제34조 제2항 "국가는 사회보장·사회복지의 증진에 노력할 의무를 진다."는 군더더기 조항이 됩니다. 이런 표현은 사회보장·사회복지를 위해서는 소득재분배가 불가피하다고 오해하기 때문에 나오는데, 특권이익만으로도 재분배 없는 복지가 가능하다는 사실을 이해한다면 '노력'하는 대신 그냥 하면 됩니다.

신자유 = 네, 저도 충분할 것이라고 생각하지만 시대마다 나라마다 상황이 다를 수 있으므로 실시하기 전에 특권이익의 크기를 신중하게 추정해 보아야 할 것입니다. 그리고 토지가 이미 사유화된 상태에서 지대를 징수하려면 보상 문제가 따를 텐데, 보상금을 제외한 환수액은 나중도 님의 추정액보다 적지 않을까요?

나중도 = 네, 그렇습니다. 조금 전 제 말씀은 보상 문제가 없을 경우에 해당합니다. 특권 대책 3원칙을 무시해 온 현실을 개혁하는 과정에서 보상이 필요하다면 특권이익만으로는 공공재원이 부족할 수 있습니다. 현재의 대다수 토지 소유자는 정당하게 지가를 지불하고 토지를 매입한 사람이므로 보상을 원합니다. 보상의 한 방법으로 매입지가와 그 이자 정도를 기존 토지 소유자에게 보장해 주는 방식을 택한다면 그만큼 지대 환수액이 줄어듭니다. 또 사회보장 재원 외에 다른 정부 비용까지 감안하면 재원이 더 필요할 수 있습니다. 그런 경우에는 〔토론 6〕에서 다루었듯이 추가적 공공재원의 우선순위를 적용하면 될 것입니다. 장기적인 세제 개편 계획을 수립하여 서서히 변화를 이루어 나가야 하겠습니다.

이상향 = 지금까지, 균형형 제도만으로도 이타형 제도가 추구하는 상태를 이루어 내는 율도국 사례를 보았습니다. 그리고 우리나라에서도 실현 가능성이 상당히 높다는 평가도 해 주셨습니다. 율도국 사례를 소개해 주신 나중도 님 그리고 진지하게 토론해 주신 세 분께 감사드립니다.

CHAPTER

❶

〔토론 9〕

민주 사회에도 특권이 많은 이유

이상향 = 〔토론 7〕에서 보았듯이 현실에서 이기형 제도는 이기 성향의 강자만이 지지하므로 그 지지 비율이 높을 수가 없습니다. 그런데도 정치가 국민의 뜻에 따라 이루어지도록 되어 있는 민주 사회에서조차 강자에게 유리한 특권이 많은 이유는 무엇일까요?

고복지 = 흥미 있는 주제입니다. 민주 사회에서 강자의 특권이 많다면 이유는 단 하나, 포장만 민주주의이고 알맹이는 그렇지 않기 때문이겠지요.

이상향 = 네, 토론을 시작하기 전에 벌써 결론을 다 말씀해 주셨군요. (일동 웃음) 〔토론 7〕처럼 이번에도 나중도 님께서 정리 좀 해 주시겠습니까?

나중도 = 네, 재미있는 주제입니다. 제1장 첫머리에서 우리는 현실의 정치 진영이 [표 1]과 같이 구성된다고 하였습니다.

[**표 1**] 진보/보수 진영의 지향

진영 / 태도	진보		보수	
공존	A	평등, 사회연대, 복지	B	자유, 개인 책임, 시장
이기	C	무임승차, 타인 의존	D	승자 독식, 기득권 보호

정치 현실의 문제를 다루려면 이러한 진영 구성과 연결시켜 생각해 보는 것이 좋겠습니다. 합리적 진보인 A는 따듯한 공존의 이타형 제도를, 양식 있는 보수인 B는 차가운 공존의 균형형 제도를 원합니다. 반면 이기적인 C는 이타형 제도를, 이기적인 D는 이기형 제도를 각각 원합니다. 이기적인 C가 이타형 제도를 원한다는 말이 이상하게 들릴 수도 있겠습니다만, 자신이 남을 돕기 위해서가 아니라 남이 자기를 이롭게 해 주기를 바라기 때문입니다. 정리하면 [표 21]과 같습니다.

[**표** 21] 집단별 지지 제도

진영 / 태도	진보		보수	
공존	A	이타형 제도	B	균형형 제도
이기	C	이타형 제도	D	이기형 제도

〖토론 7〗에서 저는 성향과 계층에 따라 지지하는 제도가 [표 22]와 같다고 하였습니다.

[**표** 22] 주민의 성향과 계층 인식에 따른 지지 제도

<table>
<tr><th>성향 / 계층</th><th>이기 성향</th><th>균형 성향</th><th>이타 성향</th></tr>
<tr><td>강자</td><td>이기형</td><td rowspan="2">균형형</td><td rowspan="3">이타형+균형형</td></tr>
<tr><td>중간층</td><td>균형형</td></tr>
<tr><td>약자</td><td>이타형</td><td>균형형+이타형</td></tr>
</table>

이 표를 근거로 집단 A, B, C, D의 구성 비율을 계산해 보겠습니다. D의 비율이 가장 간단하게 나옵니다. 이기형 제도를 지지하는 집단은 이기 성향의 강자뿐이므로 D의 비율은 그 비율과 같습니다. B는 균형형 제도를 지지하는 집단이므로 위 표에서 균형형 제도 지지 비율을 모두 합하면 B의 비율이 됩니다. 한 집단의 지지가 둘로 나뉠 때에는 앞에서처럼 각각 반씩이라고 가정합니다. A와 C는 둘 다 이타형 제도를 지지하지만 그 내용은 다릅니다. A는 이타적 주민 중 이타형 제도 지지자로 구성되는데, 이타적 주민의 지지는 이타형 제도와 균형형 제도로 나누어지므로 A의 비율은 이타적 주민 비율의 반이

됩니다. 반면 C는 이기적 주민 중 약자 전부와 균형적 주민 중 약자의 반으로 구성됩니다. 저는 이기적, 균형적, 이타적 주민의 비율을 각각 50%, 30%, 20%로 추정했으므로, 〖토론 7〗에서처럼 이 비율을 대입해서 계산하면 [표 23]과 같은 결과가 나옵니다.

[표 23] 지향별 집단 구성 (%)

태도 \ 진영	진보		보수		합계
공존	A	10	B	54	64
이기	C	26	D	10	36
합계		36		64	100

[표 23]을 보면 강자의 특권을 인정하는 이기형 제도를 지지하는 D는 10%밖에 안 되는 반면, 균형형 제도를 지지하는 B가 과반수인 54%나 되어 B를 지지 기반으로 삼는 정당은 단독으로도 정권을 획득하여 균형형 제도를 도입할 수 있습니다. 그런데도 민주주의와 다수결을 표방하는 여러 나라에 강자에게 유리한 특권이 적지 않게 존재하는 것이 현실입니다. 그 이유는, 현실에서 위 표의 비율이 그대로 선거 결과로 이어지지 않기 때문이겠지요. 왜 그럴까요? 토론을 시작할 때 결론을 미리 말씀해 주신 정치 전문가 고복지 님이 답을 알고 계실 듯합니다. 부탁드릴까요?

고복지 = 듣기에 따라서는 저를 놀리시는 듯도 합니다. (일동 웃음)

앞에서 저는 "포장만 민주주의이고 알맹이는 그렇지 않기 때문"이라고 말씀드렸는데 방금 나중도 님이 하신 말씀과 연결시켜 보면 간접민주주의에서 대표자의 구성이 국민의 구성과 매우 다르기 때문이라고 할 수 있습니다. 현실의 국회의원은 일반 국민에 비해 강자에 속하는 비율이 아주 높습니다. 정치인으로서 선거에 당선되기 위해서는 돈과 여유 그리고 타인의 인정을 받는 스펙이 있어야 합니다. 또 국회의원 자신은 강자가 아니어도 당선과 재선을 위해 강자를 대변할 수밖에 없는 경우도 많습니다. 국회의원 중 이기, 균형, 이타 성향을 가진 의원의 비율이 각각 80%, 10%, 10%이고 강자, 중간층, 약자를 대변하는 비율도 80%, 10%, 10%를 차지한다고 할 때 나중도 님의 방식에 따라 구성비를 계산해 보면 [표 24]와 같습니다.

[표 24] 국회의원 집단의 구성 비율 (%)

태도 \ 진영	진보		보수		합계
공존	A	5	B	22.5	27.5
이기	C	8.5	D	64	72.5
합계		13.5		86.5	100

이 표에서 보듯이 국회의원 다수가 자신이 이기 성향의 강자이거나 아니면 그런 계층을 대변할 경우에는 D의 비율이 64%나 됩니다. 극단적인 예라고 생각하는 분도 계실지 모르지만 적어도 그럴 가능성이 없지 않다는 증거는 되겠지요. 민주 사회에서도 강자에게 유리한 특권이 흔히 존재하는 이유는 바로 여기에 있습니다.

나중도 = 국민의 대표가 일반 국민에 비해 공공정신과 도덕성이 높고 능력이 우수하지는 못할망정, 국회의원 다수가 이기 성향을 가지고 강자를 대변하게 된다면 그건 민주주의 제도의 심각한 결함이네요. 2015년 공직자 재산등록 통계에 의하면 국회의원 평균 재산은 약 20억 원으로 일반 국민의 10배가량 되는데, 국회의원들이 자신이 속한 부유한 계층에 유리한 정책으로 기울지 않을까 염려됩니다.

신자유 = 강자가 지배하는 정치를 막으려면 국민의 선택이 고스란히 국회의원 의석수에 반영되는 선거제도가 필요합니다. 경제에서 시장의 기능을 중시하는 저는 시장에서 수요가 제대로 반영되어야 자원 배분이 효율적으로 이루어지듯이 정치에서도 선거라는 '시장'을 통해 국민의 수요가 정책에 제대로 반영되는 것이 바람직하다고 봅니다. 단지, 경제적 시장에서는 모든 돈이 평등한 1원 1표 원칙이 적용된다면 정치적 '시장'에서는 모든 사람이 평등한 1인 1표의 원칙이 적용된다는 점이 다르겠지요. 그래서 선거에서 출마·운동·당선의 기회가 균등하게 보장되어야 합니다. 그런 의미에서 저는 모든 국민에게 정치 '시장' 참여 기회를 균등하게 보장하도록, 예를 들면 돈이 없어도 출마하고 선거운동을 하는 데 지장이 없도록 선거공영제가 철저히 시행되어야 한다고 봅니다. 다만, 재정 낭비를 막기 위해 무분별한 출마를 막는 장치는 있어야 하겠지요.

또 정당 설립의 문턱도 낮추어 정치 수요의 다양성에 걸맞게 정치 생태계를 다양화해야 합니다. 현행 정당법에 의하면 정당은 수도에 소재하는 중앙당이 등록해야 성립하고(제3조, 4조), 5개 이상의 광역시·도에 시·도당을 가져야 하며(제17조), 각 시·도당은 그 지역에 사는 1천 명 이상의 당원을 가져야 한다(제18조)고 되어 있습니다. 즉, 전국 조직을 가지고 당원이 최소한 5천 명을 넘어야 하며 중앙당은 반드시 서울에 소재해야 한다는 것입니다. 이런 진입장벽은 강자에게 유리하므로 정당 설립을 쉽게 만들어야 합니다.

고복지 = 좋은 지적입니다. 저는 정치에 관심을 가질 기회의 균등도 중시합니다. 사회적 약자는 먹고사는 문제에서 벗어나 여유를 가져야 비로소 정치에 관심을 둘 수 있으므로 〖토론 8〗에서 살펴보았던 수준의 복지제도는 마련되어야 합니다.

또 신자유 님의 말씀처럼 정치 수요가 왜곡되지 않으려면 당선자 결정 방식(▸ 263쪽 해설 4 참조)도 중요합니다. 선거구별로 최다득표자만 당선되는 소선구제는 강자의 지배를 강화하는 부작용을 낳습니다. 미국, 영국 등 소선구제를 채택하는 나라는 양대 정당이 정치를 좌우합니다. 비례대표제를 약간 가미했지만 소선구제 비중이 큰 한국도 마찬가지입니다.

양대 정당 체제에서 집단 A, B, C, D를 지지 기반으로 삼는 각 정파는 어떻게 연합하게 될까요? 바람직하기로는 집단 A+B의 연합입니다. 그러나 평등을 지향하는 A와 자유를 지향하는 B는 철학과 정책 기조가 달라 서로 연합하기 어렵다고 생각합니다. 강자인 D는 숫자는 얼마 안 되더라도 선거에 필요한 자원을 풍부하게 보유하고 있기 때문에 다른 집단이 연합하고 싶어 합니다. 그러나 D는 평등을 지향하는 A보다는 자유를 강조하는 B와 연합하는 것이 기득권 유지에 도움이 된다고 판단합니다. 그 결과 B+D 연합과 그 나머지인 A+C 연합이 현실의 정치 생태계를 양분하게 됩니다. 이런 상황이라면 강자의 특권이 뿌리를 내리는 게 이상하지 않겠지요.

말이 나온 김에 양대 정당의 폐해를 더 짚어 보겠습니다. 양대 정당이 정치를 점령하다시피 하면 정치가 국민을 제대로 대표하지 못한다는 폐해 이외에도 심각한 부작용이 있습니다. 상대 정당은 언젠가 연합할 수도 있는 정치 파트너가 아니라 반드시 꺾어야 하는 정적으로 인식합니다. 그러므로 서로 이해하고 타협하기보다는 싸움질을 하게 됩니다. 이러다 보면 국민까지 오염되어 편이 갈라집니다. 명절의 가족 모임에서도 이 때문에 서로 서먹하게 되는 경우까지 생깁니다.

또 집권당이 국회의 과반수 의석을 차지하는 경우에는 견제와 균형이라는 권력분립의 취지가 퇴색합니다. 국회가 행정부 견제라는 본래 사명을 저버리고 대통령의 시녀 노릇을 하게 됩니다. 반대로 적대적인 야당이 국회를 장악할 경우에는 사사건건 반대하는 바람에 식물 대통령이 되고 맙니다.

이뿐만이 아닙니다. 선거에서 표를 많이 얻기 위해서는 어차피 자기 당을 선택할 집토끼보다는 마음을 정하지 못하는 중간층인 산토끼를 유인하는 것이 유리합니다. 그래서 양대 정당의 공약이 중도 쪽으로 이동하게 됩니다. 그 결과 다양한 국민의 요구가 정치 과정을 통해 국정에 반영되지 못합니다.

이상향 = 민주 사회에서도 강자에게 유리한 특권적 제도와 관행이 많은 것은 국민의 구성과 국민 대표의 구성이 현격하게 다르기 때문이므로 강자에게 유리한 선거제도를 바꾸어야 한다는 말씀, 그리고 이를 위해서는 철저한 선거공영제와 복지가 필요할 뿐 아니라 강자에게 유리한 소선거구제도 고쳐야 한다는 좋은 말씀을 들었습니다. 구체적인 대책에 대해서는 다음 토론에서 이어 가겠습니다. 감사합니다.

CHAPTER

1

〔토론 10〕

정치 개혁과 공직 개혁

이상향 = 앞의 〔토론 9〕에서 민주정치를 표방하는 사회에서도 다수 주민이 원하지 않는 이기형 제도가 존재하는 이유와 원론적인 대책에 대해 토론하였습니다. 이번에는 구체적인 대책을 같이 생각해 보려고 합니다. 정치 전문가이신 고복지 님께서 좋은 의견을 가지고 계시다고 들었는데, 부탁드립니다.

고복지 = 네. 〔토론 9〕에서 소선거구 제도는 국민과 괴리된 대표를 당선시킨다는 문제를 살펴보았습니다. 소선구제의 대안으로 한 선거구에 여러 명이 당선되는 중·대선거구제와 득표 비율을 당선자 수에 반영하는 비례대표제가 흔히 제시됩니다. 중·대선거구제는 당선자 수를 제외하고는 소선구제와 비슷하므로 도입하기 쉽기는 하지만, 당선자 사이에 지지율 격차가 클 수 있고 낙선자의 표는 역시 사표가 된다는 문제가 해결되지 않습니다. 비례대표제는 이런 문제를 해결할 수 있습니다. 그러나 비례대표제에서 국민은 정당에 투표할 뿐 정당별 후보와 그 순위를 정당에서 전적으로 정한다면 대표성이 낮아질 수 있고 선거에 대한 국민의 관심도가 줄어들 수도 있습니다. 그래서 저는 독일처럼 지역구 선거제와 비례대표제를 결합시키는 방법(▶263쪽 해설 5 참조)을 지지합니다.

한국에서도 비례대표제가 있지만, 국회의원의 경우 300명 정원에 비례대표 의석은 불과 47석밖에 안 될 뿐 아니라 국회의원 총의석을 정당 득표율에 따라 배정하는 소위 '연동형' 비례대표제가 아니라 47석만 정당 득표율에 따라 배정하는 '병립형' 비례대표제입니다. 국민 대표성이라는 기준으로 볼 때 매우 미흡한 방식입니다. 민주주의 선진국에서는 연동형 비례대표제를 채택하는 나라가 많습니다. 민주주의 선진 20개국 중 14개국이 이런 제도를 채택하고 있습니다. 영국, 미국처럼 민주주의 역사가 오래된 나라에서도 단순 다수제인 소선구제를 유지하고 있기는 하지만 대표성 문제가 적지 않습니다.

한편 우리 정치 현실을 감안할 때 정당의 비례대표 공천이 제대로 이루어지지 않을 것이라는 우려도 있습니다. 과거에 당에 헌금을 많이 한 사람이나 당내 권력과 가까운 사람을 비례대표로 내세운 사례도 있었습니다. 그런데 공천의 투명성과 공정성은 비례대표제 자체의 문제라기보다는 정치 윤리 전반의 문제입니다. 소선구제에서도 공천이 공정하게 이루어지는 것이 아님을 우리는 잘 알고 있습니다. 독일 등 잘 알려진 비례대표제 국가에서는 민주적인 공천 과정을 법으로 명백하게 규정하여 엄격하게 집행하고 있어 이런 문제가 별로 없습니다.

신자유 = 비례대표제와 실질적 다당제를 통해 선거에서 제대로 된 선택을 할 수 있으면 좋겠습니다. 저는 B에 속하는 사람으로서 A+C 연합과 B+D 연합의 양대 정당이 정치권력을 분할 점령해 온 지금까지 선거에서는 부득불 B+D 정당을 지지해 왔습니다. 그러면서도 이기적인 D와 같은 편에 선다는 사실이 부끄러웠습니다. 양대 정당이 사라지고 실질적 다당제가 성립되어 A, B, C, D가 따로 정당을 결성하게 되면 저는 떳떳한 마음으로 B 정당을 지지하겠습니다. 그리고 B 정당이 과반수를 차지하지 못하면 A+B 연합정권이 수립되기를 희망합니다. 지금까지는 A와 B가 서로 지향이 달라 정책 연합조차도 어렵다고 인식해 왔습니다. 그러나 〔토론 8〕에서 확인한 것처럼 B의 지향에 충실하기만 해도 A가 추구하는 목표를 달성할 수 있다는 사실이 널리 알려지면 연합이 쉬워질 것입니다.

고복지 = 신자유 님 말씀을 듣고 보니 저도 뜨끔합니다. 저 자신도 신자유 님과 같은 이유에서 부득불 B+D 연합에 대항하는 A+C 연합을 지지해 오면서 늘 개운하지 못했습니다. 그런데 실질적 다당제가 된다면 당연히 A를 표방하는 정당을 지지할 것입니다. 그리고 A 정당이 과반수를 차지하지 못할 경우에는 신자유 님처럼 A+B 연합정권이 수립되기를 희망합니다.

이상향 = 신자유 님과 고복지 님 두 분이 양심고백을 하신 셈입니다. 우리의 토론이 아주 생산적이군요. 자화자찬인가요? (일동 웃음)

나중도 = 균형형 제도만으로도 이타형 제도와 같은 결과를 낼 수 있다는 사실을 알고 비례대표제를 통해 실질적 다당제가 되어 정파 간 연합이 자연스러운 정치풍토가 조성될 경우에는 각 정파에 대한 주민의 지지는 〔토론 9〕에서 인용한 [표 22]와는 다소 달라질 것으로 봅니다. [표 22]에서는 균형적 주민 중 약자는 부득이 이타형 제도를 지지한다고 했지만, 균형형 제도만으로도 약자 보호가 가능하다면 굳이 자신의 성향과 다른 이타형 정파를 지지할 이유가 없습니다. 또 이타적 주민 중 일부는 자신과 성향이 다른 타인을 배려하여 균형형 제도에도 동의한다고 했지만, 결과적으로 균형형 제도와 이타형 제도 간의 차이가 없다면 역시 자신의 성향과 다른 균형형 정파를 지지할 이유가 없습니다. 이런 이유로 각기 자신의 성향에 맞춰 균형적 주민은 균형형 제도를 내세우는 정파를, 이타적 주민은 이타형 제도를 내세우는 정파를 지지할 것입니다. 이를 정리하면 [표 25]와 같습니다.

[표 25] 주민의 성향과 계층 인식에 따른 지지 정파

계층 \ 성향	이기 성향	균형 성향	이타 성향
강자	D (이기형)	B (균형형)	A (이타형)
중간층	B (균형형)		
약자	C (이타형)		

제가 추정한 성향별 주민 비율과 계층 구성 비율을 적용하여 정파별 지지율을 추정하면 [표 26]과 같습니다. 하는 김에 고복지 님과 신자유 님의 추정

치도 계산하였습니다.

[표 26] 정파별 지지율 (%)

태도 \ 진영	진보	보수	합계
공존	A 20 (30/10)	B 50 (46/54)	70 (76/64)
이기	C 20 (16/24)	D 10 (8/12)	30 (24/36)
합계	40 (46/34)	60 (54/66)	100

* 괄호 속은 고복지/신자유 님의 추정 비율

이 표에서 보시듯이 집단 B+D 연합으로도 다수파가 될 수는 있지만 집단 A+C 연합의 강한 반대에 부딪칠 것입니다. 가장 큰 세력인 공존 지향의 보수 정파인 B 입장에서는 그보다는 A+B 연합을 통해 정권을 장악하려고 할 것입니다. A+B 연합은 균형형 제도에 바탕을 둔 이타형 제도를 지지하므로 C 정파도 반대할 이유가 없습니다. 그럴 경우 이기적 강자로 구성되는 D 정파 지지자는 10% 전후의 소수파가 됩니다.

고복지 = 역시 나중도 님은 계산을 잘 하시는군요. 제 몫까지 계산해 주셔서 감사합니다. 이 결과로 볼 때 승자 독식과 기득권 수호를 고집하는 D 정파 지지자를 제외한 나머지 90% 정도의 합의를 통해 조화로운 세상을 만들어 갈 수 있겠군요.

신자유 = 제 생각도 고복지 님과 같습니다. 다만, D 정파 지지자가 숫자로는 10% 전후이지만 실제로 행사하는 힘은 그보다 훨씬 클 것이므로, 선거에서 그런 힘이 작용할 수 없도록 하는 장치가 필요하겠군요.

이상향 = 그럼 두 번째 주제로 넘어갈까요? 공정한 제도가 있어도 이기적인 사회 갈등이 제대로 해결되지 못하는 경우가 많습니다. 즉 '제도'가 아니라 구체적인 '사안'이 쟁점이 될 경우에는 그 사안에 이해관계를 가진 이기적 주민 간의 대립으로 인해 원만한 합의에 이르기 어렵다는 것이지요.

고복지 = 네, 공정한 제도에 합의한 당사자라고 해도 이해관계와 직결되는 개별 사안이 발생하면 자신들이 합의한 제도는 뒷전이고 사익 추구에 골몰하는 예가 적지 않습니다. 플라톤은, 민주주의는 바보들의 정치이므로 철인이 정치를 담당해야 한다고 했는데 이런 문제를 염려했기 때문이 아닐까요? 존 롤스도 사회계약 당사자들이 자신의 성향이나 소속 계층을 전혀 모른다고 가정했는데, 이 같은 염려 때문일 것입니다.

그렇다면 민주 사회에서 원칙과 제도는 주민 합의에 의해 정하고, 이를 구체적인 사안에 적용하는 업무는 전문성과 중립성을 갖춘 공공기관이 담당하는 게 좋겠습니다. 전문성을 확보하는 것은 각종 시험이나 자격증 등으로 해결할 수 있고 지금도 그런 제도가 많이 있습니다. 중립성을 보장하기 위한 제도도 물론 있습니다. 중립성을 내외적으로 감시하고 있으며 중립 의무를 위반할 때는 징계나 처벌의 대상이 됩니다.

공직자라고 해도 돈과 권력으로부터 중립을 지키기는 매우 어렵다는 걸 우리는 경험을 통해 알고 있습니다. 두 가지 중립이 다 필요하지만 아무래도 정치권력으로부터의 중립이 더욱 중요하지 않을까요? 정치는 모든 것을 압도하는 힘이니까요. 그런데도 현행 제도에는 큰 결함이 있습니다. 공직자와 공공기관의 정치적 중립 의무가 법률에 명시되어 있지만, 정작 그런 공공기관을 이끌어 가는 기관장 등 간부의 인사에는 정치권이 관여하도록 되어 있기 때문입니다. 중요한 공공기관과 언론 관련 기관 인사에 현재 누가 어떻게 관여하는지 정리하면 [표 27]과 같습니다.

[표 27] 중요 중립적 공공기관 인사권자와 절차

기관(직위 수)	구성원	실질적 인사권자	절차
대법원(13인)	대법원장	대통령	국회 동의
	대법관	대통령	원장 제청, 국회 동의
헌법재판소(9인)	소장	대통령	국회 동의, 재판관 중에서 임명
	재판관	대통령, 국회, 대법원장 각 3인	
중앙선관위(9인)	위원	대통령, 국회, 대법원장 각 3인	위원장 호선

기관(직위 수)	구성원	실질적 인사권자	절차
국가인권위원회 (11인)	위원장	대통령	국회 인사청문
	위원	대통령 3인, 국회 4인, 대법원장 3인	
검찰청	검찰총장	대통령	국무회의 심의, 국회 인사청문
특별검사		대통령	추천위에서 2인 추천 추천위(7인)=법무차관, 법원행정처차장, 대한변협회장 및 국회 추천 4인
국정원	원장	대통령	국회 인사청문
	차장, 기획실장	대통령	원장 제청
경찰청	경찰청장	대통령	경찰위원회 동의, 행자부장관 제청, 국무총리 경유, 국회 인사청문
감사원(5~11인)	감사원장	대통령	국회 동의
	감사위원	대통령	원장 제청
한국은행	총재	대통령	국무회의 심의, 국회 인사청문
금융통화운영위	위원	대통령	유관기관 추천
방송통신 위원회 (5인)	위원장	대통령	국회 인사청문
	위원	대통령 1인 국회 3인(여 1, 야 2)	
방송통신심의 위원회(9인)	위원	대통령, 국회의장, 국회상임위 각 3인	위원장 호선
한국방송공사 (이사 11인)	사장	대통령	이사회 제청 국회 인사청문
	이사	대통령	방송통신위원회 추천 이사장 호선
한국방송문화 진흥회(9인)	이사	방송통신위원회	이사장 호선

이 표를 보면, 중립적인 공공기관장의 인사에 대통령과 정치권의 의지가 크게 작용한다는 사실이 확인됩니다. 심지어 헌법에 의해 행정부로부터 독립하도록 되어 있는 대법원과 헌법재판소 인사에서조차 대통령의 영향력은 막강합니다. 대통령이 중립기관장을 임명하는 것은 대통령이 국가원수이기 때문이라고 하지만 그건 임명권이 형식에 불과한 경우에나 타당한 말입니다.

이상향 = 나중도 님이 잘 정리해 주신 인사 절차를 보니 정치적 중립을 지키기 어렵겠습니다. 그럼 중립기관장을 임명하는 과정에서 대통령 등 정치권의 영향력을 배제하려면 어떻게 해야 할까요?

고복지 = 프랑스와 이탈리아처럼 검찰을 사법부에 소속시키는 것도 한 방법이지만, 검찰 아닌 다른 기관까지 그렇게 할 수는 없는 데다가 사법부는 국민 대표성이 아예 없다는 점도 문제입니다. 제가 평소에 생각해 온 대안을 말씀드릴까요? 비례대표제를 통해 대표성을 높이더라도 의회는 정치적 중립을 지키기 어렵다고 봅니다. 정당은 기본적으로 정치집단이고 나름의 조직이기주의를 벗어날 수 없으며 의원들은 재선을 바라는 직업 정치인이기 때문입니다. 그래서 일반 국민 중에서 무작위 추첨으로 대표를 뽑아 이런 업무를 맡기면 좋을 것으로 봅니다. 구체적으로, 공무담임권을 가진 국민 중 무작위 추첨으로 대표를 선발하여 구성하는 '국민판정단'을 제안합니다. 무작위 추첨의 우연한 편중가능성을 막기 위해서 판정단원의 수는 100명 이상으로 하고 주기적으로 판정단원의 일부를 교체하면 좋겠습니다. 임기가 2년이라면 반년마다 4분의 1씩 교체하면 됩니다.

나중도 = 아, 그런 방법도 있군요. 무작위 추첨으로 국민판정단을 구성하여 정치적 중립성을 확보하고 국민의 상식을 반영할 수 있다면 중립적 공공기관 인사 외에도 국민판정단을 활용할 분야가 있지 않을까요? 그리고 비례대표제로 국회의 국민 대표성이 높아질 경우에는 국회와 국민판정단 간의 역할 분담도 고려해야 합니다.

고복지 = 그래서 저는 비례대표제와 추첨대표제의 장점을 결합하는 좀 특별한 양원제를 구상하고 있습니다. 프로와 아마추어의 건강한 결합을 위해, 비례대표 선거로 구성하는 국회와 무작위 추첨으로 구성하는 국민판정단을 같이 두자는 것입니다. 국민판정단이 의회 역할을 하면 선거에 의한 의회는 '선거의회'로 추첨에 의한 의회는 '추첨의회'라고 불러도 좋겠지요. 보통의 안건은 직업 정치인으로 구성되는 선거의회에서 처리하되 국민의 상식을 반영해야 하는 중요 안건, 정당 간 의견이 심히 엇갈리는 안건, 국회 또는 국회의원의 이해관계가 걸린 안건은 추첨의회에서 다루면 좋겠습니다.

신자유 = "국회 또는 국회의원의 이해관계가 걸린 안건"을 추첨의회에 맡기자는 말씀이 귀에 쏙 들어옵니다. 지금처럼 국회 예산, 국회의원 선거구 획정, 의원 보수 등을 국회 스스로 결정하는 건은 난센스입니다.

이상향 = 그러나 국민판정단에도 의문 내지 비판이 있겠지요?

고복지 = 네, 의문이나 비판은 대체로 두 가지 이유에서 나옵니다. 하나는 생소한 제도이기 때문이고, 다른 하나는 기득권을 버리고 싶지 않기 때문입니다. 사실 추첨 민주주의(sortition democracy)는 고대 아테네에서 사용했던 방식이고 현대에도 정책 결정에 국민의 상식적인 판단을 반영하기 위해 이런 방식을 채택하는 예가 적지 않습니다. 더 자세한 설명은 다른 책으로 대신합니다(Callenbach and Phillips, 1985). 그러나 오늘날 의회를 이렇게 구성하는 사례는 없기 때문에 생소하게 느끼는 분이 많을 것입니다.

추첨 민주주의에 대한 의문 내지 반론으로는 흔히 3무론(三無論)이 제기됩니다. 추첨으로 뽑힌 의원은 국가나 공동체에 대한 관심도 없고, 공무를 돌볼 시간도 없고, 전문성도 없다는 것입니다. 이는 배심원 또는 참심원을 두는 국민 참여형 재판 제도에 대한 반론과 닮은꼴입니다. 그러나 다른 나라에서 국민 참여형 재판이 잘 운영되는 걸 보면 추첨제 역시 잘 정착될 수 있을 것입니다. 제도가 일단 도입되면 초등학교 때부터 교육을 할 테니까 무관심은 별 문제가 안 될 것입니다. 그리고 공무를 돌볼 시간이 없다는 문제는 적절한 보상 제도를 마련한다면 역시 해결될 것으로 생각합니다.

전문성이 부족하다는 비판은 초점이 맞지 않는다고 봅니다. 국민판정단의 취지가 직업 정치인 대신 국민의 상식을 반영한 제도이기 때문입니다. 해학의 달인 조지 버나드 쇼의 말이 생각납니다. 그는 "모든 전문직은 일반인을 기만하기 위한 음모다."(Every profession is a conspiracy against the laity.)라고 했습니다. 물론 그렇게까지 냉소적으로 표현할 필요는 없다고 하더라도 소위 '전문직의 오류'(professional fallacy), 즉 전문성에 빠져서 몰상식한 결과를 내는 경우를 많이 보지 않습니까? 국민판정단원 업무에 필요한 일반 지식은 국민판정단원으로 선정된 후 교육을 거치도록 하고 특정 안건에 대한 전문적인 지식이나 분석이 필요한 경우에는 의회처럼 산하에 조사연구기관을 두면 됩니다. 직업 정치인과 일반 국민, 그리고 전문가의 건강한 조합은 우리가 궁극적으로 지향해야 할 목표라고 봅니다.

생소한 제도에 국민이 적응하기 위해 단계적 도입이 필요하다면 초기에는 자원자 중에서 추첨을 하는 방법부터 시작해도 좋을 것입니다.

나중도 = 저도 국민판정단은 민주주의 정신에 충실한 좋은 아이디어이고, 3무론은 별로 문제가 되지 않습니다. 고복지 님의 양원제도 상당히 일리가 있습니다. 그런데 국민판정단과 같은 대의 민주주의 방식 외에 직접 민주주의를 확대하는 것도 필요하지 않을까요?

고복지 = 네, 그렇습니다. 대의 민주주의는 모든 주민이 다 같이 참여하기 어려운 물리적·경제적 제약 때문에 부득이하게 채택하는 방식일 뿐, 할 수만 있다면 주민이 직접 제안도 하고 결정도 하는 직접 민주주의의 폭을 넓혀야 할 것입니다. 요즘은 인터넷의 발달로 제약도 상당히 줄어들었습니다. 한국에서도 지방자치 제도에서는 주민이 직접 참여할 수 있는 여러 방식(▸ 264쪽 해설 6 참조)이 도입되어 있습니다.

이상향 = 국민을 제대로 대변하기 위한 정치 개혁과 공직 개혁에 대해 참신한 아이디어를 내 주셨습니다. 좋은 말씀 감사합니다.

CHAPTER

1

〔토론 11〕

깨어 있는 시민, 행동하는 시민

이상향 = 앞에서 우리는 합리적 공존을 추구하는 A+B 연합이 가능하며, 이를 위해서는 정치 개혁이 필요하다고 했습니다. 정치를 포함한 사회 전반의 개혁을 '실현'하려면 어떻게 해야 할까요?

나중도 = 지금까지 우리가 다룬 토론 주제 중 가장 어려운 주제를 제시하시는군요.

우리는 이론상으로 A와 B가 화학적 결합을 이룰 수 있다는 사실을 토론을 통해 알게 되었습니다. B가 원하는 차가운 공존만 달성해도 A가 추구하는 따듯한 공존을 구현할 수 있다는 것입니다. 그러나 사회를 바꾸려면 이론 외에 운동, 정치의 세 박자가 맞아야 합니다. 개혁의 근거로 흠 없는 이론을 제시하고 운동을 통해 대중의 공감대를 넓혀가면서 정치로 개혁을 실천한다는 것입니다. 그런데 다수의 지지를 얻는 제도라고 해도 왜곡된 대의제도를 개혁하지 않는 한 정치를 통해 실현되기 어렵습니다. 그런데 대의제도를 개혁하려면 또 다시 이론-운동-정치 3박자가 맞아야 합니다. 그래서 가장 어려운 토론 주제라고 말씀드리는 것입니다.

고복지 = 많은 국민이 평소에 좋은 세상을 만드는 일에 관심을 가지면서 필요할 땐 나서 준다면 좋겠지만 현실에서는 기대하기 어렵습니다. 정권의 횡포에 맞서 흐름을 반전시킨 1960년 4월 혁명이나 1987년 6월 항쟁과 같은 사례는 매우 예외적입니다.

다수 국민이 사회문제에 무관심한 이유를 저는 두 가지로 봅니다. 하나는 먹고사는 기본 생활을 해결하기 바빠서 다른 문제를 생각할 여유가 없기 때문입니다. 그러므로 공동체의 문제에 관심을 가지는 시민이 되려면 우선 사회 안전망이 갖추어져 있어야 합니다. 제가 복지 증진을 위해 노력하는 까닭이기도 합니다.

또 하나의 이유는 개인의 인간적 발달이 충분히 이루어지지 않았기 때문입니다. 부모에게만 의존하는 영아기를 지나 유아기가 되면 사회관계가 넓어집니다. 청년기에 들어 점차로 자아정체감이 확립되는 과정에서 다른 사람과 입장을 바꾸어 생각하는 객관적 능력이 발달하고 나아가서는 자신의 일을 넘어 사회 전체의 행복에 대해서도 관심을 갖게 됩니다. 우리 토론에서 사용한 용어로 표현하자면 이기 성향에서 균형 성향을 거쳐 이타 성향으로 발달해 간다는 것입니다. 그러나 사람의 자질과 생장 환경에 따라서는 충분한 정도로 발달하지 못하는 경우도 적지 않습니다. 생장 환경에는 방금 말씀드린 기본 생활도 당연히 포함됩니다. 그래서 복지는 개인의 삶에도 보탬이 되지만 사회를 개혁하는 데도 좋은 작용을 합니다. 어쩌다 보니 제 주특기인 복지를 계속 강조하고 말았습니다.

신자유 = 자기 생활이 불안하면 사회문제에 대한 건강한 관심을 가질 수 없는 것은 당연합니다. 고복지 님 너무 자격지심을 갖지 마세요. (일동 웃음)

시장과 복지가 화학적으로 결합할 수 있다는 사실이 널리 알려지면 A+B 연합을 통해 복지에 대한 지지도가 높아질 것으로 기대합니다. 그러나 사회문제에 관심을 갖는 사람이 많아지더라도 개혁을 위해 나서는 사람은 기대만큼 많지 않습니다. 그 이유를 경제학에서는 고복지 님과 다른 관점에서 이렇게 설명합니다. 개인이 개혁을 위해 나서려면 당연히 자신의 시간이나 돈을 사용해야 합니다. 기득권자가 싫어하는 개혁을 추진할 경우에는 박해, 처벌 등 적극적 손실까지 예상합니다. 반면 문제를 해결했을 때의 혜택은 자신만이 아니라 사회 전체에 돌아갑니다. 이처럼 개인의 입장에서 보면 지출해야 하는 비용은 크고 돌아오는 편익은 작은 것이 보통입니다. 따라서 웬만큼 공공심을 갖춘 사람이 아니면 사회문제를 해결하려고 나서지 않게 됩니다. 이것은 잘 알려진 '공유지의 비극'(tragedy of the commons)(▶264쪽 해설 7 참조)의 일종입니다.

나중도 = 네, 공감합니다. 공유지의 비극과 같은 현상은 우리 주위에 많지요. 신자유 님 말씀처럼 나서 봤자 손실은 크고 혜택이 적은 현실에서 보통사람의 공공심과 개혁의지는 위축될 것입니다. 저도 가슴 아픈 예를 하나 들어 보겠습니다.

광복 70주년을 맞아 독립유공자와 그 후손을 대상으로 조사한 결과가 보도된 적이 있습니다(『한국일보』 2015년 8월 12일자). 기사 일부를 인용합니다. "광복 70주년을 맞아 최초로 독립운동가와 후손들 모임인 광복회 회원 6,831명 전원을 대상으로 한국리서치와 함께 생활실태 설문조사를 했다. 조사에는 생존 독립유공자 26명을 비롯해 배우자 32명, 자녀(2대) 469명, 손자녀(3대) 509명, 증손자녀(4대) 53명 등 모두 1,115명이 참여했다. 조사 결과 평생을 경제적 어려움에 처해 있는 이들이 대다수였다. '독립운동을 하면 3대가 망한다'는 우리 사회의 부끄러운 치부가 실제로 확인된 것이다." 즉 일제강점기에 조국 독립이라는 대의를 위해 나선 독립유공자는 본인은 물론이고 후손까지 손실을 입었다는 것입니다.

독립유공자 본인은 인생의 보람을 위해 희생을 감수할 수도 있습니다. 성숙한 사람일수록 자신보다는 공동체, 물질적·육체적 욕구보다는 정신적 가치의 충족을 더 추구하는 경향이 있기 때문입니다. 그러나 누구도 자신의 보람을 위해 후손에게까지 손해를 감수하라고 하기는 어렵겠지요. 반면 친일 인사는 자신은 물론 후손까지 사회의 상류층으로 군림해 왔습니다. 이런 결과를 예견한다면 보통사람이 좋은 사회를 위해 나서기는 쉽지 않을 것입니다.

신자유 = 지금 우리 주변에도 이런 예는 많습니다. 나중도 님이 말씀하신 이론-운동-정치 3박자 중 운동도 매우 중요한데 공익 목적의 시민단체에 상근하는 활동가의 보수가 너무 낮아 좋은 뜻을 가진 사람도 시민활동가로 선뜻 나서기 어렵습니다.

나중도 = 그렇습니다. 어려서부터 기득권층의 높은 벽을 뼈아프게 체험해 본 대부분의 사람은 개혁을 포기하고 기존 질서와 타협하거나 스스로 특권층이 되는 길을 선택하게 됩니다. 심지어 자신을 합리화하기 위해 타협과 특권 추구를 미화하기도 합니다. 공익을 위해 나서는 사람에게 냉소를 보내기도 하고 심지어 이런저런 이유를 대면서 그들을 비난하기까지 합니다. 종교가 강자 중심의 질서에 면죄부를 주는 경우도 많고 학문이 기존 질서를 그럴 듯하게 합리화하는 경우도 많습니다. 이처럼 종교와 학문이 양심의 가책에 대한 진통제로 악용될 수도 있습니다. 걱정이 아닐 수 없습니다.

이상향 = 그럼 어떻게 해야 할까요? 모든 개혁은 결국 사람이 이루어 내는 것이고 따라서 깨어 있는 시민, 행동하는 시민이 필요할 텐데, 이를 위해 고복지 님은 일단 복지의 중요성을 말씀하셨고…….

고복지 = 네, 어떤 경우에도 기본 생활이 위협받지 않는다는 확신이 없으면 내 일 이외의 사회문제에 건강한 관심을 가지기 어렵습니다. 맹자도 무항산 무항심(無恒産無恒心), 즉 어느 정도의 물질적 안정이 없으면 평정한 마음을 가질 수 없다고 했습니다. 다른 말로 하면 민주 사회의 기초는 복지라는 것이지요. 제가 또 복지의 중요성을 강조하고 말았습니다. (일동 웃음)

복지 외에 또 한 가지 강조하고 싶은 것은 교육입니다. 앞에서 심리 발달에 대한 말씀을 드렸는데, 성장기에 좋은 교육이 작용하면 발달을 촉진할 수 있습니다. 교육을 통해 인간의 본성 자체를 개선할 수 있을지는 잘 모르겠지만, 본성 중 어떤 측면이 실제 행동으로 드러나는가는 교육이 충분히 영향을 줄 수 있다고 봅니다. 이때 교육이란 단순한 지식의 전달이나 특정 이념의 주입이 아니라 스스로 생각하고 판단하는 능력을 기르는 것을 말합니다.

신자유 = 복지와 교육이 중요하다는 데 동의하면서 저는 경제학자로서 보상체계도 중요하다는 말씀을 드리고 싶습니다. 위의 신문 기사에도 나오듯이 독립유공자와 그 자손에게 연금을 지급하는 제도가 있는데 이것도 보상체계의 예입니다. 반대로 반사회적인 행동으로 이익을 본 사람과 그 자손이 조상 덕으로 누리는 혜택은 사회에서 환수하는 조치도 필요할 것입니다. 그러나 현실의 보상과 환수는 그 희생과 혜택에 비해 충분하지 못한 경우가 많아 안타깝습니다.

나중도 = 저는 사회 분위기도 중요하다고 봅니다. 논어에 덕불고 필유린(德不孤 必有隣)—덕망이 있는 사람은 외롭지 않으며 반드시 이웃이 있게 마련—이라는 구절이 나옵니다. 공자처럼 나 혼자만 공익을 위해 나서는 게 아니라 가까이 있는 다른 사람도 그렇게 할 것이라는 믿음이 있으면 더 많은 사람이 동참할 수 있게 됩니다. 상류층 자제일수록 병역 면제 내지 기피가 많은 한국 사회에서는 먼 이야기 같지만 그렇다고 희망이 없는 것은 아닙니다. 우리는 이기적 주민이 많은데도 이기형 제도를 지지하는 사람은 소수이고 균형형 또는 이타형 제도를 지지하는 사람이 다수라는 사실을 이미 확인하였습니다. 일단 좋은 제도가 확립되어 다른 사람들이 그 제도에 맞추어 행동할 것으로 예상되면 자신도 제도에 순응하게 되고 그것이 다시 다른 사람에게 영향을 주는 선순환이 일어날 수 있습니다. 이런 과정을 거쳐 사회의 품격은 점점 높아집니다.

실제 인류 역사를 보더라도 장기적으로 특권이 줄고 더 평등한 사회로 이행해 왔습니다. 절대왕조가 국민에 의한 정부로 대치되었고, 노예제도가 철폐되었고, 보통선거가 도입되었고, 여성의 지위가 향상되었습니다. 불과 2, 3백 년 전만 해도 감히 상상할 수 없었던 변화입니다.

이상향 = 오늘은 세 분이 모두 정열적으로 말씀해 주셨네요. 기대에 못 미치는 사회 현실을 안타깝게 여기는 마음의 표현이라고 생각합니다. 좋은 토론 감사합니다.

CHAPTER 1

〔토론 12〕

뜻을 버리지 않는 한 개혁은 가능하다

이상향 = 사회제도를 개혁하려면 이론-운동-정치의 3박자가 맞아야 하며, 양대 정당에 유리한 소선거구제를 국민 여론을 잘 반영하는 비례대표제로 바꾸는 것이 정치 개혁의 우선 과제라고 했습니다. 그런데 개혁 대상인 양대 정당이 정치 개혁의 칼자루를 쥐고 있는 현재 상황에서는 개혁을 기대할 수 없다고 체념하는 분이 많습니다. '정치권이 자신에게 수술칼을 댈 것 같으냐?'고 고개를 가로젓습니다. 개혁의 가능성이 있을까요?

고복지 = 체념하기에는 아직 이릅니다. 기득권층이 원하지 않는데도 개혁이 이루어진 사례는 적지 않습니다. 인류 역사는 기득권층에 유리한 이기형 제도에서 인간의 평등을 전제로 하는 균형형 제도로 꾸준히 이행해 왔으므로 역사 그 자체가 좋은 사례입니다. 변화의 속도가 아주 느렸을 뿐 아니라 그 과정에서 극심한 갈등과 유혈사태가 있었던 것도 사실입니다. 하지만 양대 정당 체제의 이익을 누리던 기존 정치권이 자신들의 이익에 반하는 비례대표제를 스스로 도입한 흥미로운 사례가 있어 같이 토론하고 싶습니다.

나중도, 신자유 = 그것 참 궁금하군요.

고복지 = 뉴질랜드는 오랫동안 소선구제를 유지해 오면서 양대 정당인 국민당과 노동당이 권력을 나눠 먹고 있었습니다. '나눠 먹는다'는 표현이 과한지는 모르겠습니다만 기득권층의 행태는 이렇게 표현해도 지나치지 않을 것으로 봅니다. 그런데도 양대 정당에 불리한 비례대표제가 두 정당의 기묘한 역학관계 속에서 1993년에 도입되었습니다. 어떻게 이런 일이 가능했을까요?

1978년과 1981년 두 차례 선거가 변화의 계기였습니다. 두 차례 모두 국민당이 다수 의석을 차지하여 집권했는데 득표율은 노동당보다 낮았습니다. 그렇게 되니 노동당은 집권 국민당을 '인공적 다수'(manufactured majority)라고 부르면서 원통해하다가 드디어 1984년 차기 선거에서 승리하자 선거제도 개혁 특위를 출범시켰습니다.

특위에는 정치적으로 중립적인 인사가 많이 참여하였고 위원들은 신중한 연구 끝에 독일식 비례대표제를 제안하였습니다. 앞에서도 소개해 드렸듯이 독일은 연방하원 정원 656명 가운데 반은 지역구 최다득표자로, 나머지 반은 정당이 각 주별로 제시하는 명부에 의한 비례대표제로 선출합니다. 지역구 당선자의 비율이 정당 득표율을 넘는 경우에는 그 의석을 그대로 인정하기 때문에 선거 결과에 따라 의원 정수가 약간 달라지기도 합니다. 이 제도는 한국에서도 양대 정당제, 소선거구제 및 지역주의 선거의 폐해를 개탄하는 사람들이 유력한 개혁 대안으로 생각하고 있습니다.

노동당은 자신들이 특위를 구성해 놓고는 정작 특위가 권하는 개혁안에는 반대했습니다. 비례대표제를 도입하면 양대 정당이 나눠 먹는 복점 구도가 깨질 것을 염려했기 때문입니다. 하지만 1987년 선거 국면에서, 공약을 이행하지 않는다는 비난에 직면한 노동당은, 재집권하면 이 문제에 대한 국민투표를 실시하겠다고 약속했습니다. 노동당이 선거에서 다시 승리했지만 이런 저런 핑계로 약속을 뭉개고 말았습니다. 기득권을 내놓기가 그렇게 싫었던 것이지요.

그러자 1990년 선거에서는 국민당이 이런 노동당의 약점을 공략하기 위해 국민투표를 공약했고 선거에서 승리했습니다. 국민당도 내키지는 않았겠지만 사태가 이렇게 되니 마지못해 1992년에 국민투표를 실시하였고, 양대 정당은 모두 개혁에 반대하는 캠페인을 벌였습니다. 그러나 국민투표 결과는 기득권 정당의 패배였습니다. 84.5%가 선거제도 개혁이 필요하다고 했고 64.9%가 독일식 비례대표제를 지지하였습니다. 의회는 이 결과에 따라 1993년 의회에서 선거법을 개정하였고, 다시 국민투표를 실시한 결과 독일식 비례대표제가 53.9% 찬성으로 채택되었습니다. 참고로, 국민투표를 두 번씩이나 실시한 것은, 첫 국민투표는 그 자체로 확정적 효력을 가지는 것이 아니라 향후 추진 방향만 정하는 소위 '탐색적 국민투표'(indicative referendum)였기 때문입니다. 국민투표를 두 번씩이나 한 것은 좋게 말하면 신중하게 결정하자는 것이고 나쁘게 말하면 어떻게든 비례대표제를 피하려는 꼼수입니다.

나중도 = 이런 묘한 사례에서 저는 다음의 교훈을 얻게 되었습니다. 첫째, 기득권층과 정치권이 원하지 않는 개혁도 이루어질 수 있다는 점입니다. 둘째, 당리당략에서 벗어난 중립적 인사가 의제 설정 과정에 많이 참여해야 한다는 점입니다. 셋째, 무조건 편을 가르는 '묻지 마' 투표에서 벗어나서 이성적으로 판단하는 국민이 필요하다는 점입니다.

신자유 = 네, 동감입니다. 뉴질랜드 사례와 같은 기회가 흔한 것은 아니겠지요. 그럼에도 불구하고 이 사례는 멀게만 보이던 개혁도 예기치 않게 눈앞에 다가올 수 있음을 보여 준다는 점에서 희망적입니다. 우리가 더 나은 세상을 바란다면 이론을 다지고 공감대 확산에 노력하면서 깨어 있어야 합니다. 그래야만, 기회가 왔을 때 놓치지 않을 수 있습니다. 설령 개혁에 성공하지 못한다고 해도 노력 그 자체만으로 아름다운 일이 아닐까요?

고복지 = 공감해 주셔서 감사합니다. 부당한 세상 때문에 우리가 얼마나 본래의 모습을 잃고 힘들게 사는지를 가슴 저리게 보여주는 황규관 시인의 「심장의 빛깔」을 소개합니다.

(전략)
병든 심장들이 주위에 지천이다

나는 그들과 악수를 하고 함께 밥을 먹고
술잔을 기울이고 한탄도 한다
상해버린 심장을 서로 맞대어본다
겨뤄보기 위해서가 아니라 슬픔을
조금이나 덜어보기 위한 몸부림이지만
발겋던 심장을 망쳐놓은 원인이
무엇이라는 것도 모르지 않지만
우선 제 심장에 남은 마지막 안간힘을
한 번 더 확인해보는 것이다

누구나 행복하게 살아야 하는데도 수많은 사람이 "발겋던" 심장이 상한 채 허덕이며 살고 있습니다. 뉴질랜드와 같은 전환이 일어나서 심장이 상한 사람들의 의사가 국정에 잘 반영되어 술잔을 기울이며 한탄할 필요가 없어지기를 기대합니다.

신자유 = 깊은 인간애를 가진 고복지 님은 시에도 정통하시군요.

고복지 = 아니, 그렇지 않습니다. 어쩌다 알게 된 시입니다.

신자유 = 너무 겸손하신 듯……. (일동 웃음)

저는 정말로 시에 문외한인데 얼마 전 우연히 보게 된 로렌스(D. H. Lawrence)의 시 「건전한 혁명」(A Sane Revolution)이 우리 생각과 통하는 점이 있다고 느껴 소개합니다.

(전략)
Labour is the one thing a man has had too much of.
Let's abolish labour, let's have done with labouring!
Work can be fun, and men can enjoy it; then it's not labour.
Let's have it so! Let's make a revolution for fun!

서투르나마 제가 번역을 해 보자면 이렇습니다.

(전략)
노동은 인간이 너무 많이 해왔다.
노동을 없애자. 힘든 노동은 이제 끝내자.
일은 재미있게 즐겁게 할 수 있고 그런 일은 노동이 아니다.
그렇게 하자. 혁명도 재미를 위해!

로렌스는 "revolution for fun"을 재미로 하는 혁명이라는 뜻 외에 재미를 얻기 위한 혁명이라는 이중적인 의미로 사용한 것 같습니다. 기성 질서를 바꾸는 혁명을 하려면 심한 박해를 각오해야 한다는 사실을 로렌스가 모를 리가 없습니다. 그런데도 이런 표현을 사용한 이유는 무엇일까요? 비장하기만 한 혁명은 자칫 인간의 행복과 동떨어진 결과를 낳을 수 있다는 사실을 경계하고, 혁명의 목표를 재미나게 사는 세상을 만드는 데 두기를 바랐기 때문이 아닐까요? 우리 토론을 통해, 특권이익을 복지 재원으로 삼으면 힘들게 '노동'하지 않더라도 누구나 자기 돈으로 자기 삶을 꾸려 갈 수 있다는 것을 알 수 있습니다. 그러면 누구나 로렌스가 바라는 대로 재미있게 즐겁게 '일'하며 살 수 있게 됩니다.

나중도 = 두 분뿐 아니라 많은 국민이 변화를 희망하지만 고립된 개인은 '내가 나선들 무엇을 바꿀 수 있을까?'와 같은 무력감에 빠져 아예 노력도 안 하는 경우가 많습니다. 저야말로 시와 인연이 없는 사람이지만 널리 알려진 시 한 편을 소개합니다. 조동화 시인의 「나 하나 꽃 피어」입니다.

나 하나 꽃 피어
풀밭이 달라지겠느냐고
말하지 말아라
네가 꽃 피고 나도 꽃 피면
결국 풀밭이 온통

꽃밭이 되는 것 아니겠느냐

나 하나 물들어
산이 달라지겠느냐고도
말하지 말아라
내가 물들고 너도 물들면
결국 온 산이 활활
타오르는 것 아니겠느냐

황규관 시인의 시처럼 상해 버린 심장을 맞대고 슬픔을 조금이나마 덜면서 포기하지 않도록 서로 격려하는 가운데, 조동화 시인의 표현처럼 너도 꽃 피고 나도 꽃 피어 결국 풀밭이 온통 꽃밭이 되도록 해야 하겠습니다. 그러면 로렌스가 말하듯이 일이 재미가 되는 세상이 가능해질 것입니다.

이상향 = 저는 아는 시가 없어서……. 헨리 조지의 『진보와 빈곤』에 나오는 명언을 전하는 것으로 대신하겠습니다. "우리는 다른 사람도 같은 별을 본다는 사실을 알 때 더 확신을 가지고 그 별을 보게 된다."(George, 1879, 김윤상 옮김, 2016: 555) 혼자서 어렴풋이 진리라고 여기던 생각을 다른 사람을 통해서 확인한 우리의 기쁜 마음을 담아 보았습니다.

고복지 = 헨리 조지의 그 문구도 시적입니다.

이상향 = 이것으로 이상사회에 대한 긴 토론을 일단 마무리하겠습니다. 오랜 세월 좋은 세상을 추구해 오신 세 분과의 대화를 통해 배우고 느낀 점이 참 많았습니다. 앞으로도 우리가 이상사회로 좀 더 다가가는 데 힘을 합칠 수 있기를 기대합니다. 여러 가지 유익한 말씀을 해 주신 세 분께 깊이 감사드립니다.

고복지, 나중도, 신자유 = 네, 토론을 잘 이끌어 주신 이상향 님께도 감사드립니다. 다음에도 의미 있는 대화를 나눌 기회가 있기를 바랍니다.

C H A P T E R

2

토지특권 자세히 보기

제1장의 〔토론 4〕에서 특권 대책 3원칙을 이렇게 정리하였습니다.

> 첫째, 꼭 필요한 최소한의 특권만 인정한다.
> 둘째, 특권 취득 기회를 균등하게 보장한다.
> 셋째, 특권이익을 환수하여 공평하게 처리한다.

특권의 대표적인 예는 토지소유권입니다. 토지특권이익은 지대로 표시되므로 위 셋째 원칙을 적용한다면 지대를 환수하여야 합니다. 제2장에서는 지대 환수와 관련된 몇 가지 주제를 검토해 보려고 합니다.

첫째, 토지특권을 방치하면 어느 정도 심각한 소득 불평등이 발생하는지를 살펴보고 그런 불평등을 치유하는 대안으로 고율의 누진소득세와 지대세를 비교해 봅니다.

둘째, 지대를 환수하는 것이 정의의 관점에서 옳다고 하더라도 경제 효율 면에서는 부작용이 없을지를 점검해 봅니다. 또 지대세를 단기간에 도입할 경우 사회에 주게 될 충격을 예방하려면 어떻게 해야 할지도 생각해 봅니다.

셋째, 지대를 환수할 경우 토지 배분은 어떻게 하는 것이 좋을지 몇 가지 대안을 평가해 봅니다. 평가 대상으로는 시장, 추첨, 경매, 심사 방식을 선정하였습니다.

마지막으로, 지대세를 징수하여 토지특권의 병폐를 없애자고 주창하여 많은 공감을 불러일으킨 헨리 조지에 대해 알아봅니다.

CHAPTER

2

I. 토지특권과 소득 불평등

이상향 = 토지사유제에 익숙해져 있는 사회에서는 지대 환수에 거부감을 가지는 사람도 많습니다. 또 원론적으로 지대 환수가 바람직하다고 생각하더라도 토지사유제의 문제가 꼭 개혁을 할 만큼 심각한 건지 따져 보고 싶은 사람도 적지 않습니다. 그래서 지대를 환수하지 않고 방치할 경우에 야기될 불평등이 어느 정도일지 알아보는 게 좋을 것입니다.

나중도 님이 이에 관한 컴퓨터 시뮬레이션을 해 보셨다고 하는데, 소개해 주시겠습니까?

나중도 = 네, 제가 율도국 여행에서 돌아온 후 토지특권의 발생 과정과 그로 인해 빚어지는 불평등의 문제를 시뮬레이션 해 보았습니다. 시뮬레이션이란 연구 대상의 핵심적인 요소를 뽑아서 실제와 비슷한 모형을 만들고 모형의 요소를 변화시킬 때 어떤 결과가 나타나는지를 관찰해 보는 작업인데 보통은 컴퓨터로 합니다. 토지특권은 우리 생활에 큰 영향을 주는 대표적인 특권일 뿐 아니라 지대는 다른 특권이익에 비해 측정이 비교적 쉬운 편입니다.

먼저, 시뮬레이션 사례를 보여 드리자면 〈그림 3〉과 같습니다.[5]

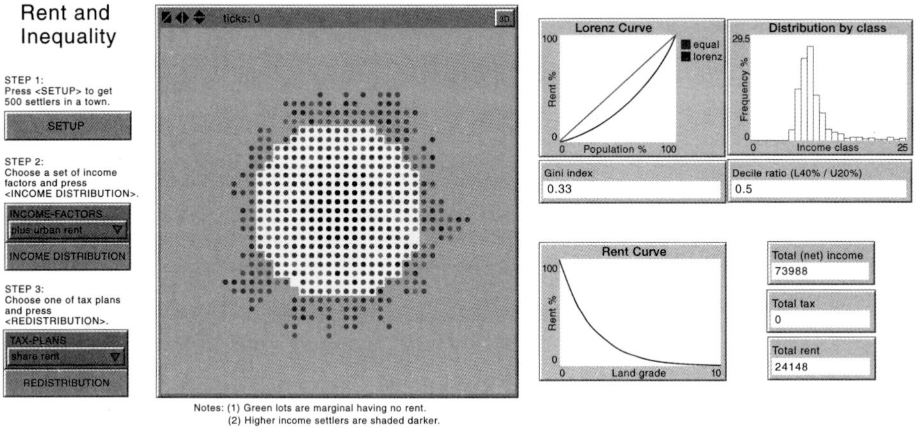

〈그림 3〉 시뮬레이션 결과 예시

고복지 = 각종 단추, 크고 작은 상자, 그래프 등 화면 구성이 다양하군요. 기대됩니다.

나중도 = 관심을 가져 주시니 힘이 납니다. 〈그림 3〉의 가운데 있는 커다란 사각형은 마을을 나타냅니다. 이 마을에는 동일한 면적의 정사각형 필지가 가로, 세로 각 41개씩 모두 1,681개 있고 주민 500명이 순차로 각기 한 필지씩 차지합니다. 최초의 주민은 중심에 있는 필지를 차지하고, 그 이후의 주민은 중심 필지에서 무작위로 방향을 정한 후 외곽으로 직진하다가 비어 있는 필지를 만나면 거기에 정착합니다. 시뮬레이션의 〈SETUP〉 단추를 누르면 이런 작업이 이루어지며, 주민이 정착한 필지는 작은 원으로 표시됩니다.

신자유 = 최초의 이주민이 정착한 바로 이웃에 다음 이주민이 자리잡는 것으로 보셨군요.

5 여기에서 소개하는 시뮬레이션 프로그램은 행위자 기반 모형(Agent-Based Model)을 위해 널리 사용되는 프리웨어 언어인 NetLogo로 작성하였다. 인터넷 포털 '다음' 카페 〈지공주의 연구실〉 내의 자료실 게시물 '〈토지 사유제와 소득불평등〉 시뮬레이션 프로그램과 해설'에 'Rent and Inequality.nlogo'라는 이름으로 올려 두었다. 시뮬레이션 프로그램을 직접 가동시켜 보려면 인터넷에서 NetLogo 언어를 내려 받아 설치한 후 프로그램 파일을 실행하면 된다.

나중도 = 그렇습니다. 사회를 이루고 사는 인간의 본성을 반영하였습니다. 이런 식으로 500명이 다 한 필지씩 차지하고 나면 소득을 얻습니다. 제1장 〖토론 2〗에서, 소득에 영향을 주는 원인에는 노력, 운, 특권이 있다고 하였습니다. 특권으로는 토지소유권만 포함시켰습니다. 즉 각 주민의 소득은 노력과 운에 의해 영향을 받는 가운데 여기에 지대소득이 추가되는 것으로 보았습니다.

시뮬레이션에서는 소득 원인으로서 노력, 노력-운, 노력-운-농업지대, 노력-운-도시지대 중 하나를 선택합니다. 〈INCOME-FACTORS〉에서 〈effort only〉, 〈effort and luck〉, 〈plus agricultural rent〉, 〈plus urban rent〉의 네 가지 중 하나를 선택한 후 〈INCOME DISTRIBUTION〉 단추를 누르면 각 주민의 소득이 정해집니다.

신자유 = 노력과 운은 더하기로 작용하도록 처리하셨나요, 아니면 곱하기로 작용하도록 처리하셨나요?

나중도 = 같은 노력을 하더라도 운이 세 배로 좋으면 그 결과도 세 배가 된다고 하는 것이 이해하기 쉬울 테니까 두 원인을 곱하기로 처리하였습니다.

신자유 = 그다음으로는 노력과 운의 크기와 분포를 정해야겠네요?

나중도 = 네, 노력은 평균 100 표준편차 30의 정규분포를, 운은 평균 1과 표준편차 0.3의 정규분포를 이룬다고 가정하였습니다. 기호로 표시하면 다음과 같습니다.

$$\text{노력} \sim N(100, 30^2)$$
$$\text{운} \sim N(1, 0, 3^2)$$

고복지 = 수식을 보면 겁부터 나는 저 같은 사람을 위해 쉽게 풀이해 주시면 좋겠습니다.

나중도 = 잘 아시면서 겸손하게……. 자연 현상이나 사회현상을 다량 관측하여 분포를 그래프로 그려 보면 서양식 종을 옆에서 볼 때 나타나는 윤곽처럼 곡선이 되는 경우가 많습니다. 곡선은 좌우대칭이며 중앙이 가장 높고 중앙에서 멀어질수록 급격하게 낮아지다가 좀 더 멀어지면 완만하게 퍼지는 모양입니다. 이러한 모양의 분포 중 가장 대표적인 것이 〈그림 4〉와 같은 정규분포입니다. 노력과 운이 정규분포를 이룬다고 가정하는 이유는 바로 이 때문입니다. 이 그림에서 μ는 평균, σ는 표준편차를 나타냅니다.

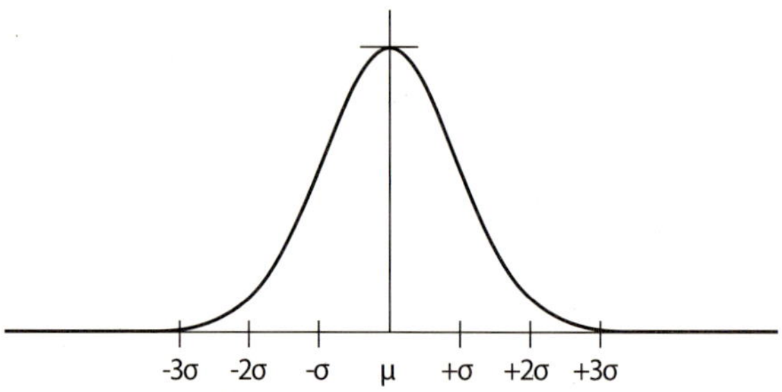

〈그림 4〉 정규분포

신자유 = 지대는 어떻게 처리하나요?

나중도 = 제1장 〔토론 4〕에서 이미 신자유 님이 설명하셨듯이 특정 필지의 지대는 그 필지의 생산과 한계 토지의 생산 간의 차이입니다. 그러므로 필지별 지대를 계산하려면 한계 토지의 위치를 설정해야 합니다. 마을 내 정사각형 필지의 한 변의 길이가 1이라고 할 때 중심지로부터 거리가 10인 곳을 한계 토지로 보았습니다.

지대는 농토만으로 이루어진 농촌과 상업, 금융업이 발달한 도시가 매우 다릅니다. 우선 농촌에서는 농지의 비옥도에 따라 지대가 결정되는데 비옥도는 다음 식으로 결정된다고 가정하였습니다.

농촌지대 = 200 − 20X

X: 중심지에서 그 필지까지의 거리

이 식에서 보듯이 중심지의 농촌지대는 노력에 의한 소득 평균의 2배인 200

으로 두었고 중심지에서 멀어질수록 완만하게 지대가 줄어들다가 한계 토지에 이르면 0이 됩니다. 농촌의 지대곡선의 모습은 〈그림 5〉와 같습니다. 이 그림에서 가로축은 중심지로부터의 거리, 세로축은 도시의 중심지 지대를 100으로 두었을 때 필지별 지대의 상대적 크기를 나타냅니다.

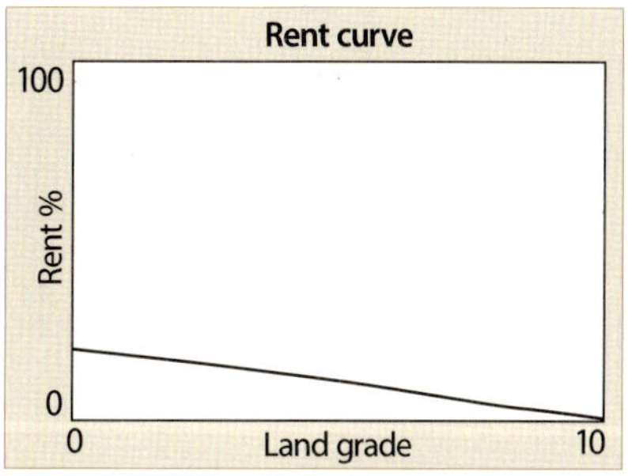

〈그림 5〉 농촌의 지대곡선

토지의 비옥도 차이에 의해 결정되는 농촌지대와는 달리 도시지대는 위치에 따른 생산성 차이에 의해 결정됩니다. 지역이 도시화될수록 생산성은 도심지에서 매우 높고 외곽으로 나갈수록 급격하게 낮아지는 것이 보통입니다. 이런 도시지대는 부(負)의 지수함수(negative exponential function)와 흡사하므로 아래와 같은 함수를 사용하였습니다.

$$도시지대 = 1000 \times \exp(-0.5X)$$

이 식에 의하면 중심지의 도시지대는 노력에 의한 소득 평균의 10배인 1000이며 중심지에서 멀어질수록 급격하게 지대가 줄어들면서 0에 가까워집니다. 도시 지대곡선의 모양은 위 〈그림 3〉의 Rent curve와 같습니다.

노력은 평균 100, 운은 평균 1의 독립된 정규분포를 따르므로 주민 500명의 노력 또는 노력×운에 의한 총소득은 50,000 전후가 됩니다. 일반적으로 농촌과 도시는 지대곡선의 모습만 서로 다른 것이 아니라 총소득과 총지대도 다릅니다. 면적이 동일하다고 하더라도 도시가 농촌보다 총소득 및 총지대가 더 많습니다. 그러나 시뮬레이션은 지대가 소득 불평등에 미치는 영향과 그

대책을 검토하는 데 목적이 있으므로, 노력과 운에 의한 소득은 동일하게 설정하고 총지대도 비슷하도록 조정하였습니다. 지대를 포함한 총소득은 약 70,000에서 75,000 사이, 총지대는 약 20,000에서 25,000 사이가 됩니다. 소득 구성별 총소득과 총지대를 예시하면 [표 28]과 같습니다.

[표 28] 소득 구성에 따른 총소득과 총지대

소득 구성	총소득	총지대(비중)
노력	50,214	–
노력×운	50,432	–
노력×운+농촌지대	71,269	20,837(29.2%)
노력×운+도시지대	74,537	24,105(32.3%)

이제 개인별로 노력, 운에 지대를 더하여 소득을 정합니다. 즉 소득은 [표 29]의 식으로 계산합니다.

[표 29] 소득의 원인과 계산식

소득 원인	소득 계산식
노력	소득 = 노력
노력, 운	소득 = 노력×운
노력, 운, 농촌지대	소득 = 노력×운+농촌지대
노력, 운, 도시지대	소득 = 노력×운+도시지대

고복지 = 저는 수식이 나오면 좀 질리는 편이지만 설명을 듣고 그래프를 보니 이해가 됩니다. 재미있는 설정이군요.

나중도 = 감사합니다. 주민 500명 중 정착 순서에 따라 7명의 소득을 예시하면 [표 30]과 같습니다.

[표 30] 첫 정착민 7명의 소득 내역 예시

정착 순서	노력	운	노력×운	농촌지대	농촌소득	도시지대	도시소득
1	50	1.37	68	200	268	1,000	1,068
2	110	0.84	93	180	273	607	699

정착 순서	노력	운	노력×운	농촌지대	농촌소득	도시지대	도시소득
3	161	1.67	270	180	450	607	877
4	113	1.17	132	160	292	368	500
5	124	1.35	168	172	340	493	661
6	99	0.60	59	180	239	607	666
7	92	1.40	128	155	284	327	455

앞에서 설명드렸듯이 모든 주민의 노력과 운은 정규분포에 따라 무작위로 배정되고 지대는 정착지가 정해지면 지대곡선에 따라 계산됩니다. 따라서 노력과 운은 정착 순서와 무관하지만, 지대는 마을 중심에 가까울수록 높습니다. 그래서 위 표에 예시된 첫 정착민 7인의 지대 소득은 상당히 높으며, 지대를 합한 각 주민의 소득도 대체로 정착 순서가 먼저일수록 높습니다.

고복지 = 각 주민의 소득이 결정되면 불평등도를 관찰하고 측정해야겠지요?

나중도 = 불평등도 측정에는 지니계수와 십분위분배율을 사용하였습니다. 지니계수를 이해하기 위해서는 〈그림 3〉에서 Lorenz Curve라는 제목이 붙은 그래프를 참고하면 쉽습니다. 로렌츠곡선은 대각선의 오른쪽 아래에 있는 반달 모양의 곡선입니다. 반달의 양끝은 꼭짓점에 고정되어 있고, 완전 평등일 때는 대각선과 호가 일치하고 불평등이 커질수록 호가 대각선과 멀어지다가 완전 불평등일 때는 직각삼각형을 이룹니다. 지니계수는 대각선과 호가 이루는 도형의 면적을 직각삼각형의 면적으로 나눈 비율입니다. 지니계수는 0에서 1 사이의 값으로 1에 가까울수록 불평등도가 높습니다. 예를 들어, 모든 주민의 소득이 동일하다면 0이고 단 한 명이 모든 소득을 독차지한다면 1이 됩니다.

십분위분배율은 소득을 기준으로 주민을 10등분 한 다음 하위 40%의 소득을 상위 20%의 소득으로 나눈 값입니다. 십분위분배율은 0에서 2 사이의 값으로서 지니계수와는 반대로 불평등도가 높을수록 값이 작아집니다. 즉 십분위분배율이 0에 가까울수록 불평등도가 높고 모든 계층의 소득이 동일하다면 2가 됩니다. 하위 40%의 소득이 0이라면 십분위분배율은 0이 됩니다.

소득 구성에 따라 소득 불평등도를 계산한 결과는 [표 31]과 같습니다.

[표 31] 소득 구성에 따른 불평등도

소득 구성	지니계수	십분위 분배율
노력	0.17	1.00
노력×운	0.23	0.74
노력×운+농촌지대	0.26	0.66
노력×운+도시지대	0.33	0.48

고복지 = 이 표를 보니 소득 불평등도는 소득 원인이 노력만일 경우가 가장 낮고 운이 가미되면 높아지고 지대가 추가되면 더 높아집니다. 또 농촌지대보다는 도시지대가 불평등도를 더 크게 하는군요.

나중도 = 그렇습니다. 이렇게 결정된 소득의 순위에 따라 정렬해 보면 [표 32], [표 33]과 같습니다.

[표 32] 농촌 주민의 소득 구성 예시

소득 순위	소득	노력	운	노력×운	지대	지대/소득(%)
1	450	161	1.67	270	180	40
5	306	130	1.29	169	137	45
10	293	139	1.26	118	118	40
20	273	103	1.58	111	111	41
50	232	133	1.45	193	39	17
100	199	109	1.30	143	56	28
150	169	53	1.61	86	83	49
200	152	105	1.45	152	0	0
300	119	97	0.48	47	72	61
400	86	134	0.62	83	3	3
500	10	12	0.74	10	0	0

[표 33] 도시 주민의 소득 구성 예시

소득 순위	소득	노력	운	노력×운	지대	지대/소득(%)
1	1,068	50	1.37	68	1,000	94
5	666	99	0.60	59	607	91
10	500	113	1.17	132	368	74
20	412	105	0.81	85	327	79
50	245	157	1.39	219	26	11
100	184	195	0.88	171	14	7
150	162	121	1.15	140	22	14

소득 순위	소득	노력	운	노력×운	지대	지대/소득(%)
200	138	86	0.65	56	82	60
300	108	74	1.33	98	10	9
400	79	105	0.56	59	20	25
500	10	12	0.79	10	0	0

고복지 = 농촌지역 상위 소득자의 경우 소득 중 지대가 차지하는 비중이 40% 정도인 반면, 도시지역에서는 무려 90% 정도인 것이 눈에 띕니다. 도시화될수록 지대로 인한 불평등이 커진다는 걸 잘 알 수 있습니다.

나중도 = 고복지 님이 불평등에 관심이 많으셔서 표를 꼼꼼히 보시는군요. 고맙습니다.

각 원인이 개별 주민의 소득에 어느 정도 영향을 주는지를 알아 보기 위해 둘 사이의 상관계수를 구하면 [표 34]와 같습니다. 상관계수는 관계가 전혀 없으면 0, 관계가 극도로 밀접하면 1이 됩니다.

[표 34] 소득과 소득 원인과의 상관계수

소득	노력	노력×운	지대
농촌소득	0.39	0.65	0.75
도시소득	0.22	0.39	0.92

고복지 = [표 34]를 보니 소득은 노력과의 상관관계는 적고 운, 지대와의 상관관계는 매우 높습니다. 제1장에서 우리는 균형형 제도의 경우 노력은 정당한 원인, 특권은 부당한 원인이라는 데 모두 동의하였고 운에서는 의견이 엇갈렸습니다. 그런데도 [표 34]는 노력과 소득의 상관관계가 낮은 반면 운과 지대가 소득에 큰 영향을 주는 안타까운 모습을 보여 주는군요. 또 소득과 지대와의 상관관계는 도시가 농촌보다 높습니다. 소득을 결정하는 요인으로 노력보다 지대가 더 중요하며 도시화될수록 더 심하다는 것을 의미합니다. 이렇게 되면 사회가 발전할수록 열심히 노력하는 사람은 허탈감을 느낄 수밖에 없겠습니다.

그러면 불평등 대책이 필요한데 이것도 시뮬레이션에 포함되어 있습니까?

나중도 = 네, 노력 이외의 원인 특히 지대의 영향이 큰 현실은 반드시 시정해야 하므로, 대책으로 누진소득세도 시도해 보고 지대를 환수하여 모든 주민에게 균등 분배하는 경우도 시도해 보았습니다.

우선 소득세를 부과하면 불평등도가 어떻게 달라지는지를 보겠습니다. 〈TAX PLANS〉에서 〈income tax〉를 누르면 이 작업이 수행됩니다. 누진소득세는 [표 35]처럼 매우 가파른 누진세율 체계를 가진 것으로 설정하였습니다.

[표 35] 소득세율

소득 구간	구간 세율
(평균−표준편차) 이하	0%
(평균−표준편차) ~ 평균 이하	20%
평균 ~ (평균+표준편차) 이하	40%
(평균+표준편차) ~ (평균+표준편차×2) 이하	60%
(평균+표준편차×2) 초과	80%

참고로 현행 우리나라 종합소득세율은 [표 36]과 같습니다. 현실에서는 갖가지 공제제도가 있기 때문에 실효 세율은 더 낮습니다.

[표 36] 우리나라 소득세율(2015년 현재)

소득 구간	구간 세율
1,200만 원 이하	6%
4,600만 원 이하	15%
8,800만 원 이하	24%
8,800만 원 초과	35%

시뮬레이션에서 현실보다 훨씬 가파른 누진세율을 적용하는 이유는 그렇게 해도 지대 소득이라는 부당한 불평등 요소가 제대로 해소되지 못한다는 사실을 보여 주기 위해서입니다.

신자유 = 네, 현실보다 훨씬 가파른 누진소득세도 부당한 불평등을 시정하지 못한다고요? 결과가 무척 궁금해집니다.

나중도 = 현실에서는 불평등 대책으로 흔히 누진소득세가 제시됩니다. 누진소득세를 징수하면 [표 37]에서 보듯이 불평등도가 낮아지기는 하지만, 지대에 의해 야기된 불평등을 완전히 회복시키지는 못합니다.

[**표** 37] 누진소득세를 징수할 경우

소득	총세액(총소득 대비)	지니계수	십분위 분배율
농촌소득	10,226(14.3%)	0.20	0.87
도시소득	16,931(22.7%)	0.26	0.67

제1장 〔토론 4〕에서 합의한 대로 지대를 환수하면 매우 인상적인 결과를 볼 수 있습니다. 지대를 환수하면 소득 분포는 당연히 노력×운만 작용한 경우와 같고 따라서 불평등이 줄어듭니다. 앞의 [표 31]에서 보듯이 지니계수는 0.23으로 작아지고, 십분위 분배율은 0.74로 커집니다. 강력한 누진소득세보다 불평등 시정의 효과가 더 클 뿐 아니라, 열심히 일한 사람이 세금을 더 많이 내야 하는 누진소득세의 부작용도 생기지 않습니다.

신자유 = 제1장에서처럼 특권이익을 완전히 환수해야 하는 이유가 여기에서도 입증되는군요.

나중도 = 네, 누진소득세와 지대세를 징수한 후 소득 원인과 세후 소득과의 상관관계를 계산해 보면 [표 38]과 같습니다.

[**표** 38] 과세로 인한 소득과 소득 원인과의 상관관계 변화

세후 소득		노력	노력 × 운	지대
누진소득세	농촌	0.39 → 0.40	0.65 → 0.67	0.75 → 0.71
	도시	0.22 → 0.31	0.39 → 0.53	0.92 → 0.80
지대세	농촌	0.39 → 0.70	0.65 → 1.00	0.75 → −0.02
	도시	0.22 → 0.70	0.39 → 1.00	0.92 → 0.00

고복지 = 이 표를 [표 34]와 비교해 보면 소득세 징수 후에는 세후 소득과 노력 및 노력×운과의 상관관계가 높아지고 지대와의 상관관계는 낮아집니다. 이런 변화는 농촌보다는 지대의 영향이 큰 도시의 경우에 더 두드러집니다. 지대를

환수하면 이런 변화는 더욱 극적으로 나타납니다. 즉 불평등은 소득세보다 지대세로 더 잘 해소시킬 수 있다는 뜻이군요.

나중도 = 고복지 님은 시뮬레이션 해석 전문가가 되셨습니다. (일동 웃음)

이상향 = 제1장 〔토론 4〕의 특권 대책 3원칙에서 특권이익을 환수하여 공평하게 처리한다고 했습니다. 그리고 공평한 처리에는 환수한 지대를 공공재원으로 삼는 방법도 있고 모든 주민에게 균등하게 분배하는 방법도 있다고 하였습니다.

고복지 = 환수한 지대를 재원으로 하여 정부가 저소득층을 위해 적절한 정책을 편다면 균등 분배의 경우보다도 불평등도를 더 줄일 수 있지 않을까요?

신자유 = 정부 개입이 최소한에 그치기를 바라는 저로서는 균등 분배가 낫다고 봅니다. 무조건 균등하게 나눈다는 점에서는 기본소득(basic income)(►264쪽 해설 8 참조)과 통합니다.

나중도 = 시뮬레이션에서 고복지 님 말씀과 같은 정책을 반영하기가 쉽지 않아서 저는 일단 균등 분배하는 경우만 다루었습니다. 징수한 지대를 모든 주민이 균등하게 나누어 가질 경우를 보려면 〈TAX-PLANS〉에서 〈share rent〉를 누르면 됩니다. 그 결과가 [표 39]에 있습니다.

시뮬레이션 결과의 의미를 요약하면 다음과 같습니다.

[**표** 39] 지대 처리에 따른 불평등도

지대 처리	지니계수	십분위 분배율
지대 환수	0.23	0.74
농촌지대 환수+균등 분배	0.17	1.00
도시지대 환수+균등 분배	0.16	1.03

* 지대 환수 후 분배하지 않으면 [**표** 34]의 〈노력×운〉에 의한 결과와 같음.

- 분배의 불평등도는 노력 외에 운이 가미되면 커지고, 지대가 추가되면

더욱 커진다.

- 농촌지대보다 도시지대가 불평등도를 더 크게 만든다.
- 누진소득세 징수와 지대 환수 모두 불평등도를 줄이지만, 부당한 불평등을 해소하는 데는 지대 환수가 더 적합하다.
- 환수한 지대를 모든 주민에게 균등 분배하면 불평등도는 더 줄어든다.

고복지 = 정말 재미있고 유익한 시뮬레이션입니다. 시뮬레이션에 수치를 바꾸어 대입해 보더라도 나중도 님의 결과와 크게 달라지지는 않겠지요?

나중도 = 네, 그렇다고 봅니다.

이상향 = 지금까지 컴퓨터 시뮬레이션을 통해, 토지사유제처럼 지대의 사유화를 허용하면 부당한 소득 불평등을 초래할 수 있다는 사실을 살펴보았고 그 대책으로 가파른 세율 구조를 가진 누진소득세를 징수하더라도 지대를 환수하는 것보다 못하다는 사실을 알게 되었습니다.

과정도 재미있고 결과도 유익한 시뮬레이션을 보여 주신 나중도 님께 감사드립니다.

CHAPTER 2

Ⅱ. 지대 환수와 경제 효율

이상향 = 특권은 부당한 빈부격차를 야기하며 이를 바로잡는 최적의 수단은 누진소득세가 아니라 지대세라는 사실을 나중도 님의 시뮬레이션을 통해 잘 이해하게 되었습니다. 우리가 제1장에서 도출한 특권 대책 3원칙의 정당성을 재확인할 수 있었습니다.

그러나 사회제도를 설계할 때는 정의 외에 경제 효율이라는 측면도 무시할 수 없습니다. 만일 정의와 경제 효율이 동행한다면 경제 효율을 새삼 점검할 필요가 없겠지요. 그러나 그게 확실하지 않다면 혹시라도 지대 환수가 경제 효율에 나쁜 영향을 주는지 한번 살펴보는 것이 좋겠습니다. 경제 효율이라고 하면 아무래도 효율과 시장을 중시하는 경제학자인 신자유 님의 말씀을 듣는 것이 좋겠습니다.

신자유 = 아니 다른 두 분도 경제를 잘 아시는데……. 그러나 명색이 경제학으로 밥을 먹고 살아 온 죄로 먼저 말씀드리겠습니다. 토지는 워낙 이해관계가 크다 보니 여러 반론이 나옵니다. 경제학자들이 지대 환수에 대해 효율의 관점에서 많이 제기할 만한 반론은 세 가지입니다. 지대를 환수하면 토지를 개발하려는 의욕이 감퇴하고, 민간에서 토지를 소유하려는 의욕이 사라져 결국 토지가 국유화되고 말 것이며, 우등토지부터 사용할 유인이 사라진다는 것입니다. 이런 반론은 오해에서 비롯된 것으로 보입니다.

고복지 = 세 반론이 그럴듯하게 들리는데 전공자이신 신자유 님이 단순에 오해라고 하시니 궁금해집니다.

신자유 = 저도 처음에는 이런 반론이 그럴듯하게 들렸습니다. 하하. 기존의 관습을 당연시하는 이론에 우리가 너무 젖어 있어 그런 것 같습니다.

첫째, 즉 지대를 환수하면 토지 개발 의욕이 감퇴하여 경제 효율에 문제가 생긴다고 하는 반론부터 생각해 보겠습니다. 이 반론은 토지 소유자의 개발 행위로 인해 땅값이 상승하는 경우를 염두에 둔 것으로서, 토지 가치를 개발자가 갖지 못하면 개발하려는 의욕이 떨어진다는 것이지요. 이것은 개인의 관점과 사회의 관점을 구분하지 못해서 생긴 오해입니다.

사회적 관점에서 개발 사업의 타당성을 판단한다면 토지 소유자가 직접 개발하든 다른 사람이 토지를 임차해서 개발하든 동일한 결론이 나와야 합니다. 즉 땅값을 제외한 사업 자체의 수익성을 기준으로 삼아야만 타당성을 제대로 알 수 있다는 것입니다. 그런데 지대를 소유자가 차지한다면, 사업 자체로는 수익성이 적은 사업도 지대 상승 전망이 있을 때는 소유자가 추진하게 됩니다. 그 반대로 사업 자체로는 타당성이 있어도 지대를 하락시키는 개발은 이루어지지 않게 됩니다. 이처럼 지대 변화를 토지 소유자에게 귀속시키면 개별 토지 소유자의 결정이 사회적 관점의 토지의 적정 개발과 괴리되어 오히려 경제 효율을 저해하게 됩니다.

개발자가 지대를 얻지 않더라도 토지를 개발한 사례는 많습니다. 세계의 상업 중심지인 뉴욕시에도 그런 사례가 많습니다. 맨해튼의 엠파이어 스테이트 빌딩이나 9·11 테러로 인해 지금은 사라진 세계무역센터 빌딩도 임차 토지 위에 건립된 것입니다.

사회적 관점에서 특정한 개발이나 자원 탐사 등을 촉진할 필요성이 있다면 이를 위해 사업자에게 인센티브를 주면 됩니다. 인센티브의 예로는 보조금 지급, 비용 보상, 특허권 설정 등이 있습니다. 일정 기간 지대 상승액을 징수하지 않거나 감면하는 것도 인센티브가 될 수 있겠지요. 그러나 토지 소유자와 사업자가 다를 경우 토지 소유자에게 인센티브를 줄 이유는 전혀 없습니다.

고복지 = 듣고 보니 당연한 말씀인데 우리가 고정관념에 너무 빠져 있었습니다. 그럼 둘째, 즉 지대를 환수하면 토지 소유 의욕이 사라지고 그 결과 토지가 국유화되어 경제 효율이 떨어질 것이라는 반론은 어떤가요?

신자유 = 지대를 환수하면 지가 즉 토지 매매가격이 이론상 0(➤ 265쪽 해설 9 참조)이 됩니다. 토지 매입에 목돈이 안 든다면 토지 실수요자가 토지를 임차하려고 할까요, 소유하려고 할까요?

고복지 = 경우에 따라 약간의 차이가 있을 수는 있겠지만 대체로 소유하려고 하겠지요. 사용권 보장이라는 관점에서 임차인보다 소유자의 지위가 더 안전하기 때문입니다.

신자유 = 이미 답을 내셨군요. 지대 환수로 토지가 국유화된다는 것은 기우이며, 오히려 토지 소유자와 실수요자를 일치시키는 좋은 효과를 낳게 됩니다. 토지를 재테크 대상으로 삼아 온 관행이 이런 오해를 불러일으킨 것이지요.

고복지 = 이것도 듣고 보니 매우 당연한 내용인데 기존 교과서에는 이런 내용이 없다 보니……. 저희 상상력이 좀 부족했군요. 그럼 셋째, 즉 지대를 환수하면 우등토지부터 사용할 유인이 사라진다는 반론은 어떤가요?

신자유 = 위의 두 반론에 비해 이 반론이 그나마 그럴 듯해 보입니다. 지대는 우등토지와 열등토지의 수익성 차이를 나타내는데 지대를 징수하면 토지 간 수익의 차이가 없어져 우등토지부터 사용할 이유가 없다는 반론이지요. 세율 100%의 지대세를 납부하고 나면 평균적인 세후 소득이 동일해집니다. 사회를 위해서는 우등토지부터 사용하는 것이 바람직한데 지대세율을 100%로 하면 개인이 우등토지부터 소유할 유인이 없어지는 것처럼 보입니다. [표 40]과 같이 5개 등급의 토지가 있는 상황을 생각해 보겠습니다.

[표 40] 평균적인 세후 소득

토지 등급	생산	지대세	세후 소득
1	100	40	60
2	90	30	60
3	80	20	60
4	70	10	60
5	60	0	60

하지만 조금만 생각해 보면 이것도 걱정할 일이 아님을 알게 됩니다. 두 가지 해명이 가능합니다. 첫째, 토지 사용자는 자신의 용도에 맞는 토지를 수요하기 때문에 우등토지가 방치되는 일은 거의 없습니다. 예를 들면, 백화점은 사람들의 왕래가 빈번한 지역에, 금융기관은 자금 거래가 활발한 곳에 입지합니다. 현재도 이런 수익성이 높은 업종은 높은 임대료를 지불하면서도 타인의 토지나 건물을 임차하여 시내 중심지를 채우고 있습니다.

둘째, 토지사용 능력에 따라 선호하는 토지 등급이 달라집니다. 보통 사람보다 사용 능력이 10% 높은 사람이라면 세후 소득이 [표 41]처럼 변합니다. 지대세는 객관적인 지대를 과세표준으로 삼기 때문에 징수액은 [표 40]과 다름없다는 점에 주목해 주십시오.

[표 41] 우수 능력자의 세후 소득

토지 등급	생산	지대세	세후 소득
1	110	40	70
2	99	30	69
3	88	20	68
4	77	10	67
5	66	0	66

이 표를 보면, 우수 능력자는 토지 등급이 높을수록 세후 소득이 많기 때문에 가급적 등급이 높은 토지를 사용하려고 할 것입니다. 즉, 용도가 다양하고 사용자의 능력에 차이가 있는 상황에서는 지대를 모두 환수하더라도 우등토지가 방치될 가능성은 없습니다.

혹 이런 설명을 듣고도 의문을 해소하지 못하는 경제학자에게는 신자유주의 경제학의 대부 격인 프리드먼(Milton Friedman, 1912~2006)이 지대세를 "가장 덜 나쁜 세금"(the least bad tax)으로 추천했다는 이야기를 들려주면 됩니다(Friedman, 1978: 14).[6] 거장의 권위를 동원하면 대부분 수그러듭니다. (일동 웃음)

고복지 = 충분히 이해되었습니다. 신자유 님의 설명을 듣고, 저는 보통 사람보다 사용 능력이 10% 낮은 사람의 경우를 [표 42]와 같이 정리하였습니다.

[표 42] 열등 능력자의 세후 소득

토지 등급	생산	지대세	세후 소득
1	90	40	50
2	81	30	51
3	72	20	52
4	63	10	53
5	54	0	54

이 표에서 보듯이 사용 능력이 부족한 사람은 토지 등급이 낮을수록 세후 소득이 많기 때문에 등급이 낮은 토지를 선호합니다. 능력에 따라 사용 토지의 등급이 다르게 된다는 점이 저로서는 좀 안타깝습니다. 저 역시 경제 효율을 무시하지 않는 사람이고 또 사람은 자신의 능력과 적성에 맞는 일자리를 가질 때 보람과 만족을 더 느낄 수 있다고도 생각합니다. 다만 그로 인한 부익부 빈익빈 현상이 생긴다면 보완이 필요할 것입니다.

나중도 = 저도 예상 반론에 대한 신자유 님의 재반론을 잘 이해하였습니다. 그리고 보완이 필요하다는 고복지 님의 염려에도 공감합니다. 빈부격차가 심해진다면 적절한 조치가 필요하다는 데 동의합니다.

6 프리드먼의 저서에는 다루고 있지 않지만 인터뷰나 강연에서 지대세를 좋게 평가한 일이 여러 차례 있었다. 유튜브에서도 "Milton Friedman talks about property taxes"로 동영상을 검색하면 강연에서 질문에 답하는 장면이 나온다.

신자유 = 네, 저도 같은 생각입니다. 그러나 사람 간의 능력 차이는 그리 크지 않기 때문에 그로 인한 빈부격차가 심각한 문제가 되지는 않을 것으로 생각합니다. 실제 능력 차이보다는 사회의 권력관계로 인해 생긴 특권이 빈부격차의 큰 원인이라고 봅니다.

나중도 = 지금까지 지대 환수가 경제 효율에 악영향을 준다는 반론에 대응하여 그렇지 않다고 하는 수세적 입장에서 살펴보았는데, 공세적으로 생각해 볼 수도 있을까요? 즉 지대를 방치하면 오히려 경제에 큰 문제가 생긴다는 식으로요.

신자유 = "공세적"이라고요? 재미있는 표현입니다. 수세냐 공세냐를 떠나 꼭 검토해 볼 가치가 있는 주제입니다.

지대를 환수하지 않고 방치할 때 생기는 문제는 많습니다. 소유자가 토지를 묵혀도 적극적인 비용이 들지 않기 때문에 투기 목적으로 토지를 보유하는 사례가 많이 생깁니다. 땅값이 오를 것으로 전망되는 경우에는 토지 유휴화가 더욱 심해집니다. 개발 사업의 경우에도 앞에서 보았듯이 개별 토지 소유자의 결정이 사회 전체의 적정 개발과 괴리되어 오히려 경제 효율을 저해하게 됩니다. 지대를 방치하면 지대를 취득하기 위한 경쟁을 야기하여 불필요한 사회 비용이 듭니다. 이런 현상을 다루는 '지대 추구(rent-seeking) 이론'에 대해서 제1장 〖토론 5〗에서 소개하기도 했습니다. 또 지대를 공공재원으로 삼지 않는다면 다른 세금을 징수해야 하는데, 지대세를 제외하면 소득세든 부가가치세든 대부분의 세금은 경제 효율을 저해합니다. 토지에 대한 세금 중에도 보유세가 아닌 취득세나 양도소득세와 같은 세금도 역시 경제 효율을 저해합니다.

더 큰 문제는 지대를 방치하면 경제가 온통 파탄날 수 있다는 점입니다. 아직도 우리나라에 깊은 상처를 남긴 2008년 미국발 금융위기는 바로 지대를 방치하는 토지사유제 때문에 생긴 것입니다. 2000년을 전후하여 미국에서는 주택가격이 급상승하자 금융기관이 주택 담보 대출을 확대하였습니다. 심지어 종래에는 담보물로 부적합하다고 했던 주택도 담보로 잡고 대출해 주게 되었습니다. 그런데 2000년대 중반에 접어들면서 주택가격이 하락하자 금융기관의 대출금 회수가 어려워졌습니다. 연쇄적으로 금융계 전반과 산업에 악영향을 주었고 급기야 미국을 넘어 세계로 파급되어 글로벌 위기를 초래하였습니다. 미국발 금융위기가 터지기 전인 1990년대 초 일본에서도 부동산으로 인한 경제 파탄이 발생했지요. 이때는 다행히 일본만 극심한 불황에 빠졌을 뿐 다른 나라에까지 파급되지는 않았습니다.

이런 위기를 버블 위기라고 부르기도 합니다. 버블이란 투기적 가수요가 가세하여 형성되는 가격이 실수요만으로 형성될 정상가격과 크게 괴리될 때 그 차이를 가리키며, 버블 위기란 버블이 형성되고 붕괴함으로써 발생하는 경제 위기를 말합니다.

나중도 = 지대를 방치하면 오히려 경제 효율을 저해하고 심지어는 경제 위기를 초래할 수 있다니 토지사유제의 폐해가 염려스럽군요. 그런데 투기 대상물은 다양하므로 버블 위기가 토지에 의해서만 생기는 것은 아니겠지요. 이 중에서 토지에 특별히 주목해야 할 이유가 있나요?

신자유 = 네 좋은 지적입니다. 역사상 튤립 투기, 증권 투기로 사회가 풍비박산된 예가 있지만 토지가 가장 중요합니다. 그 이유를 설명한 글이 있어 요약하겠습니다(김윤상, 2009나).

첫째, 토지는 존재량이 일정하여 투기 대상으로 적합합니다. 단기간에 공급을 증감시킬 수 있는 물자는 수요가 늘어난다고 해서 가격이 치솟을 리가 없으므로 투기의 대상이 되지 않습니다. 그런데 토지는 추가 공급이 물리적으로 불가능하다는 점에서 투기의 대상으로 매우 적합합니다. 다른 물자도 단기간에 공급을 늘리는 데 애로가 있는 경우에는 투기의 대상이 될 수 있지만 토지에 비하면 공급의 경직성이 분명히 덜합니다.

둘째, 토지 투기는 악성 투기입니다. 모든 투기가 경제에 나쁜 영향을 주는 것은 아닙니다. 투기에는 수요와 공급의 괴리를 좁히는 시장안정형 투기와 그 괴리를 확대하는 시장교란형 투기가 있습니다. 시장안정형 투기의 예로 농산물 투기의 경우를 들 수 있습니다. 수요에 비해 공급이 많은 수확기에 농산물을 구매하였다가 그 반대의 현상이 나타나는 계절에 공급한다면, 이러한 투기는 수요와 공급 간의 괴리를 메워 시장을 안정시키는 역할을 하게 됩니다. 반면 존재량이 일정한 토지에 대한 투기는 시장교란형 투기입니다. 토지는 존재량이 일정하므로 매각 목적의 공급과 매입 수요가 반대 방향으로 움직입니다. 시장에서 수요가 늘어나서 가격이 오르면 그에 따라 공급도 늘어나야 수급이 조절되는데 토지시장의 경우는 그렇지 못합니다. 더구나 가수요가 발생하면 수급의 괴리가 더욱 확대되어 시장에 대한 파괴력으로 작용합니다.

셋째, 토지는 생활필수품입니다. 골동품이나 예술품도 추가 공급이 극히 제한적이지만 이런 물자의 가격이 오르고 투기가 생긴다고 해서 생활에 지장을 받는 사람은 별로 없습니다. 그러나 토지는 인간의 생존을 위해 반드시 필요한 물자이므로 토지 투기로 인해 토지가격이 정상가격을 지나치게 웃돌거나 토지가 실수요자에게 돌아가지 않는다면 대부분의 사회구성원이 손실을 입게 됩니다. 주택 같은 부동산도 생활필수품이지만 부동산 투기의 핵심은 토지 투기입니다. 건물은 시간이 지날수록 낡고 가치가 하락하기 때문에 특별한 경우가 아니면 투기의 대상이 되지 않습니다.

넷째, 토지는 국민경제에서 차지하는 비중이 높습니다. 우리나라의 경우 국가자산 중 토지자산이 차지하는 비중이 거의 50%이며 개인자산 중 주택을 포함한 부동산의 비중이 무려 80% 정도입니다. 부동산업과 그와 관련된 건설업, 금융업 등이 국민경제에서 차지하는 비중도 매우 높습니다. 이런 상황에서 토지 투기가 발생하고 거품이 붕괴된다면 어떻게 되겠습니까?

고복지 = 제가 최근에 읽은 글에는 지대를 환수하지 않으면 경제 효율만이 아니라 사회 효율까지 저해할 수 있다고 되어 있습니다(김윤상, 2009가: 222-223). 소개하고 싶습니다.

지대를 방치하면 극심한 개발 갈등을 야기하여 공동체가 파괴되고 맙니다. 개발 사업에서는 개발이익 분배와 개발손실 부담을 둘러싸고 정부, 사업지구 및 그 주변의 토지권리자 간에 이해관계가 대립되어 조정이 어려우며 때로는 심각한 집단민원으로 악화되는 경우가 적지 않습니다. 개발이익과 개발손실의 문제가 개발사업 과정에서 야기되는 갈등의 유일한 원인은 아니지만 그 핵심적인 원인임은 분명합니다.

공공사업에 필요한 토지를 수용하는 경우를 예로 들어 볼까요? 도로나 주택단지 등 공익시설을 건설하기 위해 토지가 필요할 때 민간의 토지를 사들여야 하는데 원만한 협의가 안 되면 정당한 보상을 하고 강제로 수용할 수 있습니다. 이때 공공사업이 지가를 상승시키는 사업이라고 해 봅시다. 사업지구 내 토지에 대해 종전의 가격으로 보상하면 그 보상금으로는 인근에 이미 올라 버린 다른 토지를 종전의 면적만큼 구할 수 없습니다. 또 땅값이 상승하는 인근 토지의 소유자와의 형평성도 문제가 됩니다. 그렇다고 해서 사업의 영향을 받아 오른 땅값을 보상한다면 국민의 세금으로 해당 토지 소유자에게 불로소득을 안겨 주는 꼴이 됩니다. 지대를 환수하지 않는 토지사유제의 근본적인 딜레마의 하나입니다.

나아가 이런 사정으로 인해 개발 과정이 비민주적이 됩니다. 개발주체가 개발계획을 사전에 발표하면 지가가 급등하고 토지 투기가 발생하며 개발이익과 개발손실을 둘러싼 집단민원으로 번질 것을 우려하게 됩니다. 그래서 중요한 개발계획은 비밀리에 준비하여 기습적으로 시행하는 경우가 많습니다. 이렇게 되면 많은 사람의 생활에 중대한 영향을 주는 개발계획이 주민의 의사를 제대로 수렴하지 못한 졸속계획이 될 뿐만 아니라, 개발계획의 비밀이 계획당국과 줄이 닿는 소수에게 유출되어 또 다른 불평등과 민원을 야기합니다.

나중도 = 이런 사례는 우리 주변의 개발 현장에서 수시로 보아 왔지요. 그래서 늘 '누구를 위한 개발인가?'라는 근본적인 의문이 제기되곤 합니다. 그러므로 장기적으로는 올바른 제도를 도입하는 것이 당연히 좋을 것입니다. 다만, 제도를 개혁할 때는 개혁이 주는 단기적 충격이나 부작용도 고려해야겠지요. 이미 지대를 환수하지 않는 토지사유제가 상당 기간 지속되어 온 우리 현실에서 지대 환수 제도를 즉시 도입할 수 있을까요? 아니면 완화된 조치 또는 과도기적 조치가 필요할까요?

신자유 = 지대를 환수하면 지가, 즉 토지 매매가격이 이론상 0이 되므로 지대를 환수하는 제도를 단기간에 도입하면 지가가 곤두박질치게 됩니다. 그러면 토지 소유자의 재산 총액도 곤두박질쳐서 상당수 국민이 엄청난 심리적 충격을 받게 될 것입니다. 사회에 적응하면서 살아온 대다수 토지 소유자 계층이 잘못된 토지제도를 개혁하는 과정에서 발생하는 경제적 부담을 몽땅 떠안게 되는 셈입니다. 또 금융기관 대출 담보로 부동산이 많이 활용되어 온 사회에서는 대출을 회수하기가 어려워집니다. 2008년 미국발 금융위기에서 보았듯이 일부 금융기관이 파산하면 급기야 실물경제로 파급되어 경제 위기를 초래합니다. 여기에 기득권자의 정치적 저항이 겹쳐 사회 불안은 더욱 확대될 수 있습니다. 무언가 적절한 예방 조치가 필요하다는 생각입니다.

이상향 = 네, 그렇게 된다면 나라 전체가, 경우에 따라서는 세계 전체가 어려워질 수 있겠군요. 개혁 목표와 현실을 조화할 수 있는 신중한 접근이 필요하겠습니다. 마치 병을 단기간에 완치하려면 수술이 필요하다고 해도 환자의 상태에 따라서 완화된 치료법을 사용하는 것과 같겠지요. 지대 환수 원칙을 무시하면 소득 불평등, 토지 불로소득으로 인한 경제 효율 훼손과 사회 갈등 등의 심각한 사회문제가 계속됩니다. 그렇더라도 기존 제도가 상당 기간 시행되어 온 사회에서는 토지 매입자에게만 손해를 부담시켜서는 안 된다는 주장은 일리가 있습니다. 또 지가 급락으로 인해 사회에 심한 충격을 주어서도 안 될 것입니다. 무슨 방법이 없을까요?

나중도 = 그 문제를 해결하는 방법이 있습니다. 율도국 여행 제14일에 홍율도 님이 추천하신 '이자 공제형 지대세'가 그것입니다(김윤상, 2013: 63). 지대 전부를 환수하지 않고 소유자가 토지를 매입할 때 지불한 지가에 대한 이자를 공제하고 남는 금액만 환수하는 제도이지요. 이런 환수 수단을 '지대이자차액세'라고 부를 수도 있겠습니다.

고복지 = 저도 율도국에서 지대이자차액세에 대해서 들었습니다만, 수학에 둔한 저 같은 사람을 위해 다시 한 번 쉽게 설명해 주시면 감사하겠습니다.

나중도 = 경제 전문가 신자유 님이 설명하시는 게 더 좋겠지만 제가 써 둔 율도국 기행문을 참고하여 복습하는 의미에서 해 보겠습니다. 제가 제대로 못 하면 신자유 님이 도와주시기 바랍니다.

지대이자차액세를 징수하면 우선 지가가 매입지가 수준에서 거의 일정하게 유지됩니다.(▶265쪽 해설 10 참조) 그리고 토지 불로소득이 0이 됩니다. 토지 소유를 통해 얻는 이익은 매매차액과 토지 보유 기간 동안의 지대이고 보유 기간 동안 매입지가에 대한 이자가 비용으로 지출됩니다. 따라서 토지 불로소득은 (매매차액+지대이자차액)과 같습니다. 그런데 매매차액이 0이고 지대이자차액은 징수하므로 토지 불로소득도 0이 됩니다. 즉 단지 토지를 소유하는 것만으로는 아무런 이익이 생기지 않으며 토지를 제대로 활용하지 않으면 세액만큼 오히려 손해를 보게 됩니다. 그러므로 토지 불로소득으로 인한 여러 문제도 자연히 방지됩니다.

지대이자차액세 외의 다른 절충안으로, 지대세율을 점진적으로 높여 가는 방법도 있겠지만 그 역시 지가를 하락시켜 토지 소유자에게 손실을 줄 뿐 아니라 과도기 동안에는 특권이익 사유의 폐단이 사라지지 않는다는 단점이 있습니다.

신자유 = 네, 나중도 님이 잘 설명해 주셨네요. 지대이자차액세를 부과하면 지가가 일정하게 유지되고 토지 불로소득이 0이 된다는 사실은 경제학적으로 오류가 없으며, 저도 지대이자차액세가 현실 도입을 위한 최적안이라고 생각합니다.

덧붙이자면, 원초적인 매입지가는 0입니다. 과거를 거슬러 올라가면 처음 지가는 당연히 0이었습니다. 따라서 지대이자차액을 계산할 때 매입지가를 원초적 지가인 0으로 두면 이자도 0이어서 지대이자차액은 곧 지대와 같습니다. 그러나 우리가 지대이자차액을 고려하는 이유는 기존 질서를 급격하게 바꿀 때 생길 혼란을 막자는 데 있으므로 매입지가는 제도 실시 시점에 국민의 합의를 통해 확정해야겠지요. 예를 들면 실시 시점의 지가, 또는 실시 시점의 소유자가 매입했던 지가 중 어느 하나를 선택하거나 절충해야 할 것입니다.

고복지 = 이자를 공제하고 나머지만 환수한다면 그만큼 공공재원이 적어지는 것은 피할 수 없겠군요. 다른 특권이익 환수액을 합하여 공공재원으로 충분하다면 문제가 없지만 그렇지 않다면 경제 효율에 지장을 주더라도 다른 세금을 징수해야 하지 않을까요?

신자유 = 네, 적어도 당분간은 그렇게 해야 할 것 같네요. 앞으로 지대가 상승하면 환수액도 많아지겠지만 그 속도가 어느 정도일지는 확실하지 않습니다. 그러므로 과도기에는 지대이자차액 환수액과 더불어 다른 특권이익 환수액이 얼마나 되는지에 따라 다른 세금을 추가 징수해야 할 것입니다. 제1장〔토론 6〕에서 합의한 순위에 따르면 되겠지요. 또 일단 지대이자차액세를 도입한 후에 국민이 새 제도의 장점을 체감하게 되면 이자 공제액을 점진적으로 줄이고 지대 환수율을 높여 가는 데 합의할 수도 있을 것입니다.

이상향 = 지대 환수가 경제 효율에 나쁜 영향을 미치는지를 검토해 보았는데, 여러 가지 반론이 근거가 없고 지대를 환수하지 않으면 오히려 경제 효율을 해친다는 사실을 알게 되었습니다. 또 지대 환수가 사회에 주는 충격을 예방하는 최적의 수단이 지대이자차액세라는 사실도 알게 되었습니다.

좋은 말씀 감사합니다.

CHAPTER 2

Ⅲ. 지대 환수와 토지 배분

이상향 = 지대를 환수하더라도 공동으로 사용하지 않는 한 토지를 개별 주체에게 배분하게 됩니다. 토지는 생존에 불가결한 필수재이자 총량이 한정되어 있기 때문에 그 배분 방식은 개인만이 아니라 사회 전체에도 커다란 영향을 미칩니다. 지대를 환수할 경우에도 기존의 배분 방식이 어떻게 작동할지 점검해 볼 필요가 있을 것입니다.

신자유 님이 대표적인 토지 배분 방식을 소개해 주시면 감사하겠습니다.

신자유 = 네, 그렇게 하지요. 역사적으로 보면 토지가 강제력이나 속임수에 의해 배분된 경우가 많습니다. 그러나 좋은 배분제도를 찾는 것이 우리의 목적이므로 이런 부당한 토지 배분은 고려에서 제외하겠습니다. 토지 배분은 배분 시점에 따라 최초 배분과 추후 배분으로 나눌 수 있습니다. 최초 배분은 토지에 첫 권리자를 설정하는 과정이고 추후 배분은 일단 권리자가 정해진 후에 다른 사람으로 권리가 이전되는 과정입니다. 최초 배분에는 선점한 자에게 권리를 부여하는 방식도 있고 다수의 희망자를 대상으로 추첨, 경매, 심사 등을 통해 배정하는 방식도 있습니다. 추후 배분에서는 추첨, 경매, 심사는 그대로 적용할 수 있지만 당연히 선점은 없고 그 대신 시장에서 당사자 간의 합의에 의해 배분하는 방식이 추가될 것입니다. 요약하면 [표 43]과 같습니다.

[표 43] 여러 가지 토지 배분 방식

	최초 배분	추후 배분
방임형	선점	시장 거래
정부 관여형	추첨, 경매, 심사	

이미 대부분의 토지에 사람이 정착해 있는 실생활에서는 최초 배분은 매우 드물기 때문에 추후 배분에 대해서만 평가해 보아도 충분할 것입니다.

이상향 = 그럼 추후 배분 방식 네 가지에 대해 평가를 해 볼까요?

신자유 = 평가의 편의를 위해 상황을 다음과 같이 한정하겠습니다.

- 배분 시점은 전 권리자가 권리를 포기할 때로 한다.
- 환수하는 지대액은 객관적 지대로 하되, 경매에서는 낙찰액으로 한다.
- 심사에서는 토지 사용 희망자가 자신의 사용 능력을 입증하고 정부가 심사한다.

고복지 = 배분 시점을 전 권리자가 포기할 때로 하면 권리자를 너무 우대하는 것이 아닐까요? 자칫 세대 간 기회불균등이 발생할까 염려됩니다.

신자유 = 권리 존속 기간을 제한하지 않거나 제한한다고 해도 그 기간이 너무 길면 고복지 님이 염려하시는 상황이 발생할 수 있습니다. 제도를 설계할 때에는 이런 점을 충분히 고려해야 합니다. 그러나 지대를 환수하는 사회에서는 토지의 실수요자가 아니면 토지를 소유해도 실익이 없고 토지를 제대로 사용하지 않으면 오히려 손해를 입으니 토지 소유가 걱정할 만큼 장기화되지는 않을 것입니다.

고복지 = 그렇군요. 그럼 신자유 님이 정리하신 상황에 한정해서 평가해도 좋겠습니다.

신자유 = 배분 방식에 대한 평가 기준은 정의와 효율로 하겠습니다. 정의의 세부 기준은 '취득 기회가 균등한가?'와 '지대를 제대로 환수하는가?'로 하겠습니다. 이 기준은 이미 특권 대책 3원칙에 들어 있는 내용입니다. 우리는 지대를 환수하는 경우의 배분을 다루고 있으므로 두 번째 세부 기준은 군더더기 같지만 현실에서는 환수가 완벽하게 이루어지지 않을 수 있기 때문에 넣어 둔 것입니다.

효율은 '토지가 최선 이용자에게 배분되는가?'와 '제도 비용이 적게 드는가?'의 두 가지 세부 기준으로 평가하겠습니다. 제도 비용에는 제도 유지를 위해 정부가 지출하는 비용 외에 주민이 제도에 맞추기 위해 부담하는 비용도 들어갑니다. 예를 들면 심사의 경우에는 정부는 심사비용을, 토지사용 희망자는 자신의 토지사용 능력을 입증하는 비용을 부담하게 됩니다.

앞에서도 나온 내용이지만, 지대를 환수하면 토지 매매가격, 즉 지가는 0이 된다는 사실을 다시 지적해 둡니다. 보통의 토지사유제에서는 토지를 취득할 때 막대한 초기 비용이 들기 때문에 자금 능력에 따른 불평등이 생길 수도 있겠지만, 지대를 환수하는 사회에서는 시장 거래나 경매를 한다고 해도 이런 불평등은 없습니다. 그리고 추첨 방식에서 그 대상자는 모든 주민이 아니라, 지대를 납부한다는 사실을 알고 있는 토지 사용 희망자입니다.

또 평가를 위한 기술적인 부분에 대해서는 이렇게 해 두겠습니다. 평가 항목 당 10점 만점으로 하되 비용은 정부 비용과 민간 비용을 각 5점 만점으로 하며, 비용이 적게 들수록 높은 점수를 줍니다. 각 기준의 가중치는 동일하다고 보고 점수를 단순 합계합니다.

그럼 각 배분 방식이 그 취지대로 완벽하게 운영된다고 가정하고 제가 평가한 결과를 [표 44]로 제시합니다.

[표 44] 완벽하게 운영될 경우의 평가

방식	정의		효율		총점
	기회균등	지대 환수	우수자 배분	비용(정부+민간)	
시장	10	10	10	5+4	39
추첨	10	10	8	5+5	38
경매	10	10	10	4+4	38
심사	10	10	10	3+3	36

이 표를 보면, 정의 기준에서는 모두 만점입니다. 제도가 완벽하다는 전제

때문입니다. 추첨 방식은 우수자 배분에서 약간 불리한 대신 비용 면에서는 가장 우수합니다. 추첨 방식에서도 아무나 대상자로 하는 것이 아니라 지대를 납부할 의사를 가진 신청자 중에서 추첨하게 되므로 사용 능력이 부족한 사람에게 토지가 배분될 가능성은 그리 크지 않습니다. 그래도 다른 방식에 비해서는 약간 뒤질 수 있다고 보는 게 상식이겠지요. 반면 추첨 비용은 거의 무시해도 좋을 정도로 적습니다. 심사 방식은 비용 때문에 다른 방식보다 좀 낮은 점수를 주었습니다. 당사자는 능력을 입증하느라, 정부는 이를 심사하느라 다른 방식보다 비용이 더 들기 때문입니다. 네 가지 방식 중에서 시장 방식이 가장 우수하고 심사 방식이 가장 낮은 것으로 나타났으나 어느 방식을 택해도 별 문제가 없을 것으로 전망됩니다.

이상향 = 고복지 님도 이 평가에 이의가 없으신가요? 특히 시장 방식이 가장 우수하다는 데 대해서요.

고복지 = 네, 이의 없습니다. 제가 복지를 중시한다고 해서 시장의 이론상의 순기능을 부정하는 것은 아닙니다. 문제는 현실 시장이 이론처럼 작동하지 않는다는 데 있을 뿐입니다. 선입견을 버려 주세요. (일동 웃음)

신자유 = 그럼 이어서, 제도가 완벽할 수 없는 우리의 현실에서는 각 방식이 어느 정도 작동할 것인지에 대해서도 평가해 보겠습니다. 현실에 대해서는 서로 견해차이가 있으니 각자 따로 평가해야겠지요?

(평가 시간)

이상향 = 현실 평가 결과의 종합은 제가 담당하겠습니다. 세 분의 평가는 [표 45]와 같습니다.

[표 45] 현실의 평가(고복지/나중도/신자유 순)

방식	정의		효율		총점(합계)
	취득 기회균등	지대 환수	우수자 배분	비용(정부+민간)	
시장	6/7/8	7/7/7	6/7/8	5+3/5+4/5+5	27/30/33(90)

방식	정의		효율		총점(합계)
	취득 기회균등	지대 환수	우수자 배분	비용(정부+민간)	
추첨	9/9/9	7/7/7	6/6/6	5+5/5+5/5+5	32/32/32(96)
경매	8/8/8	7/7/7	8/8/8	4+3/4+4/4+5	30/31/32(93)
심사	7/6/5	7/7/7	7/6/5	4+4/3+3/2+2	29/25/21(75)

신자유 = 저를 제외한 다른 두 분은 시장보다 추첨 방식을 높게 평가하신 점이 눈에 띄는군요.

나중도 = 네, 추첨 방식은 비용이 적게 드는 데다가 현실에서는 시장보다도 취득 기회가 더 균등하다고 보았습니다.

고복지 = 저는 현실에서는 시장보다는 심사를 통해 배분하는 것이 좋고 그보다는 추첨 또는 경매를 통해 배분하는 것이 좋다고 보았습니다.

이상향 = 현실 시장의 불완전성에 주목하시는 고복지 님은 시장보다 심사 방식을 약간 높게 평가하신 반면, 작은 정부를 원하는 신자유 님은 심사 방식에 아주 낮은 점수를 매기신 점이 대조적입니다. 그리고 지대 환수에서 세 분 모두 10점 만점에 7점을 주신 점도 눈에 띕니다.

나중도 = 이번에도 저는 두 분의 중간이군요. (일동 웃음)

이상향 = 세 분의 평가를 종합하면, 추첨과 경매가 무난한 방식이라는 데 대체로 의견이 일치하는 반면, 시장과 심사에 대해서는 견해차가 다소 있습니다. 주민 합의에 의해 토지 배분 방식을 결정한다면 골고루 지지를 받는 추첨 또는 경매를 통해 토지를 배분하게 되겠군요. 물론 이런 결과는 평가 기준과 가중치를 바꾸면 달라질 수 있을 것입니다. 각 방식이 현실에서 어떻게 작동하는지를 잘 검토하여 실시 시점의 상황에 맞는 배분 방식을 선택해야 할 것입니다.

토론 상황을 잘 설정해 주신 신자유 님 그리고 좋은 의견 주신 두 분께 감사드립니다.

CHAPTER 2

Ⅳ. 토지특권과 헨리 조지

이상향 = 토지사유제의 문제점을 지적하면서 토지의 공유 또는 토지 가치의 공유를 주장한 사람은 역사상 적지 않습니다. 그중에서 당시는 물론 오늘날까지 많은 사람들의 공감을 얻고 있는 인물을 꼽는다면 당연히 헨리 조지가 들어갈 것입니다. 제2장을 마무리하기 전에 헨리 조지의 사상을 간략히 살펴보았으면 하는데 마침 나중도 님이 쓰신 글이 있다고 들었습니다.

나중도 = 저희가 율도국을 여행했을 때 홍율도 님이 헨리 조지를 소개하였습니다. 그 후 저도 관심을 가지고 헨리 조지를 공부하면서 써 둔 짧은 글이 있습니다. 변변치 않지만 이상향 님이 그렇게 말씀하시니 용기를 내어 소개하겠습니다.

헨리 조지의 생애와 사상

1. 헨리 조지의 생애

〈그림 6〉 헨리 조지

헨리 조지(Henry George, 1839~1897)는 미국에서 태어나 남북전쟁이 발발하고 대륙횡단 철도가 부설되는 등 급변하는 사회 환경 속에서 살았다. 정규교육도 거의 못 받았으며 어릴 때부터 온갖 직업을 전전하면서 절망적인 빈곤을 체험하였다. 이런 개인적 경험을 통해,

사회가 눈부시게 발전함에도 불구하고 가난이 사라지지 않는 원인을 밝히고 제거하는 일을 일생의 과업으로 삼게 되었다. 헨리 조지는 어려운 가운데에서도 독학으로 사상적, 학문적으로 높은 수준에 도달하여 뛰어난 언론인, 사회개혁가, 저술가로 명성을 날렸다.

1879년의 『진보와 빈곤』(*Progress and Poverty*)을 비롯하여 『사회문제의 경제학』(*Social Problems*), 『노동 빈곤과 토지 정의』(*The Condition of Labor*)를 비롯하여 수많은 저서, 강연, 기사를 남겼다. 그중에서 특히 『진보와 빈곤』은 세계적인 베스트셀러가 되었고 오늘날에도 우리나라를 포함한 세계 각국에서 꾸준히 읽히고 있다.

『진보와 빈곤』의 성공으로 인해 헨리 조지는 세계적인 명사가 되어 미국 내는 물론이고 유럽과 호주 등에 강연 초청을 받아 많은 여행을 하였다. 언론인으로서, 토지개혁 및 조세개혁 운동가로서 맹렬하게 활동하였으며, 학계에서도 상당한 주목을 받아 교수로 부임할 기회도 있었으나 헨리 조지가 기성 학계에 대해 비판적인 태도를 가지고 있었던 때문인지 성사되지는 못했다.

헨리 조지는 노동자층의 열렬한 추대를 받아 두 차례 뉴욕 시장에 출마하였다. 당시 부패했던 정치판에서 선전을 하였으나 첫 번째는 차점으로 낙선하고 두 번째는 처음부터 건강이 안 좋은 상태에서 무리한 캠페인을 벌이다가 투표일 4일 전에 뇌일혈로 사망하였다. 장례식은 10만을 넘는 인파가 조문하는 등 세계적인 관심 속에서 치러졌다.

2. 헨리 조지의 사상

헨리 조지의 경제사상의 핵심은 생산과 교환의 자유를 보장하고 노력과 기여의 대가를 생산자에게 모두 귀속시키되 인간의 노력과 무관하게 천부된 토지 내지 자연은 공유하여야 한다는 것이다. 다만 자연이 공유 대상이라고 해도 생활과 생산을 위해서 배타적 사용권을 설정할 필요가 있다면 권리자가 그에 상응하는 대가를 사회에 납부하게 함으로써 실질적인 공유를 달성하자고 하였다.

『진보와 빈곤』 등에 나타난 헨리 조지의 사상을 요약하면 다음과 같다.

> 사회가 눈부시게 진보함에도 불구하고 극심한 빈곤이 사라지지 않는 원인은 토지사유제에 있다. 토지 소유자가 생산에 기여하지도 않으면서 생산물의 일부를 지대로 차지하기 때문에 다른 생산요소에 배분되는 몫이 줄어들 수밖에 없다. 따라서 토지를 비롯한 천연자원은 국민 모두의 것으로 즉 공유해야 한다. 그러나 이미 토지사유제가 정착된 사회에서는 굳이 토지를 몰수할 필요는 없고 지대를 환수하여 공공목적에 사용하는 지대조세제(land value taxation)를 도입하면 충분하다.

지대조세제는 매년 토지 소유자에게서 지대를 징수하여 가장 우선적인 정부수입으로 삼는 제도이다. 이때 세액은 토지를 임대한다고 할 때 받을 수 있는 연간 임대료에 해당한다. 토지 소유자는 토지의 사용이나 거래는 현재처럼 알아서 결정하지만 토지 가치에 관한 한은 마치 정부로부터 토지를 빌려 쓰는 것처럼 임대가치를 납부한다는 것이다.

지대조세제의 효과는 눈부시다. 부동산으로 인한 부당한 빈부격차가 발생하지 않는다. 토지 소유에서는 이익이 생기지 않고 사용에서만 생기므로 토지의 소유자와 실수요자가 일치하게 된다. 지대세 수입만큼 경제 유인을 제약하는 다른 조세, 예를 들면 근로소득세나 부가가치세 등을 감면할 수 있으므로 경제효율을 높인다. 1990년대의 일본의 불황, 2008년 미국발 경제위기처럼 경제 전체를 망칠 수 있는 부동산 투기가 원천적으로 차단된다.

헨리 조지는 자본주의의 병폐를 통렬히 비판하였다는 점에서는, 21세 연상이었던 마르크스와 공통되지만 병의 원인 진단과 처방에 있어서는 아주 달랐다. 헨리 조지는 마르크스를 "멍청이 나라의 왕자", "매우 피상적인 사상가이며 부정확하고 악의에 찬 용어에 빠져 있다."고 보았다. 헨리 조지가 매우 독특한 가치로 중시하였던 '지대'를 마르크스는 다른 생산요소의 대가와 구분하지 않고 '잉여가치'에 포함시켰기 때문으로 보인다. 반면 마르크스도 "조지는 잉여가치의 본질에 대해 전혀 이해하지 못하고 있다."고 비판하고 헨리 조지식의 토지개혁운동을 "자본주의자의 마지막 저항"이라고 비판하였다.

『진보와 빈곤』이 국제적으로 널리 보급되면서 강렬한 문제의식과 열렬한 이상주의가 진보적 양심세력을 광범위하게 일깨웠다. 당시 침체되어 있던 유럽의 사회주의가 부활하는 계기를 마련하기도 하였다. 톨스토이는 헨리 조지의 영향을 받아 스스로 자신의 토지를 포기하였을 뿐 아니라 노년기 대표작인 『부활』에서 주인공 네플류도프가 헨리 조지의 사상을 실천하는 모습을 자세히 묘사하기도 하였다. 또 손문은 삼민주의 가운데 민생주의에 헨리 조지의 토지개혁 방법을 도입하였는데 이 영향은 오늘날에도 대만의 토지제도에 깊이 남아 있다. 미국, 대만, 호주, 덴마크, 남아프리카공화국 등 여러 나라의 토지제도에도 흔적을 남기고 있으며 지금도 세계 곳곳에서 헨리 조지 사상을 보급하고 실천하는 운동이 맥을 잇고 있다. 특히 토지 투기로 인해 깊은 상처를 입은 우리나라에서는 1980년대부터 헨리 조지에 대한 관심이 점점 높아지고 있다. 특히 헨리 조지 사상을 중시하는 이정우 교수가 참여정부의 청와대 정책실장을 맡으면서 국내에서 큰 주목을 받기도 하였다.

3. 현대의 헨리 조지 사상

큰 틀에서 보면 오늘날 헨리 조지 사상은 학계에서나 현실 제도 면에서나 뚜렷한 영향력을 갖지 못한다. 이런 결과가 생긴 이유는 다음 세 가지로 요약할 수 있다. 첫째, 전통적인 자본주의와 이를 개혁하려는 사회주의의 2대 진영이 세계의 실권을 장악하여 오면서 제3의 대안을 허용하지 않았다. 둘째, 토지의 독자성을 인정하지 않는다는 점에서 공통성을 가진 신고전학파와 좌파가 양대 진영의 이론적 지주가 되어 20세기 경제학계의 주도권을 장악하여 왔기 때문에 제3의 대안은 학계에서조차 제대로 대접을 받지 못했다. 셋째, 그러한 가운데 사람들이 지대조세제라는 멋진 대안이 있는 줄을 잘 모르게 되고 또 이 제도는 토지소유를 통해 손쉽게 사회를 지배하고 기득권을 유지해 나가는 계층을 위협하는 제도이기도 하여 그 실현이 더욱 어렵게 되었다.

그럼에도 불구하고 헨리 조지 사상은 다음과 같이 현대의 절실한 문제를 해결하는 중요한 열쇠가 된다.

첫째, 헨리 조지 사상은 자본주의와 사회주의를 지양하는 제3의 이데올로기로서 미래 세계와 통일한국의 기본 이념이 될 수 있다. 자본주의는 토지와 자본의 사유를 바탕으로 삼고 사회주의는 두 생산요소의 공유를 전제하는 반면, 헨리 조지 사상은 인간이 생산하지 않은 토지는 공유, 인간이 생산한 자본은 사유 대상이 되어야 한다고 보기 때문이다.

둘째, 토지를 포함한 자연을 배타적으로 사용하는 사람은 공동체에 대해 그에 상응하는 책임과 의무를 부담해야 한다는 지대조세제의 원리는 인류를 위협하는 환경오염 문제, 자원 고갈 문제를 해결하는 사상적 기초가 될 수 있다.

셋째, 토지 투기가 주기적으로 재발하면서 사회정의와 경제 효율에 점점 더 큰 피해를 주고 있는데 지대조세제는 토지 투기를 근본적으로 예방할 수 있는 최적의 방안이다.

넷째로, 지대세를 복지 재원으로 삼는다면 재분배를 우려하는 시장주의자들도 동의하는 방식으로 복지정책을 펴 나갈 수 있다. 지대에 대해서는 모든 국민이 동일한 지분을 가지고 있으므로, 누구나 자기 돈으로 자기 삶을 보장할 수 있기 때문이다.

이상향 = 짧은 시간에 헨리 조지를 이해할 수 있는 좋은 글을 소개해 주셔서 감사드립니다.

신자유 = 저도 율도국 여행 때 헨리 조지에 대한 말씀을 인상 깊게 들었습니다. 지대환수를 주장했다고 해서 처음에는 사회주의적 색채를 가진 분이 아닌가 생각했지만 저서와 연설문 등을 읽어 보니 헨리 조지는 시장경제를 신뢰하면서 인간의 평등한 존엄성과 양립할 수 없는 특권적 제도를 강하게 비판한 훌륭한 인물임을 알게 되었습니다. 바로 제가 지향하는 바와 같습니다.

이상향 = 그럼 요즘의 경제학 교과서에서는 헨리 조지에 대해 어떻게 평가하고 있나요?

신자유 = 애덤 스미스나 리카도 등 고전파 경제학자는 토지를 중시했고 또 지대세에 대해 호의적이었습니다. 그러나 신고전파 이후에는 태도가 상당히 달라져서,

나중도 님의 글에도 나오듯이 요즘 교과서에서는 토지와 헨리 조지에 대한 관심이 전반적으로 줄어든 상태입니다. 학생들이 많이 보는 교과서 두 가지를 소개하겠습니다.

우선 경제학 개론 교과서인 맨큐(N. Gregory Mankiw) 교수의 책을 소개하겠습니다. 이 책에서는 지대세가 불로소득을 환수하는 정의로운 수단이며 토지의 공급탄력성이 0이기 때문에 지대세는 자원 배분에 영향을 미치지 않는 장점을 가지고 있다는 점을 지적합니다. 그러나 이런 단서를 답니다.

> (헨리 조지가 제안한) 지대세가 이론적으로는 매력 있는 아이디어처럼 보일 수 있지만, 실무적으로는 보기만큼 간단하지 않다. 경제 유인을 왜곡하지 않으려면 지대세를 미개량 토지(raw land)에 부과해야 한다. 그러나 토지 가치는 임야를 개간하거나, 하수구를 설치하거나, 도로를 건설하는 등 개량 행위에 의해 변화하는 경우가 많다. 미개량 토지의 공급과는 달리 토지개량물의 공급 탄력성은 0보다 크다. 토지개량물에 과세하면 경제 유인을 왜곡한다. 토지 소유자는 토지 개량에 자원을 덜 투입하게 된다. / Mankiw, 2009: 169

맨큐의 논평은 결국 이론상으로는 좋은 세금이지만 실무의 어려움이 있다는 것입니다.[7] 토지세가 경제 유인을 왜곡하지 않으려면 토지개량물을 제외한 토지에만 부과해야 하며 인간의 노력에 대한 세금은 노력을 억제하는 부작용이 있다는 지적은 경제학의 상식입니다. 헨리 조지도 개량물의 가치가 아닌 토지만의 가치를 환수하자고 했습니다. 이어서 맨큐 교수는 위에서 소개한 프리드먼의 말을 인용하면서 마무리합니다.

> 헨리 조지의 논리는 아직도 타당하다.…… 저명한 경제학자인 프리드먼은 다음과 같이 이야기한다. "내 생각에 가장 덜 나쁜 세금은 미개량 토지 가치(unimproved value of land)에 대한 재산세이다. 이것은 오래 전 헨리 조지가 제안했던 세금이다." / Mankiw, 2009: 169

7 헨리 조지의 토지세에 대한 논평은 제5판까지만 나오고 제6판부터는 보이지 않는다.

경제학의 한 분야인 도시경제학 교과서도 하나 볼까요? 오설리반(Arthur O'Sullivan)의 도시경제학에서는, 헨리 조지가 토지개량물이 아닌 토지에만 과세하면 경제 효율을 높일 수 있다고 말한 사실을 소개한 후 이렇게 덧붙입니다.

> 지대세는 세 가지 이유로 비판을 받아왔다. 첫째, 지대세는 토지 소유자의 순수입 즉 순지대(net land rent)를 0으로 감소시켜 토지의 시장가치를 0으로 만든다. 정부가 실질적으로 토지를 몰수하는 것과 같아진다. 이 때문에 많은 사람들이 불공평하다고 생각한다. 둘째, 토지의 순수입이 0이면 토지 소유자는 토지를 포기하게 되어 정부 관료가 토지사용자를 정하게 된다. 토지를 효율적으로 이용할 때 더 많은 소득을 얻는 민간 소유주와는 달리 관료는 토지의 효율적 이용으로부터 얻을 것이 없다. 따라서 정부 주도 토지시장은 토지를 최고, 최선의 이용자에게 토지를 배분할 가능성이 적다. 세 번째 비판은 지대를 평가하기 어렵고 따라서 세액도 정하기 어렵다는 점이다. 대부분의 토지에는 건물 등 토지개량물이 존재하는데 천연토지의 가치와 개량물로 인한 가치를 구분하기 어렵다. / O'Sullivan, 2000: 199

세 가지 비판 중 앞의 두 가지는 이미 위의 Ⅱ에서 잘못된 것이라고 지적하였습니다. 즉 제도 전환에 따른 불공평 문제는 지대이자차액세로 해소할 수 있고 지대세를 부과하면 토지 소유를 포기한다는 주장은 근거가 없다고 하였습니다. 그럼 지대 평가가 어렵다는 비판 하나만 생각해 보기로 합니다. 토지와 개량물의 가치를 분리하여 평가하기 어렵다는 비판은 지대세를 탐탁하지 않게 여기는 쪽에서 오랫동안 제기해 온 반론이었습니다. 위에서 보았듯이 맨큐 교수도 분리 평가가 어렵다고 하였지요.

어느 세금이든 실무에서 과표를 평가하는 것은 간단한 일이 아니지만 토지 가치의 평가가 다른 세금의 과세표준 평가보다 어려운 것은 아닙니다. 소득세 과표는 총수입에서 그 수입을 얻기 위해 들어간 비용을 제외한 나머지 액수입니다. 수입과 비용은 눈에 보이지도 않고 세무 당국이 접근할 수 있는 장부에 제대로 기록되지 않는 경우도 많습니다. 그런데 많은 나라에서 소득세 제도를 시행하고 있습니다. 여기에 비하면 누구의 눈에나 다 드러나는 부동산에서 토지와 개량물의 가치를 분리하는 것은 오히려 쉬운 일인데 그 생각은 하지 않는군요. 토지와 건물이 결합된 부동산의 경우 개량물이 없어졌다고 할 때 남는 부분의 가치를 평가하면 됩니다. 예를 들어 아파트 단지의 대지가치를 평가한다면, 주변의 교통이나 상권이 그대로인 가운데 아파트를 새로 짓는다고 할 때 대지가 얼마에 거래될 것인지를 예상하면 됩니다.

미국 학자들이 분리 평가의 어려움을 지대세의 문제로 지적하는 경우가 많은데, 이것은 토지와 건물을 구분하지 않고 재산세를 매겨 온 미국의 관습에 의해 영향을 받은 것으로 보입니다. 한국처럼 토지와 건물을 분리해서 과세하는 전통이 있었다면 새삼 그걸 문제 삼지는 않았을 것입니다.

고복지 = 저도 율도국 여행 후 헨리 조지의 저작을 좀 읽었는데 제 가슴에 와 닿는 명언이 많았습니다. 두 가지만 소개하겠습니다.

첫째, 인간을 이기적이라고 단순하게 인식하는 것이 옳지 않다는 지적입니다.

> 인간 행동의 근본 동기를 이기심이라고 보는 철학은 단견이다. 이러한 철학은 이 세상에 가득 찬 여러 사실을 외면한다. 이 철학은 현재도 모르고 과거의 역사도 읽어 보지 않은 사람의 견해이다. 사람을 움직이려면 무엇에 호소하는가? 돈에 호소하는 것이 아니라 애국심에 호소한다. 이기심에 호소하는 것이 아니라 이해심에 호소한다. 이기심은 강력하며 매우 큰 결과를 낳을 수 있기는 하지만, 비유하자면 기계적인 힘이라고 할 수 있다. 그러나 인간의 본성에는 화학적인 힘과 같이 녹이고 융합하고 감싸면서 모든 것을 가능하게 하는 무엇이 있다. "인간은 목숨을 위해서는 모든 것을 바친다."고 할 때는 사익을 말한다. 그러나 인간은 차원 높은 동기에 충실하기 위해 목숨까지도 바칠 수 있다. / George, 1879, Book IX, 4

둘째, 사람들이 일 안 해도 먹고살 수 있게 되면 게을러지고 타락하게 된다면서 복지정책에 반대하는 사람들이 적지 않은데 이에 대한 반론이 될 수 있는 구절입니다. 인간성에 대한 헨리 조지의 깊은 통찰이 엿보입니다. 우리는 특권이익을 환수하고 그 환수액에 대해서 모든 국민에게 동일한 지분을 부여하면 어느 경우에든 기본 생활이 보장될 수 있다고 보았습니다. 반면 헨리 조지는 지대세를 징수하면 사회가 더 개선되어 아주 예외적인 경우를 제외하고는 복지정책 자체가 별로 필요하지 않게 된다고 낙관했습니다.

> 노동자에게 자유로운 일터와 완전한 대가를 주고 사회의 성장으로 인해 생긴 기금을 사회 전체의 이익을 위해 징수하면 여러 가지 변화가 나타난다. 궁핍 내지 궁핍에 대한 두려움이 사라지게 된다. 생산이라는 용수철은 자유롭게 튀어 오르고 부가 엄청나게 증가하여 최하층도 안락한 생활을 할 수 있게 된다. 숨 쉴 공기에 대해 염려하지 않듯이 일자리에 대해서도 염려하지 않게 된다. 들에 핀 백합과 같이 먹고살 걱정을 할 필요가 없게 된다. 과학이 발전하고, 발명이 계속되고, 지식이 보급되어 모든 사람이 혜택을 보게 된다.
>
> 궁핍 내지 궁핍에 대한 두려움이 없어지면 부에 대한 동경도 수그러들고 부의 획득과 과시가 아닌 다른 방법으로 타인의 존경과 인정을 얻으려 할 것이다. 이렇게 해서 공적인 문제의 처리나 공적인 자금의 관리에 있어서도 사익을 추구할 때처럼 신경을 써서 기술을 발휘하고 정성을 들이게 된다. 철도나 가스 등을 공영화하더라도 지금의 주식회사 방식보다 오히려 더 경제적, 능률적으로 운영할 수 있으며 소유자가 혼자인 경우처럼 경제적, 능률적으로 운영될 것이다. 고대 그리스 올림픽 게임에서 우승하려면 끈질긴 노력이 필요하지만, 그 상은 그저 야생 올리브 가지로 만든 머리띠에 불과했다. 사람들은 이런 머리띠를 얻기 위해 돈으로는 도저히 살 수 없는 노력을 하고 또 하였다. / George, 1879, Book IX, 4

신자유 = 저도 그의 저작을 읽으면서 깊은 인상을 받은 명언 두 가지만 소개하겠습니다. 첫째, 헨리 조지가 자유를 예찬한 부분입니다.

> 인간에 있어 자유는, 생명과 빛의 주인인 태양과 같고, 구름을 뚫고 만물을 성장시키며 모든 움직임을 도와 차디찬 무생물에서 극도로 다양한 생명과 아름다움을 이끌어 내는 햇빛과도 같다. 사람들이 자유를 위

해 노력하고 죽은 것이, 그리고 시대마다 자유의 증인이 일어서고 자유의 순교자가 고통 받은 것이 단지 추상적인 개념을 위해서가 아니었다.

때때로 우리는 자유는 자유이고 미덕, 부, 지식, 발명, 국력, 국가의 독립은 별개인 것처럼 이야기한다. 그러나 자유는 이 모든 것의 근원이고 어머니이고 필요조건이다. 자유와 미덕은 빛과 색채의 관계와 같다. 자유와 부는 햇빛과 곡식의 관계와 같다. 자유와 지식은 눈과 보이는 대상의 관계와 같다. 자유는 발명의 천재이고 국력의 근육이며 국가 독립의 정신이다. 자유가 신장되면 미덕이 자라고 부가 증가하고 지식이 늘어나고 발명이 인간의 힘을 배가하며, 자유를 누리는 국가는 힘과 정신에서 다른 국가를 능가한다. 반면에 자유가 위축되면 미덕은 사라지고 부는 감소하고 지식은 망각되고 발명은 중지되며, 한때 무력이나 기술에서 융성했던 강대국이 자유로운 미개인에게 힘없이 멸망당한다.

자유라는 태양이 아직도 충분히 빛나지 못했지만, 모든 진보는 자유가 이룩한 결과이다. / George, 1879, Book X, 5

둘째, 경쟁에 대한 구절입니다. 경쟁이 무조건 선이라든지 무조건 악이라는 것도 옳지 않다고 늘 생각해 왔는데 헨리 조지가 매우 적절하게 지적해 주었습니다.

인간이 경쟁에 치여 극도로 비참해지는 모습을 보고 경쟁을 철폐해야 한다고 성급한 결론을 내리는 사람은 집이 화재로 무너지는 것을 보고 불의 사용을 금지하려는 사람과 같다.

우리가 숨 쉬는 대기는 신체의 구석구석에 15파운드의 압력을 가한다. 만일 이 압력이 한 방향으로만 가해진다면 우리는 바닥에 눌려 젤리처럼 분쇄되고 말 것이다. 그러나 압력이 모든 방향으로 작용하기 때문에 압력 속에서도 자유롭게 움직일 수 있다. 대기의 압력은 불편함이 없을 뿐 아니라 압력이 없다면 오히려 우리가 죽게 되므로 반드시 필요하다.

경쟁도 이와 같다. 생활과 노동의 필수 요소에 대한 권리를 부정당하는 계층이 있다면 경쟁은 일방적이 되고, 인구가 증가함에 따라 그런 최하계층은 사실상의 노예 상태, 심지어는 굶주리는 상태에까지 몰린다. 그러나 모든 인간의 자연권이 보장된다면 경쟁은 모든 당사자에게 작용하여 피고용자 사이만이 아니라 고용주 사이에도 경쟁이 있고 판매자 사이만이 아니라 구매자 사이에도 경쟁이 있으므로 아무도 해를 입지 않는다. 오히려 경쟁으로 인해 가장 단순하고 광범위하고 탄력적이고 세련된 협동 체제가 이룩된다. 현재의 사회발전 단계에서 보면 이런 체제는, 경쟁이 자유롭게 작용하는 영역에서는 산업 간의 조화 및 사회적 힘의 절약이라는 점에서 신뢰할 수 있는 체제이다.

요약하면, 사회조직에서의 경쟁은 신체조직에서 무의식적으로 뛰는 맥박과 같은 역할을 한다. 경쟁도 맥박처럼 자유롭게 작용하도록 해 주기만 하면 된다. 자유로운 경쟁이 불가능한 영역에는 국가의 간섭이 필요하다. 비유하면 신체조직에서 무의식적 기능과 의식적 기능이 구분되는 것과 같다. 이런 구분이 존재하는데도 극단적인 사회주의자나 개인주의자는 이를 무시한다. 극단적인 개인주의자는 배고프면 자동적으로 음식이 생긴다고 하는 사람과 같고 극단적인 사회주의자는 의식적으로 위장에게 음식의 소화 방법을 지시해 주는 사람과 같다. / George, 1886, XXVII

나중도 = 저도 두 분처럼 율도국 여행 후 헨리 조지를 읽었는데 공감되는 점이 많았습니다. 두 가지만 인용하겠습니다. 첫째, 헨리 조지는 정의를 사회제도의 필수적인 가치로 인식했다는 점입니다. 우리가 제1장에서 합의했던 균형형 제도의 핵심가치도 정의이므로 우리 의견과 공통점이 많습니다.

정의가 도덕의 계층에서 가장 상위의 덕목이라고는 말하지 않겠다. 그러나 정의는 최우선적인 덕목이다. 정의보다 상위에 있는 덕목은 반드시 정의에 기반을 두어야 하고 정의를 내포하여야 하며 정의를 통해서만 도달할 수 있다. 기독교를 통해 우리에게 영향을 준 히브리 종교가 발전하는 과정에서 사랑의 하나님이 나타나기에 앞서 "네 하나님이신 주님은 정의의 하나님"이라고 선언한 것은 우연이 아니다. 영원불변의 정의가 인식되기 전에는 영원불변의 사랑은 감추어져 있다. 사람이 진실로 관대하기 위해서는 정의로워야 하듯이 인간 사회가 자비에 기반을 두려면 먼저 정의에 기반을 두어야 한다. / George, 1883, Ch. 9

둘째, 사회개혁을 이루기 위해서는 개인의 각성이 중요함을 강조한 구절입니다. 생각하는 사람을 강조한 것이 마음에 와 닿습니다. “생각하는 국민이라야 산다.”고 한 함석헌 선생(▶ 266쪽 해설 11 참조)이 떠오릅니다.

> 사회개혁은 고함과 아우성으로, 불평과 비난으로 달성되는 것이 아니다. 정당을 결성하고 혁명을 도모한다고 해서 되는 것도 아니다. 그것은 생각의 각성과 사상의 진보를 통해 달성된다. 올바른 생각이 있으면 반드시 올바른 행동이 나온다. …… 누구도 자신의 영향력이 없다고 생각해서는 안 된다. 생각하는 사람은 그가 누구든 어떤 처지에 있든 (사회개혁의) 빛이 되고 힘이 될 수 있다. / George, 1883, Ch. 22

이상향 = 세 분이 좋은 구절을 소개해 주셨습니다. 그럼 저도 헨리 조지의 명언 몇 가지를 소개하면서 제2장을 마칠까 합니다. 좋은 말씀 감사드립니다.

■ 원리

단순하고 자명한 두 원리는 다음과 같다.

1. 모든 사람은 자연이 베풀어 준 것을 사용하고 향유할 평등한 권리를 가진다.
2. 각인은 자신의 노동에 의해 생산한 것을 사용하고 향유할 배타적인 권리를 가진다.

두 원리 사이에는 모순이 없고 오히려 상관성이 있다. 노동의 산물에 대한 개인의 완전한 권리를 보장하려면 자연이 베풀어 준 것을 공동의 재산으로 하지 않으면 안 된다. / George, 1886, Ch. 26

■ 특권 없는 세상

나는 지금 부자들을 비난하고 있는 것도 아니고, 이런 이야기를 통해 시기심이나 증오를 불러일으키려는 것도 아니다. 하지만 우리가 사회문제에 대해 명확하게 이해한다면, 어떤 사람들은 엄청난 부를 얻을 수 있는 반면 다른 사람들은 너무나 비참한 가난에 빠져 있는 현실이, 바로 우리가 허용하고 있는 독점, 우리가 다른 사람을 제치고 한 사람에게만 준 특혜, 그리고 법과 여론에 의해 인정받는 강탈에서 기인한다는 사실을 틀림없이 깨닫게 될 것이다. / George, 1883, Ch. 6

■ 빈곤과 종교

하느님께서 인간 문제를 서툴게 다루신 것도, 인색하게 다루신 것도 아닙니다. 이 세상에 인구를 너무 많이 내신 것도 아니고, 물자를 풍족하게 베푸시는 데 소홀하셨던 것도 아닙니다. 단순한 동물적 생존을 위해 대중이 벌여야 하는 치열한 경쟁이나 우리 문명을 특징짓는 그 엄청난 부의 축적을 의도하신 것도 아닙니다. 이 때문에 많은 사람들이 하느님은 존재하지 않는다고 하고 더 불경스럽게는 그것이 하느님께서 마련하신 질서라고도 하지만, 이런 폐단은 우리가 하느님의 도덕법칙을 부인하기 때문에 생긴 것입니다. 정의의 법칙인 황금률은 단순히 말로만 그치는 법칙이 아니라 진정한 사회생활의 법칙입니다. 이 법칙을 지키면 모든 사람에게 일자리와 여가와 풍요가 생깁니다. 이 법칙을 지키면 문명은 극빈자에게도 생필품은 물론 모든 편리품과 적당한 수준의 사치품까지 마련해 줄 수 있습니다. 들의 백합이 무엇을 입을까 걱정할 필요가 없듯이 하느님의 나라와 공의를 추구한다면 물질에 대해 걱정할 필요가 없게 된다고 그리스도께서 말씀하셨는데, 이는 단순한 몽상가의 말이 아닙니다. 정치경제학의 최근 연구결과에 비추어 볼 때 그리스도께서는 완벽한 진리를 설파하신 것입니다. / George, 1891, I

빈곤에서 생기는 고통과 야만성을 하나님의 불가사의한 섭리로 돌린다거나 또는 두 손을 모으고 만물의 아버지 앞에 가서는 대도시의 궁핍과 범죄의 책임을 미룬다면 형식상으로는 기도일지 모르나 실제로는 신성모독이다. 영원하신 존재를 폄훼하는 행위이다. 정의로우신 분을 욕되게 하는 행위이다. / George, 1879, Book X, 5

C H A P T E R

3

이상사회 찾기

제1장 〔토론 3〕에서 이상적인 사회제도를 모색하는 세 가지 방식을 소개합니다. 첫째, 비전 제시형입니다. 특별한 전제를 두지 않고 이상향의 모습을 그려 보는 방식입니다. 이 책에서는 토머스 모어(Thomas More)의 『유토피아』(*Utopia*)를 살펴보려고 합니다.
둘째, 연역형입니다. 많은 사람들이 공감하는 어떤 원리를 출발점으로 삼고 그 원리로부터 논리에 따라 구체적인 제도를 도출해 내는 방식입니다. 이 책에서는 '평등한 자유'라는 제1원리로부터 이상적인 토지제도를 도출한 허버트 스펜서(Herbert Spencer)의 『사회정학』(*Social Statics*)을 소개하려고 합니다.
셋째, 합의형입니다. 제도의 적용 대상이 될 당사자들의 합의를 통해 제도를 설계하는 유형으로서 제1장에서 우리가 사용한 방식입니다. 여기에서는 계약론의 전통을 이어받은 존 롤스(John Rawls)의 『정의론』(*A Theory of Justice*)을 살펴보려고 합니다.

CHAPTER 3

I. 비전 제시형: 토머스 모어의 『유토피아』[8]

1. 해제

영국의 토머스 모어(Thomas More, 1478~1535)가 38세 되던 해인 1516년에 라틴어로 쓴 책입니다. 원제는 『최선의 국가 형태와 새로운 섬 유토피아에 관하여』인데 오늘날은 『유토피아』(*Utopia*)라는 제목으로 불리고 있습니다. 최초의 영문 번역본은 원본이 나온 지 35년, 모어가 사망한 지 16년이 지난 1551년에 출간되었습니다. 모어는 인생 후반기 오랫동안 영국 조정의 고위직을 맡았고 헨리 8세가 총애하는 신하이기도 했습니다. 그러나 헨리 8세가 자신의 이혼 문제를 계기로 교황과 대립할 때 모어가 적극적으로 왕의 편을 들지 않았다가 단두대에서 처형되었습니다.

'유토피아'(utopia)는 그리스어로 '없다'는 뜻의 'ou' 또는 '좋다'는 뜻의 'eu'에다 '장소'라는 뜻의 'topos'를 붙여서 모어가 만든 신조어입니다. '존재하지 않는 나라' 또는 '좋은 나라'라는 이중의 의미로 해석할 수 있도록 재치 있게 작명한 것입니다. 책은 대화체로 되어 있는데 중요한 화자로 라파엘 히슬로다에우스(이하 라파엘로 부름)가 등장합니다. 히슬로다에우스는 '재잘거림' 또는 '난센스'라는 뜻의 그리스어 hythlos를 해학적으로 응용하여 지은 이름입니다. 영문 번역본에서

8 번역본은 나종일 옮김(2005)과 권혁 옮김(2006)을 주로 참고하였다.

는 히슬로디(Hythloday)라고 합니다.

책은 제1권과 제2권으로 구성되어 있습니다. 제1권은 라파엘이 영국의 현실을 신랄하게 비판하는 내용이 주를 이루고 간간이 모어 자신과 피터 힐러스(Peter Gilles)라는 네덜란드 사람이 의견을 덧붙이는 형식을 취합니다. 제2권은 라파엘이 유토피아라는 나라를 일방적으로 소개하는 내용으로 계속되다가 마지막에 모어가 라파엘의 이야기에 대한 자신의 의견을 간략히 덧붙이면서 마무리됩니다. 그 외에 이들의 대화가 실제 있었던 일처럼 보이게 하는 편지도 실려 있습니다.

제1권과 제2권 둘 다 주로 라파엘이 한 이야기를 기록한 형식이며 기록자이자 책 중의 등장인물인 토머스 모어는 라파엘의 주장에 온건한 입장에서 반론을 제시하는 역할을 합니다. 이것은 일종의 위장술로 보입니다. 이 책에 가득 차 있는 현실 비판과 풍자로 인해 혹시 역풍을 만날까 염려하여 라파엘이라는 가공인물을 내세우고 모어 자신은 오히려 반론을 펴는 역할을 담당한 것으로 추측합니다.

2. 유토피아의 이모저모

〈제1권〉

제1권은 이렇게 시작합니다. 모어는 네덜란드에서 피터 힐러스를 만나 포르투갈 출신 라파엘을 소개받습니다. 라파엘은 세계 여러 곳을 구경하고 싶다는 간절한 소망을 가지고 탐험가 아메리고 베스푸치(Amerigo Vespucci, 1454~1512)의 항해에 가담했던 사람으로 설정되어 있습니다. 라파엘이 자신이 보고 들은 여러 나라의 실상을 이야기하자 이에 감동받은 피터 힐러스가 라파엘에게 정치에 참여하여 봉사하라고 권하지만 라파엘은 그것은 노예가 되는 것과 비슷하다면서 거절합니다. 모어도, 개인적인 불편을 감수하더라도 위대한 왕의 신뢰를 얻어 백성들에게 혜택을 주라고 권하지만 라파엘은 역시 거절합니다. 대부분의 왕들은 백성을 위해 자기 나라를 잘 다스리는 것보다 전쟁으로 새로운 영토를 차지하는 데 더 골몰하며, 고위직 신하들도 다른 사람의 좋은 의견을 받아들이지 않는다는 것이 그 이유라고 합니다.

이어서 라파엘은 어느 자리에서 잉글랜드 사회에 대해 변호사와 벌인 논쟁을 전합니다. 라파엘은 당시 잉글랜드에서는 절도범을 교수형 등으로 가혹하게 처벌하는데 이것이 잘못되었다고 비판합니다. 가혹한 처벌 대신 모든 사람들에게 생계를 꾸릴 수단을 제공해서 끔찍한 궁핍에 빠지지 않도록 해 주어야 한다고 역설합니다. 이에 대해 변호사가 이미 적절한 대비책이 있는데도 일부 국민들이 일부러 범죄자의 길을 선택하고 있다고 하자 라파엘이 이렇게 반론을 폅니다.

첫째, 호화롭게 사는 귀족이 소작인들을 착취하고 있습니다. 또 귀족들은 시종을 많이 거느리는데 귀족이 죽거나 시종 자신이 병이 들면 쫓겨나게 됩니다.

둘째, 인클로저(enclosure)(▸ 266쪽 해설 12 참조)로 인해 양이 사람을 잡아먹는 꼴이 되고 있습니다. 귀족, 지주는 물론이고 심지어 수도원장까지도 농지를 없애면서 목초지를 만들고 있습니다. 농지를 잃고 쫓겨난 농민들이 일자리를 구하지 못해 도둑질을 하게 되고, 더구나 사치 풍조와 도박 등 건전하지 못한 풍습이 문제를 더 심각하게 만듭니다. 실용적인 일자리를 많이 만들어 이런 문제를 제대로 해결하지 못한다면 도둑을 만들어 내고서는 도둑질을 했다는 이유로 처벌하는 것과 같습니다.

이어서 범법자 처벌 문제로 화제가 옮겨 가는데 라파엘은 죄수를 극형에 처하지 말고 한정된 기간 동안 공공 노역장에서 노예로 일하도록 만드는 게 좋다고 합니다. 여기서의 '노예'는 재산처럼 매매될 수 있는 인간이라는 일반적인 의미와는 달리 힘든 노역을 하는 사람이라는 뜻입니다(앞으로는 노예 대신 노역자라고 번역). 라파엘은 또 이 토론이 벌어진 자리에 있었던 좌중의 의견이 권위자인 추기경의 말에 따라 이리저리 쏠리는 한심한 모습을 해학적으로 보여 줍니다.

이런 이야기를 듣고 난 모어는 철학자가 왕이 되거나 왕이 철학을 공부할 때 행복한 국가가 이루어진다는 플라톤의 말을 인용하면서 라파엘에게 많은 백성을 위해 그 지혜를 쓰라고 다시 권합니다. 그러나 라파엘은 자신이 현명한 조언을 하더라도 왕이 받아들이지 않을 것이라면서 거절합니다. 그러고는 왕이 재산을 증식하는 다섯 가지 방법을 풍자적으로 열거합니다.

첫째, 돈을 내주어야 할 때는 화폐가치를 올리고 받아야 할 때는 터무니없이 내립니다. 둘째, 곧 전쟁이 벌어질 것처럼 분위기를 몰아가서 특별세를 거둘 구실을 만듭니다. 셋째, 사람들이 잘 모르는 낡은 법을 교묘히 되살려 정의의 이름으로 벌금을 징수합니다. 넷째, 한편으로는 반사회적인 범죄에 벌금형을 부과하는 법을 만들면서 다른 한편으로는 면죄부를 판매합니다. 다섯째, 재판관을 휘어잡아 언제나 왕에게 유리한 판결을 내리도록 합니다.

이렇게 현실을 비판한 후 라파엘은, 양을 먹이는 것이 양치기의 사명이듯이 왕은 자신의 안전이 아니라 백성의 안녕을 돌보는 것이 사명이라고 지적합니다. 그러면서 궁정에는 철학이 끼어들 여지가 없다고 다시 개탄합니다. 이에 대해 모어는 기대하는 수준만큼 이룩하지 못한다고 해서 공적인 활동에 완전히 등을 돌려서는 안 되며, 거센 바람을 잠재우지 못한다고 해서 폭풍우에 휩싸인 배를 버려서는 안 된다고 하면서 라파엘의 현실 참여를 다시 권하지만 라파엘은 역시 거절하면서 플라톤의 비유를 인용합니다. 거리에서 쏟아지는 비를 맞는 어리석은 사람들에게 집으로 돌아가라고 권하려면 자신도 거리로 나가 비를 맞게 되므로 그냥 두는 수밖에 없다는 것입니다.

그러고는 라파엘은 중요한 언급을 합니다. 사유재산이 존속하고 모든 것이 돈에 의해 좌우되는 한 진정한 정의와 번영을 이끌어 낼 수 없다고 합니다. 이에 대해 모어가 모든 것을 공유하는 곳에서는 다들 게을러질 수밖에 없으며 궁핍을 벗어나기 위해 일을 하려고 해도 일해서 얻는 것을 법적으로 보호받을 수 없다면 끊임없는 유혈사태와 폭동이 뒤따를 수밖에 없다고 걱정합니다. 그러자 라파엘은 사유재산제가 없는 이상사회인 유토피아에 대한 이야기를 시작합니다. 여기까지가 제1권의 내용입니다.

〈제2권〉

제2권은 라파엘이 5년간 살았다는 유토피아의 여러 모습을 상세히 전하는 내용입니다. 내용별로 나누어 소개합니다. 대체로 책의 순서에 따르되 공통 주제에 따라 위치를 바꾸기도 하였습니다.

1) 개관

= 유토피아는 정복자 유토푸스(Utopus)가 자기 이름을 따서 세운 나라다. 처음에는 반도였으나 섬으로 개조하고 미개한 주민을 교화하여 문명국으로 발전시켰다. 섬의 폭은 중앙의 넓은 곳이 200마일 정도이며, 섬의 양 끝은 초승달처럼 구부러져 11마일 정도의 간격을 두고 만의 입구를 형성한다. 만의 둘레는 500마일 정도 된다.

= 54개의 도시로 구성되어 있고 도시 간 최단 거리는 24마일이다. 도시마다 6,000가구를 두며 가구당 인원은 성인 10명 내지 16명으로 조정하고 어린이 수는 제한하지 않는다. 도시별 인구 편차가 커지면 조정한다. 농촌에는 가구당 성인 40명이 배치된다.

= 모든 도시는 언어, 풍습, 제도, 법률이 같다. 모두 동일한 도시계획에 의해 건설되었으며 걸어서 하루면 다른 도시에 도착할 수 있도록 배치되어 있다. 도시마다 충분한 농지가 있고 주민들은 자신을 지주가 아니라 경작자라고 여기므로 경계를 늘리려고 욕심을 내는 도시는 없다.

= 도시별로 인구의 균형을 맞추지만 섬 전체 인구가 일정 수를 넘으면 식민지를 개척한다. 식민지의 원주민은 함께 살기를 원하면 수용하고 거부하면 몰아낸다.

2) 정치와 행정

= 30가구에 한 명씩 시포그란투스(Syphograntus)라고 불리는 시의원을 선출하며 한 도시에는 200명의 시의원이 있다. 중요한 안건이 생기면 시의원 총회에 회부하는데 시의원은 자기가 관장하는 30가구의 주민과 미리 의논한다.

= 각 도시에는 네 개의 구가 있는데 각 구별로 주민이 시장 후보자를 한 명씩 추천하면 시의원들이 비밀투표로 시장을 선출한다. 시장은 전제정치를 하지 않는 한 종신직이다.

= 행정 업무는 트라니보루스(Traniborus)라고 불리는 행정관이 맡는다. 행정관은 시의원 10명이 담당하는 가구, 즉 300가구당 1명씩 둔다. 공무원의 임기는 1년이지만 행정관은 대개 연임하고 다른 공무원은 1년 동안만 재직한다.

행정관은 시장과 자주 회의를 열어 현안을 처리하는데 회의에는 시의원 중 2명을 참석시킨다.

= 유토피아 섬 전체에 관한 중요 의제를 다루는 전국회의가 매년 섬의 중심에 위치한 도시인 아마우로툼(Amaurotum)에서 열린다. 54개 도시마다 각기 원로 세 사람씩 대표로 파견하여 전국회의는 162명으로 구성된다.

= 스스로 공직에 선출되기 위해 애쓰는 사람들은 관직을 차지할 자격을 영원히 얻지 못한다. 공직자들은 절대로 거들먹거리거나 위압적인 태도를 보이지 않는다.

= 유토피아에는 법률이 거의 없다. 보통사람이 이해할 수 없을 정도로 어려운 법률을 이용해 사람들을 얽어매는 것은 부당하다고 여긴다. 법률이 까다로울수록 이해하는 사람이 적어지고 그 효과도 떨어진다고 본다. 공이 있는 자는 포상하고 죄를 지은 자를 처벌한다.

= 유토피아에는 강제노역자가 있는데 전쟁포로, 세습 노예, 외국에서 사들인 노예가 아니라 유토피아의 죄수와 외국의 사형수가 대부분이다. 중요 범죄에 대한 일반적인 형벌은 강제노역이며 이런 노역자는 사슬에 묶여 중노동을 한다. 고된 노역을 하면서 진정으로 뉘우치는 태도를 보이면 시장의 재량이나 시민의 투표로 형기를 줄여 준다. 노역자 중에는 일부 외국 노동자도 있는데, 자국에서 가난하게 살기보다는 차라리 유토피아에서 노역자로 사는 것이 낫다는 생각에서 자원한 사람이다. 이들은 유토피아 시민과 거의 같은 수준의 대우를 받으며 본인이 원하면 언제라도 그만 둘 수 있다.

3) 국제관계와 전쟁

= 다른 나라와의 조약은 전혀 체결하지 않는다. 조약과 동맹은 진실하지 않은 경우가 많고 지켜지지 않는 사례도 많기 때문이다. 국가 간의 관계는 조약보다는 선의에 의해, 언어보다는 마음에서 우러나오는 애정에 의해 굳건해진다고 생각한다. 이웃나라에서 유토피아의 장점을 본받기 위해 관리를 파견해 달라고 요청하는 경우가 있는데 이런 때는 1년 내지 5년 임기로 파견한다.

= 전쟁을 아주 싫어하지만 유사시에 대비하여 일정한 날에 남녀가 다 같이 군

사훈련을 받는다. 전쟁은 유토피아 또는 우방국가가 침해를 받은 경우 및 전제정치와 강제노역에 시달리는 다른 나라 국민을 구할 필요가 있는 경우에만 정당화된다. '침해'에는 군사적 침략을 받은 경우 외에 상인들이 상대국의 불공정한 법제에 의해 손실을 입는 경우도 포함된다.

= 피를 흘려 승리하는 것을 수치스럽게 생각하며 유혈사태 없이 지략으로 승리하는 것을 높이 평가한다. 선전포고를 한 직후, 그 나라의 왕 또는 핵심 인물을 제거하면 거액의 상금을 준다고 광고하고 생포하여 데려오면 상금의 두 배를 준다. 그다음으로는 적국의 왕의 형제나 귀족을 부추겨 내란을 야기한다. 적국에 내란이 일어나면 물자 원조를 아끼지 않는다.

= 전쟁이 불가피할 것으로 예상되면 당장 대군을 동원하여 유토피아 경계 밖에서 전투를 벌인다. 병력은 자국민보다 용병을 우선 활용한다. 전쟁 비용은 평소에 비축해 두었던 금은과 다른 나라에 외상으로 수출한 대금으로 충당한다. 용병으로 부족할 경우에는 과거 유토피아가 전쟁을 지원해 주었던 나라의 병력을 활용하고 그다음으로 우방의 병력을 이용한다. 유토피아 국민은 최후 순위이며 참전을 강요하지도 않는다.

= 전쟁에서 적군을 살해하기보다는 포로로 잡는 것을 더 원한다. 승전한 후에 패전국으로부터 전쟁 비용을 거둬들인다.

4) 경제

= 유토피아에는 사유재산제도 화폐도 없다. 도시를 구성하는 4개 구에 하나씩, 그 중심부에 시장이 있다. 도시의 모든 가구는 자신이 생산한 물자를 대가 없이 시장의 창고에 갖다 두며 필요한 물자가 있으면 대가를 지불하지 않고 가져간다. 모든 물품이 풍족하고 원하면 언제든 구할 수 있기 때문에 욕심부리는 사람이 없다. 돈이 많다는 이유로 부자를 숭배하는 것을 가장 혐오한다.

= 모든 남녀가 농사를 지어야 하며 그 외에 양모일, 아마포 만들기 등 자신에게 맞는 특별한 기술을 배운다. 하루 작업시간은 오전, 오후 각 3시간씩, 총 6시간이다. 하루 6시간만 일해도 물자 부족은 없다. 시의원은 사람들이 열심

히 생업에 종사하지만 과중하게 일하지는 않도록 관리하고 돌본다.

= 각 도시 주변에 농촌이 있다. 농촌 한 가구에는 성인 40명과 노역자 2명이 있다. 성인은 대부분 도시 주민으로서 2년 기한으로 농촌에 파견되며, 매년 40명 중 20명씩 교체된다. 농촌에는 매달 하루씩 휴일이 있고 이날 대부분의 농민은 도시에 가서 필요한 물품을 조달한다.

= 토지는 별로 비옥하지 않고 기후도 그다지 좋지 않지만 절제된 생활로 나쁜 기후를 이겨낼 뿐 아니라 열심히 일하기 때문에 곡물이나 가축도 풍부하다. 어느 도시에 부족한 물자가 있으면 다른 도시에서 남는 물자를 무상으로 조달한다. 섬 전체가 마치 한 가정과 같다.

= 섬 전체의 물자가 남으면 다른 나라에 수출한다. 7분의 1은 무상으로 주고 나머지는 적절한 가격으로 파는데 외상 거래가 원칙이다. 전쟁이 나면 외상으로 수출했던 물자의 대금을 받아 전쟁 비용에 충당한다.

= 유토피아 내에서는 금과 은이 별 쓸모가 없다. 금과 은을 가지는 것은 오히려 수치와 어리석음의 상징이다. 그러나 전쟁 등에 대비하여 비축해 둔다.

5) 생활 방식

= 모든 사람이 평등한 교육을 받으며 거의 모두가 공통된 의복을 입고 공통된 주택에서 산다. 도시의 주택은 추첨에 의해 배정받고 10년마다 바꾼다. 여자들은 결혼하면 남편 집으로 옮긴다. 식사는 가구별로 해도 되지만 대부분 공동 식당에서 한다.

= 사람들은 편안하고 쾌활하고 영리하며, 여가를 좋아한다. 필요할 때는 힘든 노동을 견디어 내지만 굳이 필요 없을 때는 별로 내켜 하지 않는다. 그러나 지적 추구에는 지칠 줄 모른다.

= 모든 주민이 노동을 해야 하지만 학자, 성직자, 공무원 등 일부 면제자도 있다. 나머지 자유 시간에는 대부분 자기 계발을 위해 노력한다. 아침에는 강좌가 많이 열리는데 출석 의무는 없지만 많이 출석한다. 저녁 식사 후에는 한 시간 동안 건전한 오락을 한다. 술집이나 사창가도 없을 뿐 아니라 남들이 훤히 들여다보고 있는 가운데 살기 때문에 여가를 불건전하게 즐길 수

없다. 도시 주민은 정원 가꾸기를 즐겨 한다.

= 여행을 하려면 시의원과 행정관에게 신청하여 시장의 허가를 받는다. 하루 이상 머물 때에는 자기 직업과 같은 업종의 일을 현지에서 하며, 농촌에서는 오전 또는 오후에 일을 해야 음식을 얻을 수 있다.

= 즐거움은 모든 주민의 자연스러운 삶의 목표이다. 자연은 모든 인간의 행복에 대해 똑같이 배려하므로 타인을 희생시키면서 자신의 이익을 추구해서는 안 된다는 원칙을 둔다. 이런 원칙에 따라 인간은 약속을 지켜야 하며 즐거움의 재료라고 할 수 있는 물자는 법에 따라 분배한다. 진정한 즐거움에는 육체적인 면과 정신적인 면이 있다. 그들이 선호하는 육체적인 즐거움은 건강이다. 먹고 마시고 배설하는 등의 즐거움도 건강에 도움이 되는 정도로 한정된다. 특히 선행과 깨끗한 양심 등 정신적 즐거움을 가장 중요하게 여긴다. 유토피아 사람들이 기피하는 불건전한 즐거움이 많은데 예를 들면 사치스런 옷을 입는 것, 보석을 가지는 것, 도박, 사냥 등이 있다.

= 일부일처제를 채택하며 간통이나 용서 못할 악행이 있을 경우에만 당국의 허가를 받아 이혼할 수 있다. 여자는 18세, 남자는 22세가 되어야 결혼할 수 있다. 혼전 성관계가 발각되면 엄한 처벌을 받으며 특별사면을 받지 않는 한 평생 결혼이 금지된다. 결혼하기 위해서는 후견인의 입회 아래 상대방에게 알몸을 보인다. 혼인 서약을 어긴 자는 가장 엄한 노역형에 처한다.

= 어릿광대를 좋아하지만 불구자를 놀리는 사람은 추악하고 흉한 자로 비난받는다. 독서와 교육을 중시하나 학문에 전념하기 위해 노동을 면제받는 사람은 극소수로 제한한다. 명예로운 안락사를 허용한다.

6) 종교

= 종교의 자유가 인정된다. 교회 안에는 신의 형상을 두지 않으며, 각자가 자유스럽게 자신의 신앙에 따라 원하는 대로 신의 형상을 그릴 수 있다. 그러나 영혼은 육체와 함께 멸망한다거나 우주는 신의 섭리가 아닌 우연에 의해 지배된다고 하는 등 인간의 존엄성을 지나치게 무시하면 엄하게 규제한다.

= 다양한 종교가 존재하지만 대부분의 유토피아 사람들은 영혼 불멸, 신에 의

한 창조를 믿으며, 현세의 행위가 내세에 보상 또는 처벌되며 사후에 누릴 인간의 행복이 엄청나게 크다고 철석같이 믿는다. 사후의 행복은 오직 부지런한 노동과 남을 위한 선행을 통해서만 얻을 수 있다고 확신한다. 병자를 안타깝게 여기지만 죽음에 대해서는 슬퍼하지 않고 즐거운 마음으로 고인의 영혼을 하나님께 맡긴다.

= 운세 보기, 점치기 등 미신에 대해서는 전혀 관심이 없고 터무니없는 짓이라고 생각한다. 그러나 자연의 힘에 의하지 않고 일어나는 기적에 대해서는 신의 권능을 보여 주는 직접적인 표시로 여겨 존중한다. 자연에 대한 관조와 경의는 신에게 드리는 일종의 예배라고 생각한다.

= 독신으로 살면서 철저한 금욕생활을 하는 사람을 존중하지만 결혼하고 육식을 하면서 즐거움도 추구하는 사람을 더 현명하다고 여긴다.

= 사제는 최고로 존경받는 공직자이며 사제의 수는 도시마다 각 교회에 한 사람씩 모두 열세 명에 불과하다. 사제는 하나님에 대한 예배를 주재하고 종교 문제에 관여하며 공중도덕의 감시자 역을 맡는다. 청소년들에게 도덕과 덕행을 가르친다. 여성도 사제직에서 배제되지 않는다. 예배의 제물로 바치기 위해 동물을 잡는 일이 없다. 모든 생물에게 생명을 부여한 자비로운 하나님이 살생과 유혈을 좋아하지 않는다고 믿는다.

3. 토론

이상향 = 지금까지 『유토피아』의 내용을 개관했습니다. 라파엘이 소개한 유토피아에 대해 토론할 차례가 되었습니다. 허버트 스펜서의 『사회정학』은 신자유 님과, 존 롤스의 『정의론』은 고복지 님과 지향하는 방향이 거의 같습니다. 그래서 『유토피아』에 대해서는 나중도 님이 토론을 주도해 주시면 감사하겠습니다.

나중도 = 제가 특색 없는 중도이다 보니 이 토론이 배정되었군요. (일동 웃음) 그래도 일을 분담한다면 그게 좋겠습니다. 다른 두 분도 거들어 주실 것으로 믿고 한번 해 보겠습니다.

먼저 이상사회를 진실하게 추구한 토머스 모어에게 존경을 표합니다. 그런 열정과 신념으로 일생을 살았기 때문에 로마 가톨릭 교회와 분리하려고 했던 영국 왕 헨리 8세와 타협하지 못하고 사형을 당한 게 아닌가 생각하니 애석하기도 합니다.

책 속의 등장인물인 모어는 유토피아에 대해 이런 내용의 논평을 한 것으로 나옵니다.

> 유토피아의 법률과 관습에는 납득하기 어려운 것이 많다. 전쟁을 일으키는 방식, 종교 의식 등도 이상하지만 무엇보다도 공동체 생활과 화폐가 없는 경제 체제에는 반대한다. 그러나 모든 것에 동의할 수는 없다고 해도 바람직한 점이 많다는 점을 분명히 인정한다.

저도 비슷한 생각입니다. 유토피아에는 좋은 점이 많습니다. 500년 전인 16세기 초에 국민이 대표를 선출하는 민주적 정치제도를 제시한 점, 기독교 전통 속에서 종교의 자유를 인정한 점 등은 놀랍습니다. 또한 정신적 즐거움을 중시하면서도 물질을 무시하지 않는 점, 전쟁에서 살상을 최소화하는 점도 좋습니다. 그러나 좀 더 신중하게 점검해 보고 싶은 내용도 있습니다. 그중 가장 중요한 것은 사유제산제가 없다는 사실입니다.

제1권의 마지막에서 라파엘은 사유재산제를 이렇게 비판하였습니다.

> 각 개인의 능력에 따라 재산을 얼마든지 차지할 수 있다면 이용 가능한 재화가 아무리 많다고 해도 소수에게 소유가 집중되기 마련이며 그 외의 수많은 사람들은 가난하게 살아야 합니다. 사유재산제를 완전히 폐지하지 않는다면 결코 공정한 재산 분배나 인간다운 삶을 위한 만족스러운 사회 조직을 구현할 수 없습니다. 사유재산제가 존속하는 한 인류의 대다수를 차지하는 훌륭한 사람들이 가난과 곤궁과 근심이라는 짐을 짊어진 채 고생할 수밖에 없습니다.
>
> 사유재산제를 그대로 둔 채 개인이 소유할 수 있는 돈과 토지의 법적 한도를 마련할 수도 있을 것입니다. 또 적절한 입법을 통해 왕과 백성 간에 힘의 균형을 유지할 수도 있고 공직자의 재산 소유만을 금지할 수도

> 있을 것입니다. 이런 법률로 증상을 완화시킬 수는 있겠지만 사유재산제가 존속하는 한 완치될 것이라는 희망은 전혀 없습니다.

그러고는 라파엘은 제2부에서 사유재산제가 폐지된 유토피아의 모습을 더 상세하게 설명합니다. 이에 대해 작중의 등장인물인 모어는 이렇게 지적했습니다.

> 저의 의견은 다릅니다. 모든 것을 공유하는 체제에서 인간다운 생활이 가능하다는 말을 믿지 못하겠습니다. 이런 체제에서는 아무도 열심히 일하려 하지 않을 것이므로, 항상 모든 것이 부족할 것입니다. 일한 결과가 자기에게 돌아오지 않는다면 모두들 게으름을 피우게 되고 남들이 자신을 대신해서 일해 주기를 원하게 됩니다. 그 결과 실제로 물자가 부족하게 되어 필연적으로 유혈사태와 폭동이 계속 일어날 것입니다.

저는 사유재산제 폐지에 대해 작중인물 모어처럼 비관하지는 않지만, 라파엘의 견해에도 동의하지 않습니다. 좀 길게 말씀드려도 괜찮을까요?

이상향 = 염려 마시고 말씀하십시오.

나중도 = 감사합니다. 유토피아는 자연환경이 뛰어나게 좋은 것도 아닌데 물자가 풍족하고 사람들이 재물을 탐내지 않는다고 합니다. 라파엘은 유토피아의 물자가 풍족한 이유로 놀고먹는 사람이 매우 적다는 사실을 들고 있습니다. 주민이 하루 6시간만 노동을 하지만 여성도 일할 뿐 아니라 귀족 등 사회의 기생계급이 없기 때문에 노동 공급은 오히려 많다고 합니다. 노동 능력이 있는 사람 중 노동 면제자는 500명도 안 되며, 시의원도 법적으로는 면제지만 실제로는 모범을 보이기 위해 노동을 한다고 합니다.

그렇다고 하더라도 인간의 욕구 이상으로 생산할 수 있을까요? 물자가 욕구보다 많은 상황은 물자가 많아서라기보다는 욕구가 적기 때문에 가능할 것입니다. 유토피아 사람들은 인생의 즐거움을 추구하고 물질이 즐거움의 재료가 된다는 점을 인정하면서도 정신적 즐거움을 더 높이 평가한다고 라파엘이 전합니다. 예를 들어 라파엘이 소개한 유토피아의 옷을 봅시다. 작업복은 헐렁한 가죽 옷으로 최소한 7년은 입으며 외출할 때는 작업복 위에 같은 색깔의 천연 모직물로 만든 망토를 걸친다고 합니다. 그래서 모직물 생산량은 세계에서 가장 적고 생산비용은 가장 낮다고 합니다.

이러한 라파엘의 설명을 수용하더라도 물자를 생산한 사람에게 그 소유를 인정하지 않는 것이 바람직할까요? 유토피아에서도 신상필벌의 원칙이 지켜진다고 곳곳에서 소개하고 있습니다. 선행을 하거나 공동체를 위해 공을 세운 사람을 포상하고 죄를 지은 사람을 처벌한다는 것이지요. 신상필벌의 원칙은 원인을 제공한 사람에게 그 결과를 돌려준다는 원칙의 일부입니다. 그런데 노동으로 물자를 생산한 경우에는 이런 원칙을 배제하고 공유제를 취한다는 것은 일관성이 없습니다.

그렇다면 완전한 공유 사회가 유토피아인이 높이 평가하는 정신적인 즐거움에 도움이 될까요? 저는 인간의 정신적 활동에 대한 인센티브 면에서도 바람직하지 않다고 봅니다. 예술 창작의 욕구를 예로 들어 보겠습니다. 창작물에 대한 권리를 창작자에게 보장하지 않아 자신의 창작물이 언제라도 공공의 것이 되어 버릴 수 있다면 창작 의욕과 성취감이 줄어들 것입니다. 진정한 창작 의욕은 창작 과정에서 맛보는 충족감과 좋은 작품을 만들어 냈을 때의 성취감에서 생긴다고 해도, 창작품이 가져올 물질적 이익도 인센티브가 될 수 있습니다. 최소한 창작물에 대한 작가의 연고권 내지 우선권은 인정해야 할 것입니다.

제1장에서 우리가 인간의 성향을 추정하면서 이기적 주민이 상당 비율 존재한다고 하였습니다. 그런데 유토피아에는 현재 우리가 알고 있는 인류와 아주 다른 신인류가 사는 것 같이 들립니다. 천국이나 극락 같은 이상세계를 제시하는 것은 그 나름의 의미가 있을 수는 있겠으나 그건 지금과 같은 수준의 인간이 지상에서 달성할 수 있는 세계는 아니라고 봅니다.

고복지 = 좋은 말씀입니다. 부당한 빈부격차를 너무나 안타깝게 생각한 나머지 사유재산제 폐지라는 극단의 상황을 제시한 듯합니다. 저도 사유재산제를 유지하는 것이 좋다고 보며 '제대로 된' 사유재산제를 유지하면 부당한 빈부격차가 발생하기 어렵다고 생각합니다.

라파엘은 "각 개인의 능력에 따라 재산을 얼마든지 차지할 수 있다면 이용가능한 재화가 아무리 많다고 해도 소수에게 소유가 집중되기 마련이며 그 외의 수많은 사람들은 가난하게 살아야 합니다."라고 했습니다. 여기서 '능력'이 사람에게 체화된 신체적·정신적 능력을 의미한다면 사람 간의 능력차가 그렇게 많이 날까요? 신체의 면에서 보면 평균적인 성인의 경우 키든 근력이든 아무리 차이가 많이 나도 다섯 배를 넘지 않을 것입니다. 정신이나 두뇌의 경우도 비슷하지 않을까요? 이런 능력에 비례하여 소득이 생긴다면 빈부격차가 다섯 배 이상 차이날 수 없을 것입니다. 소득을 아껴서 재투자를 하거나 저축으로 재산을 형성한다고 해도 정상적인 경우라면 그 격차가 아무리 커도 열 배를 넘지 않을 것입니다. 그렇다면 그 이상으로 빈부격차가 벌어진다면 이것은 능력이 아니라 특권의 작용이라고 보아야 할 것입니다.

유토피아가 복지국가라는 점은 매우 마음에 듭니다. 그러나 빈부격차를 막기 위해 사유재산제 자체를 폐지하는 것은 정답이 아니라고 봅니다. 이건 강물에 빠져 죽는 사람이 있으므로 강을 없애자고 하는 것과 같아 보입니다. 저는 복지 강화를 원하지만 우선 특권부터 없애고 운의 영향을 줄여 나가면서 복지 재원을 마련하는 게 좋다고 봅니다.

나중도 = 공감합니다. 라파엘은 "사유재산제를 완전히 폐지하지 않는다면 결코 공정한 재산 분배나 인간다운 삶을 위한 만족스러운 사회조직을 구현할 수 없을 것"이라고 했지만 저는 인간의 본성을 거슬러 사유재산제를 폐지하는 것은 실효성도 없고 부작용이 클 것으로 예상하며, 특권만 없애도 빈부격차가 그리 크지 않은 세상을 만들 수 있다고 생각합니다. 유토피아는 물론 아름다운 꿈이지만 유토피아의 사회제도는 현 인류의 수준을 넘어서는 것으로 보입니다. 특수한 인간만이 이룩할 수 있는 유토피아보다는 균형형 제도에 기반을 두고 특권 없는 세상을 지향하는 우리의 환생사회 설계가 더 낫지 않을까요? 자화자찬인가요? (일동 웃음)

신자유 = 저도 사유재산제 철폐에 당연히 반대합니다. 그 밖에 제가 의문을 갖는 다른 면도 간략히 지적하고 싶습니다.

유토피아는 사적 자유나 프라이버시보다 공동체 질서를 더 중시합니다. 아마도 사유재산제를 확실하게 부정하려다 보니 공동체 생활까지 제시한 것 같습니다. 그러나 인간은 사회적 동물이기는 하지만 간섭받지 않으려는 본성, 혼자이고 싶은 본성도 있는데 이런 측면을 무시한 것이 아닐까요?

화폐를 부정한 것 역시 사유재산제 부정과 관련이 있다고 봅니다. 화폐는 교환을 원활하게 하는 수단으로 생각하면 될 텐데, 재산이 화폐로 표시되다 보니 화폐가 없으면 재산 축적도 빈부격차도 없다고 오해한 것은 아닐까요?

또 종교의 자유를 인정한다고 하지만 기독교적인 종교관에 어긋나면 배척당하는 것도 문제입니다. 당시 유럽에서는 종교개혁이 일어나고 있었고 헨리 8세가 가톨릭과 맞서는 상황이었지만, 그래도 구교든 개신교든 그리스도교 이외의 종교를 낮춰 보았던 상황 때문에, 비교적 종교에 대해 관대했던 토머스 모어마저도 그런 제한을 둔 것 같습니다.

유토피아가 전쟁, 식민지 등 국제관계에서 자국의 이익을 우선하는 것도 아쉽습니다. 특히 섬 전체 인구가 일정 수를 넘으면 식민지를 개척하며, 식민지의 원주민이 함께 살기를 원하면 수용하고 거부하면 이들을 몰아낸다고 하는데 인류의 공존과 세계 평화를 좀 더 중시하면 좋겠습니다.

이상향 = 토머스 모어의 명저 『유토피아』를 심도 있게 살펴 주셔서 매우 유익했습니다. 감사드립니다.

CHAPTER 3

Ⅱ. 연역형:
허버트 스펜서의 『사회정학』

1. 해제

스펜서(Herbert Spencer, 1820~1903)는 영국의 더비(Derby)에서 출생하였습니다. 학교교육에 의문을 품고 독학하였으며 철도기사, 신문기자를 거쳐 1848년 경제지 『이코노미스트』(*Economist*)의 편집차장으로 재직하였습니다. 1853년 백부의 유산을 상속받아 퇴직 후 저술에 몰두하였습니다. 대학 강단에 서지 않고 민간학자로 시종하였고 대학과 학회에서 주는 명예 칭호도 모두 거절하였으며 평생 독신으로 지냈습니다.

스펜서는 1860년에 『종합철학체계』(*The Synthetic Philosophy*)의 개요를 공표한 이후 1896년까지 36년간에 걸쳐 제1권 『제1원리』(*First Principle*, 1862), 제2, 3권 『생물학 원리』(*Principles of Biology*, 1864~1867), 제4, 5권 『심리학 원리』(*Principles of Psychology*, 1870~1872), 제6, 7, 8권 『사회학 원리』(*Principles of Sociology*, 1876~1896), 제9, 10권 『윤리학 원리』(*Principles of Ethics*, 1879~1893)를 순차적으로 간행하였습니다. 이 전집은 성운(星雲)의 생성에서부터 인간사회의 도덕원리 전개에 이르기까지 모든 것을 진화의 원리에 따라 조직적으로 서술한 것으로서, 다윈이 『종의 기원』(1859)에서 제시한 생물 진화론을 중심으로 하는 다윈주의 운동과 결합하여 1870년대 이후 커다란 영향을 미쳤습니다.

『사회정학』(*Social Statics*)은 30대 초반이었던 1851년에 출간하였습니다. 사회정학이라는 용어는 사회 질서의 기본 법칙을 연구하는 학문을 의미합니다. 젊은 스펜서가 원대한 포부를 가지고 이 책을 집필했음을 제목에서도 알 수 있습니다.

이 책에서 스펜서는 "모든 인간은 타인의 동등한 자유를 침해하지 않는 한 자신이 원하는 대로 행동할 자유를 가진다."(Every man has freedom to do all that he wills, provided he infringes not the equal freedom of any other man.)는 명제를 제1원리(First Principle)라고 부르고 각 분야에 적용하였습니다. 제2부에서 그는 생명과 개인적 자유에 관한 권리, 지구를 사용할 권리, 재산에 관한 권리, 지적 재산에 관한 권리, 명예에 관한 권리, 재산의 교환에 관한 권리, 자유로운 언론에 관한 권리, 여성의 권리, 아동의 권리를 다루고 제3부에서 정치와 국가의 문제를 다룹니다. 스펜서는 지구를 사용할 권리를 검토하면서, 토지사유제는 제1원리에 어긋나며 지대를 환수하여 공공의 이익을 위해 사용해야 한다는 결론에 도달했습니다. 이 책은 긴 서문에 이어 4부(32장)로 구성되어 있는데 연역적 방법을 통해 토지제도를 도출하는 과정을 잘 보여 주는 제2부의 제8장, 제9장을 소개합니다.[9]

2. 토지사유제에서 공공임대제로

[제8장] 생명과 개인적 자유에 대한 권리

1

제1원리를 인정한다면 생명권과 개인적 자유권은 당연히 인정된다. 타인의 동등한 자유를 침해하지 않는 한 자신이 원하는 대로 행동할 자유를 가진다고 하면 인간이 자신의 생명에 대해 권리를 갖는 것은 명백하다. 생명권이 없다면 자신이 원하는 어떤 행위도 할 수 없기 때문이다. 개인적 자유권도 이와 같다. 자유권의 전부는 고사하고 일부라도 유보된다면 그만큼 각자 원하는 바를 달성하는 데 제약이 생기기 때문이다. 마찬가지로 다른 사람의 생명과 자유를 침해해서는 안 된다는 점도 분명하다. 제1원리 즉 다른 사람의 동등한 자유를 침해해서는 안 된다는 법칙에 어긋나기 때문이다. 예를 들어 피살자와 살해자,

9 해제와 번역의 출처는 김윤상, 2009가: 123-139.

노예와 노예주는 절대로 동등하게 자유롭다고 볼 수 없다.

2
이런 결론을 입증하기 위해 그 장점을 예시할 필요는 없겠다. 모든 사람이 마음속으로부터 동의하고 있기 때문이다. 논리를 동원하지 않더라도 도덕심만으로도 명백하게 수긍할 수 있는 진리가 있는데 이들 권리가 바로 여기에 해당한다. 인류가 충분히 발달하지 못했던 시대에는 이런 진리에 반응하는 감정이 성숙하지 못하여 이를 제대로 인식하지 못하기도 했었다. 예를 들어 고대 아시리아 시대에는 국민이 왕의 사유재산이었다. 고대 아테네나 로마에서는 짐꾼을 사슬로 매고 개처럼 취급하기도 했다. 인간을 신에게 제물로 바치는 사례도 있었고 관중 앞에서 포로를 찢어 죽이기도 했다. 이런 시대에는 생명과 개인적 자유에 대한 권리의 장점을 납득시키고 이를 강제할 필요가 있었을 것이다. 그러나 다행히 우리가 살고 있는 이 시대는 문명이 높아져서 이런 권리를 당연시하는 수준이 되어 있으므로 그 장점을 새삼 납득시킬 필요가 없다.

3
범죄인에 대한 사형이나 무기징역형 등의 문제는 여기에서 다루지 않겠다. 이런 제도는 제1원리에 대한 고래의 위반사례라고 하겠지만, 도덕이 상실된 사회에서 교정수단으로 사용된다는 점에서 '교정 윤리'라는 별도의 분야에서 다루기로 한다.

[제9장] 토지 사용에 대한 권리

1
어떤 종(種)을 구성하는 개체가 각자 원하는 것을 동등하게 추구할 자격이 있고, 욕구를 충족시킬 수 있는 대상으로서 지구가 존재하며, 각 개체가 동등하게 지구에 태어났다고 하자. 그러면 각 개체가 지구를 사용할 권리는 평등하다는 결론이 필연적으로 도출된다. "타인의 동등한 자유를 침해하지 않는 한 자신이 원하는 대로 행동할 자유를 가진다."는 제1원리를 인정한다면, 누구나 타인의 동일한 자유를 허용하는 한 자신의 만족을 위해 지구를 자유롭게 사용할 수 있어야 하기 때문이다. 뒤집어 이야기하면, 타인이 자신과 유사하게 지구를 사용하는 것을 막는 방식으로 지구를 사용해서는 안 된다는 것이다. 타인에게 금하는 것을 자신이 행한다면 타인보다 더 큰 자유를 갖는 것이고, 따라서 제1원리를 위반하는 결과가 되기 때문이다.

2
그러므로 형평성에 비추어 보면 토지재산권은 인정되지 않는다. 지구 표면의 어느 일부를 특정인이 소유하거나 배타적 권리의 대상으로서 혼자서만 사용하고 향유하도록 허용한다면 지구 표면의 다른 부분도 그렇게 될 수 있고 결국에는 지구 표면 전체가 그렇게 될 수 있으므로 우리가 사는 이 행성은 개인의 수중에 들어갈 수 있다. 그 결과 나타날 딜레마를 생각해 보자. 지구상의 거주 가능한 지역 전부가 개인의 수중에 들어간다고 하면 토지 소유자는 지구 표면에 대한 정당한 권리를 가지는 반면, 토지를 소유하지 않은 사람은 아무런 권리도 갖지 못하게 된다. 그럴 경우 토지를 소유하지 못한 사람은 토지 소유자의 승인이 있어야만 지구상에 존재할 수 있다. 토지를 소유하지 못한 사람은 모두 무단침입자가 된다. 지주의 허락이 없으면 발 디딜 곳조차 없다. 토지 소유자의 허가를 받지 못하면 토지가 없는 사람들은 지구에서 모두 쫓겨나도 할 말이 없어진다. 토지를 사유재산으로 함으로써 지구 전체가 일부 주민의 소유가 될 수 있고 그 결과 다른 주민은 토지 소유자의 동의가 있어야만 자신의 역할을 할 수 있거나 심지어 존재할 수 있다고 하면, 토지의 배타적 소유는 필연적으로 평등한 자유의 법칙을 위반하게 됨이 명백하다. 다른 사람의 동의 없이는 살 수도 움직일 수도 존재할 수도 없다면 다른 사람과 동등하게 자유로울 수 없기 때문이다.

3
한편 가상적인 논리를 떠나 현실을 보더라도, 토지재산권의 정당성을 부정할 수 있는 근거가 있다. 법적으로 보더라도 현존하는 토지재산권은 옳지 않다는 점이다. 토지재산권이 적법하다고 생각하는 사람이 있다면 토지가 사유화된 과정을 생각해 보기 바란다. 토지소유권을 거슬러 올라가면 폭력, 사기, 힘에 의한 특권, 교활한 자의 술수 등에 이르게 된다. 최초의 토지 권리 증서를 작성한 도구는 펜이 아니라 칼이었다. 집행인은 법률가가 아니라 군인이었다. 대금은 화폐가 아니라 주먹이었다. 도장은 인주가 아니라 피를 묻혀 찍었다. 이런 식으로 정당한 권리가 성립될 수 있을까? 아니다. 그렇게 취득한 토지를 물려받은 그 이후의 소유자는 어떻게 되나? 이전에 존재하지 않았던 권리가 매매나 유증으로 인해 생겨나는가? 훔친 토지의 경우 주인이 바뀐다고 해서 원래의 권리자가 이성의 법정에서 패소할 것인가? 분명히 아니다. 양도가 한 번 이루어질 때 발생하지 않는 권리가 여러 번 이루어진다고 해서 발생하나? 아니다. 0은 아무리 여러 번 곱해도 1이 되지 않는다. 법률에서도 이런 원리가 인정된다. 재산을 매입하거나 상속한 사람은, 다른 사람의 이의가 있으면 원주인의 권리의 정당성을 입증해야 한다. 원래의 권리증서에 흠이 발견되면, 그 중간에 아무리 많은 사람에게 이전되었더라도 권리는 무효가 된다.

그러나 이렇게 말하는 사람도 있을 것이다. "시간에는 위대한 합법화 효과가 있다. 오랜 세월 동안 소유한 경우에는 적법한 권리가 생긴다. 여러 세대에 걸쳐 사유재산으로서 매매가 이루어진 것은 이제는 회복할 수 없이 개인의 것이 되었다고 보아야 한다." 이런 주장의 의미를 명확하게 할 수 있다면 동의해 줄 수도 있겠다. 그러나 그 이전에 다음 질문에 분명한 답을 제시해야 한다. 원래 옳지 않은 것이 옳은 것으로 변환되려면 시간이 얼마나 필요한가, 연간 얼마의 비율로 권리가 무효에서 유효로 전환되는가, 권리가 1천 년이 지나 완전해진다면 2천 년이 지나면 얼마나 더 완전해지는가 등등. 이런 질문에 대답하려면 신종 수학이 필요할 것이다.

특정한 시점의 상황을 정당한 것으로 인정함에 사회적 편의성이 있는가라는 질문은 별개의 것이다. 여기에서는 관습적인 특권이나 입법상의 편의성에 대해서는 논하지 않고, 단지 순수한 형평법에 의한다면 어떤 판결이 나올 것인가를 논한다. 토지의 사적 소유에 관한 기존의 소위 '권리'에 대해 이의가 제기된다면, 어떠한 권리증서, 관습, 실정법이 있다고 해도 판결에서는, 이의를 받아들여 지구 표면에 대한 인류 일반의 권리는 유효하다는 결론을 내릴 것이다.

4

이처럼 현 토지제도는 출발에서부터 정당하지 못할 뿐 아니라, 출발 후에도 토지가 사유재산이 될 수 있는 방법은 없다. 흔히 경작이 적법한 소유의 근거라고들 한다. 원초적인 야생 상태에서 토지를 개간한 사람은 그 토지를 소유하게 된다고들 한다. 그러나 이 사람의 권리에 이의가 제기될 경우 무슨 논리로 방어할 수 있을까? 다음 대화를 들어 보자.

개척지 통나무집 문 앞에서 담배를 피우고 있는 집주인에게 묻는다. "보시오, 주인장. 댁이 이 땅을 개척하고 울타리를 치고 통나무집도 지었군요. 그렇지만 이 땅을 소유하는 근거는 무엇인가요?"

"근거라니요? 내가 여기에 자리를 잡은 것은, 안 된다고 한 사람이 아무도 없었기 때문이지요. 나도 다른 사람만큼 자유가 있다는 거지요. 게다가 내가 나무를 베고 땅을 갈아 농사를 지었으니 이제 이 농지는 댁이나 다른 사람이 아닌 나의 것이 되었습니다. 그러니 내가 소유하는 겁니다."

"그래요? 그 말만으로는 권리의 근거가 충분한 것 같지 않은데요. 댁에서 처음 여기에 왔을 때 사탕단풍나무가 있었지요. 아니면 목초와 딸기가 있었거나. 이런 걸 없애고 밀, 옥수수, 담배를 심었군요. 원래의 것을 없애고 다른 것을 심었다고 해서 그때부터 계속해서 이 땅의 주인이 된다는 말을 이해하기 어렵군요."

"아니, 내가 없애 버린 자생 식물은 별로 가치가 없는 것이지만 새로 심은 것은 식용으로 적당한 거지요. 생명과 행복을 주는 식품이지요."

"댁이 변화를 주었다고 해서 이 땅이 댁의 것으로 되는 이유는 아직도 설명하지 못했군요. 댁에서 한 일이 무엇입니까? 표면의 흙을 삽이나 쟁기로 약간 갈아엎고 씨앗을 뿌렸지요. 그리고는 햇빛과 비와 바람의 도움으로 얻은 열매를 거두어들였지요. 이런 행위가 무슨 조화로 저 커다란 땅덩어리를 표면에서 지구 중심까지 댁의 단독 소유로 바꾼다는 말입니까? 그걸 영원히 댁과 자손의 것으로 만들다니요."

"아, 그게 내 것이 아니라면 누구의 것이란 말인가요? 내가 누구에게서 뺏은 것도 아니고. 내가 미시시피 강을 건너 여기까지 왔을 때는 숲만 있었지요. 누구라도 여기에 먼저 정착해서 개간을 했다면 그 사람이 나처럼 땅 주인이 되었을 겁니다. 누구라도 나보다 먼저 온 사람이 했을 행위를 나도 했을 뿐입니다. 주인이 없었을 때 이 땅은 모든 사람의 것이었습니다. 그러나 내가 먼저 발견해서 개량했기 때문에 이제는 내 땅이 된 겁니다."

"방금 '주인이 없었을 때 이 땅은 모든 사람의 것'이라고 말했지요? 옳은 말입니다. 그러나 저는 이 땅은 지금도 모든 사람의 것이라고 말씀드릴 수밖에 없습니다. 댁이 개량했다고 해서 다른 사람의 권리가 사라지는 것은 아닙니다. 댁이 쟁기질과 써레질을 하고, 씨 뿌려 거두고, 여러 번 땅을 갈아엎었지요? 그러나 애초에 댁의 것이 아니었던 땅이 그런 일만으로 댁의 것이 되는 것은 아닙니다. 예를 들어 봅시다. 댁이 여기저기를 다니던 중 빈집 한 채를 보았는데, 낡기는 했지만 그런대로 마음에 들었고 그래서 시간과 수고를 들여 잘 수리했다고 합시다. 페인트칠도 하고 벽지도 바르고 깨끗하게 청소하는 등 상당한 비용을 들여서 사람이 살 만하게 만들었다고 칩시다. 그런데 어느 재수 없는 날 나그네가 찾아와서는 자기가 그 집을 물려받은 사람이라고 하고는 온갖 증빙서류를 제시했다고 하면 개량한 집은 어떻게 될까요? 댁이 집의 정당한 소유자라고 할 수 있나요? 개량 결과가 원주인의 권리를 무효로 할 수 있나요?"

"그건 아니지요."

"그렇다면 댁이 여기에 와서 한 개척 행위 역시 토지소유권을 창출하지 못합니다. 원주인인 인류 전체의 권리를 무효화할 수도 없고요. 세상은 하나님이 인류에게 물려준 것이고 모든 사람은 세상의 공동 상속인입니다. 댁도 인류의 한 사람이고요. 댁이 세상의 한 부분을 차지하여 거주하면서 그곳을 개간하고 경작하고 꾸몄다고 해도, 즉 개량했다고 해도, 그것만으로는 땅을 사유재산으로 할 근거가 되지 않습니다. 댁이 땅까지 모두 차지하려고 한다고 해도 법적인 소유자 즉 사회가 댁을 내쫓을 수 있습니다."

"그렇더라도, 황무지를 옥토로 바꾸어 이 땅에 추가한 가치를 보상해 주지 않고 나를 내쫓지는 않겠지요. 오랜 세월 내가 이 땅을 지금처럼 바꾸어 온 노력의 덕을 무시하고 날 떠돌이 신세로 전락시키지는 않겠지요."

"물론입니다. 집의 경우에 댁이 그간 수리하고 새로운 시설을 한 데 대해 집주인으로부터 보상을 받을 권리가 있듯이, 댁이 이룩한 것에 대해 보상을 하지 않고 사회가 모두 차지할 수는 없지요. 댁이 노동을 통해 추가한 가치는 댁의 것입니다. 그러나 사회의 것에 대해서는, 댁이 쉬지도 않고 열심히 개량을 했다고 해도, 사회는 당연히 댁의 권리를 부정할 것입니다. 개량의 가치를 인정하는 것과 토지 자체의 소유를 인정하는 것은 별개의 문제입니다. 이 땅에 가한 개량의 가치를 보상받을 권리가 있다는 말도 맞지만, 어떤 행위와 절차와 형식을 거치더라도 땅 자체가 사유재산이 되지 않는다는 말 또한 맞습니다."

5

얼른 생각하면, 형평성을 갖춘 어떤 분배 과정을 통하면 토지를 개인의 배타적 소유로 할 수 있을 것 같기도 하다. "공평한 분배에 합의하면 왜 안 되는가? 우리가 모두 공동상속인이라면 토지를 균등하게 나누고 그때부터는 자기 몫에 대해 전면적인 지배자가 되는 것이 무엇이 나쁜가?" 이렇게 질문할 수 있다는 것이다.

이 질문에 대해서는, 각자가 분배받을 토지의 가치를 정하기 어렵다는 이유로 반대한다고 우선 대답할 수 있다. 토지마다 생산성에 차이가 있고 접근성, 기후 조건, 문명 중심지와의 거리도 제각기 다르다. 이런 여러 가지 차이점을 고려하면 문제가 단순 측량의 범위를 벗어나 불가능의 영역으로 가 버린다.

그러나 이 문제는 제쳐두고, 분배 대상자가 누구인지를 생각해 보자. 특정일에 21세 이상인 모든 남성에게 분배할 것인가? 그렇다면 그다음 날에 21세가 되는 사람은 어떻게 하는가? 모든 남녀와 어린이에게까지 분배할 것인가? 그다음 해에 태어나는 아기는 어떻게 할 것인가? 아버지가 토지를 팔아 치우고 대금을 소비해 버린 경우에 자식의 운명은 어떻게 되는가? 이런 사정으로 자기 몫을 못 받는 사람들은, 앞서 이야기했듯이 지구상에 쉴 곳 하나 없는 신세가 되어 오직 다른 사람의 승인에 의해서만 생존할 수 있다. 사실상 노예가 되는 것이다.

그러므로, 우리가 정당한 위임에 의해 분배의 권한을 가지지 않는다면, 하나님이 토지특권을 한 세대에게는 부여하면서 다른 세대에게는 부여하지 않는다고 입증하지 못한다면, 또 특정한 시점 이후에 태어난 인류는 불행해질 수밖에 없는 운명을 타고났다는 증거를 대지 못한다면, 이러한 토지 분배는 허용되지 않는다.

6

토지의 사유에 내재하는 이러한 난점은, 적당한 범위 내에서만 적용할 수 있는 원리를 너무 극단으로 몰아가기 때문에 생긴다고 보는 사람도 있다. 이런 사고방식을 가진 사람은 꼭 있기 마련이다. 이런 사람은 딱 부러지는 결론을 싫어하는 부류이다. 진리란 언제나 극단이 아니라 양극단의 중간쯤에 존재한다고 보는 사람들이다. 언제나 긍정과 부정의 중간을 취하며 갖가지 가정과 예외를 두는 데 재미를 느끼는 사람들이다. 이들은 소위 "중용"이라는 것에 너무 매달려서, 완전한 원리를 담은 것이라면 신탁(神託)도 믿지 않으려 한다. 지구가 동에서 서로 회전하는가 아니면 서에서 동으로 회전하는가에 대해 물어본다면 "조금씩 양방향으로 회전한다."거나 "딱히 어느 쪽도 아니다."라고 대답할 사람들이다. 전체는 부분보다 크다는 공리도 유보조건 없이 믿을지 의문스럽다. 이들은 열심히 타협을 추구한다. 이들의 구미에 맞추려면 언제나 진리에 오류라는 양념을 섞어야 한다. 이들은 순수하고 절대적이고 완전하고 무제한적인 법칙을 인정하지 못한다. 그러므로 우리의 논의에 대해서도 무언가 제한을 가하고 싶어 하고 원리를 완화하고 수정하려고 한다. 원리를 끝까지 철저하게 추구하는 데 대해 언제나 저항한다.

그러나 윤리적인 진리는 물리적인 진리처럼 절대적이라는 점을 상기해야 한다. 토지소유제도의 경우에도 도덕의 판결은 긍정 아니면 부정일 뿐이다. 인간이 토지를 사유재산으로 소유할 권리가 있거나 없거나 둘 중 하나이다. 그 중간이란 있을 수 없다. 우리는 둘 중 하나를 선택해야 한다. 그 중간적인 의견이란 존재할 수 없다. 성질상 이것 아니면 저것의 문제다.

인간이 토지에 대해 이런 권리를 갖지 않는다면 앞서 지적한 여러 가지 문제는 즉시 해소된다. 반면 인간이 이런 권리를 갖는다고 하면 절대적이고 신성하고 순수한 어떤 권리가 훼손되고 만다. 토지 소유자가 다른 사람을 배제하는 온갖 횡포가 다 정당화되고 만다. 인간이 이런 권리를 갖는다고 하면 한 나라의 소유자는 그 주민에게 자기 마음대로 규제를 가할 수 있게 된다. 자신의 땅에 사는 조건으로 특정 종교를 믿으라든지, 특정 언어를 사용하라든지, 자기에게 특별한 경의를 표하라든지, 입는 옷을 지정한다든지, 기타 자기가 원하는 온갖 조건을 제시할 수 있게 된다. 인간이 이런 권리를 갖는다면 토지 소유자만이 국가의 유일한 지배계층이라는 토리당의 신념이 진리가 된다. 국민 일반은 토지 소유자의 허락이 있어야만 그 땅에 존재할 수 있고, 토지 소유자의 지배를 감수해야 하며, 토지 소유자가 만든 모든 제도에 순종해야 한다는 것이다. 이런 추론은 필연이다. 지구가 개인의 사유재산이 될 수 있다고 하는 이론을 인정한다면 이런 결론은 필연적이다. 이 결론을 부정하려면 그 전제가 되는 이론을 부정할 수밖에 없다.

7

그러나 토지 사유가 절대적이라고 믿는 사람은 없다. 토지는 왕이나 국가가 사회의 이익을 위해 신탁 형식으로 가지고 있다고 한다. 즉 명목상의 소유자가 절대적으로 소유하는 것이 아니라는 의미이다. 더구나 법률에 의해 토지사유제를 부정하는 사례는 비일비재하다. 운하나 철도나 도로를 개설할 경우에, 토지 소유자가 지출한 자본 투자를 보상하는 조건하에 당연히 토지를 수용할 수 있다. 이때 토지 소유자의 동의는 필요하지 않다. 의회의 입법은 토지소유권에 우선하며, 소유자에게 그 의사와 관계없이 토지에서 퇴출할 것을 요구한다. 이런 조치는 형평성이 있거나 없거나 둘 중 하나이다. 사회가 필요할 경우에 지구 표면의 일부를 자유롭게 다시 수용할 수 있거나, 아니면 토지 소유자의 권리가 절대적이므로 지주가 토지를 기꺼이 내놓지 않는 한 모든 공공사업이 불가능해지거나 둘 중 하나이다. 이 경우에 개인 소유권이 양보해야 한다면, 국민 일반의 토지권이 우위에 있고 개인은 국민 일반의 동의하에서만 토지를 가질 수 있음을 의미한다. 사회가 동의를 철회하면 개인은 토지를 가질 수 없게 된다. 즉 개인의 토지 소유는 전혀 권리가 아니라는 것이다.

8

그러나 누구나 토지를 평등하게 사용할 자격이 있다면 그 결과는 무엇인가? 구획되지 않은 야생의 토지에서 뿌리와 열매를 얻거나 사냥을 하면서 연명하던 과거로 돌아가자는 것인가? 아니면 푸리에(Charles Fourrier, 1772~1837), 오언(Robert Owen, 1771~1858), 블랑(Louis Blanc, 1811~1882)과 같이 공산주의적 공동체 생활을 하자는 것인가?

그 어느 쪽도 아니다. 이것은 최고의 문명 상태와 합치하며 경제에 별다른 영향을 미치지도 않고 현 사회체제에 혁명을 일으키지도 않는다. 필요한 변화는 단지 지주를 바꾸는 것뿐이다. 개별 소유권이 주식회사와 같은 국민의 공동소유권으로 통합된다. 국토는 개인의 소유가 되는 것이 아니라 사회라는 통합체의 소유가 된다. 농민은 토지를 개별 지주에게서 빌리는 것이 아니라 국가로부터 빌린다. 지대는 귀족 지주의 집사에게 지불하는 것이 아니라 공동체의 담당자에게 납부한다. 감독자는 개인이 아니라 공무원이 되며 토지에 관해서는 임대차 관계만 존재하게 된다.

이러한 제도는 도덕법칙과 완전히 조화된다. 이 제도에서는 모든 사람이 평등한 지주이며, 모든 사람이 꼭 같이 자유롭게 임차인이 될 수 있다. 어느 농지에 주인이 없다고 하면 갑, 을, 병 등 국민은 누구나 지금과 다름없이 경쟁을 하고 그중 한 사람이 농지를 취득하게 된다. 여기에는 순수한 형평의 원리에 위배되는 점이 전혀 없다. 토지에 대한 청약은 누구든 꼭 같이 자유롭게 할 수 있고 또 누구든 꼭 같이 자유롭게 안 할 수 있다. 농지가 국민 중 갑, 을, 병에게 돌아간다고 할 때 이 결과는 각 국민이 원하는 대로 된 것이다. 토지를 차지하는 사람은 다른 국민에게 일정한 금액을 지불한다는 조건하에 선택하는 것이고 그 금액을 지불하고 싶지 않은 사람은 토지를 임차하지 않으면 된다. 그러므로 이러한 체제에서는 모든 토지가 평등과 자유의 법칙에 완벽하게 부응하여 구획되고 점유되고 경작된다.

9

물론 인류 일반이 토지권을 되찾는 과정에는 어려움이 따른다. 기존의 소유자에 대한 보상 문제가 복잡하다. 엄격하게 형평성에 입각하여 해결하기 어려운 점이 있다. 현 토지 소유자가 인류 공동의 터전을 도둑질한 당자라고 하면 일은 간단하다. 그러나 불행하게도 현 토지 소유자 대부분은 직·간접으로, 자신이 또는 조상이, 정직하게 벌어들인 부를 대가로 지불하고 취득하였다. 또 그들은 자신의 저축을 적법하게 투자한다고 믿었다. 이러한 토지 소유자의 요구를 적절히 평가하고 해소하는 문제는 매우 까다롭다. 그러나 사회는 언젠가는 이 문제를 해결하지 않을 수 없다. 문제가 복잡하고 해결이 어렵다고 해도 추상적인 도덕 원리는 변함이 없다. 인간이 근본 법칙에 복종하지 않아서 문제를 만들었으므로 어떻게 해서든지 이 문제에서 벗어나야 하고 가능한 한 토지 소유자의 피해가 최소가 되는 방법으로 해결해야 한다.

한편, 토지 소유자 외에도 고려해야 하는 계층이 있다는 점을 잊지 말아야 한다. 소수의 기득권을 침해하지 않도록 배려하는 가운데, 지금껏 다수의 권리가 정지되어 왔다는 사실 그리고 토지를 개인이 독점하고 있는 한 그들의 권리는 계속 정지된 상태에 놓인다는 사실을 잊어서는 안 된다. 뿐만 아니라, 대다수 인류에 대한 이러한 부정의는 매우 중대한 부정의라는 점을 기억하자. 사회적 인식이 이와 다르다고 해서 사실이 달라지는 것은 아니다. 문명의 초기 단계에는 살인도 가볍게 생각되었다. 인도에서는 남편이 죽으면 아내도 같이 순장하였고 다른 지역에서도 지도자가 죽으면 산 사람을 같이 묻는 풍습이 있었다. 식인종은 "전쟁의 행운"이 가져다준 포로를 살해하는 것은 전적으로 정당하다고 생각하는 것 같다. 또 노예제도 역시 한때는 자연스럽고 적법한 제도라는 보편적인 인식이 있었다. 신의 뜻에 의해서 그렇게 태어났기 때문에 순종해야 한다고 생각했다. 아직도 상당수의 사람들은 이런 생각을 하고 있다. 그러나 사회 발전에 따라 수준 높은 신념이 생겨서 이제는 상당한 정도로 인권을 존중하게 되었다. 그러나 우리 문명에는 아직도 부족한 부분이 많다. 시간이 흐르면서 형평의 원리가 내리는 명령을 우리가 따르지 않았다는 사실을 인식하게 될 것이고 그때에는, 다른 사람의 토지사용권을 박탈하는 것은 목숨이나 자유를 빼앗는 것 다음의 중한 범죄라는 사실을 깨닫게 될 것이다.

10

이상의 논의를 간략하게 돌이켜 보자. 각 개인의 지구 사용권은 다른 사람의 동일한 권리에 의해서만 제약될 뿐이라는 점이 평등한 자유의 법칙으로부터 직접 도출된다. 이 권리를 유지하면 필연적으로 토지의 사유는 금지된다. 세밀하게 검토해 보면 현존하는 모든 토지소유권은 무효임이 밝혀진다. 개간한 토지 역시 마찬가지이다. 균등하게 토지를 분배하는 것도 적법한 토지소유권을 발생시키지 못한다. 토지의 배타적 소유가 극단적으로 이루어지면 토지 소유자에 의한 독재 상태가 된다. 또 토지의 사유가 법률에 의해 부인되는 사례도 많다. 끝으로 모든 인간이 토지를 공동으로 물려받았다는 이론은 고도의 문명과 부합한다. 그 이론을 구체화하는 데 어려움이 있다고 해도 형평의 원리는 그 실현을 엄격하게 요구한다.

3. 토론

이상향 = 지금까지 『사회정학』 중 제1원리로부터 토지제도를 도출하는 부분을 보았습니다. 스펜서의 논리에 대해 세 분의 의견은 어떠신지요. 앞에서 말씀드린 대로 신자유 님이 토론을 이끌어 주시면 감사하겠습니다.

신자유 = 네, 부담은 공평하게 나누어진다는 균형형 제도의 원칙을 지키자면 제가 맡아야 하겠군요. (일동 웃음) 우선 스펜서의 논리를 요약해 보겠습니다.

- 사회제도의 제1원리는 모든 인간은 타인의 동등한 자유를 침해하지 않는 한 자신이 원하는 대로 행동할 자유를 가진다는 것이다.
- 타인의 동등한 자유를 허용하는 한 타인이 자신처럼 지구를 사용하는 것을 막는 토지소유권은 인정될 수 없다.
- 누구나 토지를 평등하게 사용할 자격이 있다면 토지를 국민의 공동소유로 하고 개인은 국가로부터 토지를 빌려서 사용하면 된다. 임차료는 모든 국민에게 돌아간다.

스펜서의 전제와 논리 전개에도 이상이 없고 따라서 결론에도 동의합니다. 스펜서의 제1원리인 평등한 자유는 제1장의 우리 토론에서 제시된 균형형 제도의 전제인 인간의 평등한 존엄성과 같은 내용입니다. 우리는 이미 균형형 제도에 합의하였으므로 스펜서의 견해는 우리의 견해와도 같습니다.

다만, 스펜서는 결론으로 토지를 국유화하여 개인에게 임대하는 공공임대제만을 제시하였으나 그의 논리에 부합하는 다른 방안도 있다고 봅니다. 공공임대제가 타인의 동등한 자유를 침해하지 않는 이유는 임차권 취득 기회가 균등하고 임차료가 모든 국민에게 돌아가기 때문입니다. 이 두 가지 조건에 맞는 방안으로는 헨리 조지가 제시한 지대조세제(land value taxation)도 있습니다. 지대조세제란 토지의 사유를 인정하되 지대를 모두 환수하여 최우선적인 공공재원으로 사용하는 제도입니다.

사회제도가 존재하지 않는 무인도에 이주하여 최초의 토지제도를 설계한다면 스펜서처럼 공공임대제도 좋다고 봅니다. 토지가 국유화되어 있는 중국에서 실제로 공공임대제를 실시하고 있습니다. 중국 이야기가 나온 김에 언급해 두자면, 중국 정부가 지대를 제대로 환수하지 않는 탓에 토지 투기가 일어나면서 토지의 적정 이용이 이루어지지 못하고 있는 점은 안타깝습니다.

우리는 제2장 Ⅲ에서 여러 토지 배분 방식을 평가하고 비교해 보았습니다. 공공임대제에서 개인에게 토지를 배정하려면 추첨, 경매, 심사 중 한 방식을 거치게 될 것입니다. 그러나 토지 배분을 당사자의 자발적인 합의에 맡기면서 지대만 환수하는 시장 방식도 그에 못지않은 장점이 있습니다. 자유를 중시하고 정부 개입의 최소화를 바라는 저로서는 스펜서가 추천하는 공공임대제보다는 시장을 통해 배분하는 방식을 선호합니다.

고복지 = 헨리 조지도 토지는 사유 대상이 아니지만 이미 토지사유제가 확립된 사회에서는 토지를 몰수하여 공공임대제를 실시하기보다는 토지 거래를 시장에 맡기고 지대만 환수해도 된다고 하였습니다. 신자유 님과 비슷한 입장입니다. 다만, 현실 시장의 부작용을 염려하는 저는 제2장 Ⅲ에서 시장보다는 추첨 방식을 더 높이 평가하였습니다.

나중도 = 논리적으로 본다면 제1원리에서 토지의 공공임대제만이 도출되는 것은 아니라는 신자유 님의 지적에 동의합니다. 그러나 제2장 Ⅲ에서 우리는 공통적으로 추첨과 경매 방식을 상당히 높게 평가했습니다. 그렇다면 우리가 기존의 상태를 고려하지 않고 새로운 제도를 설계한다면 공공임대제를 실시하면서 추첨 또는 경매 방식으로 토지를 배분하는 데 합의하지 않을까요?

신자유 = 그 예상에 저도 동의합니다. 저는 시장 방식을 가장 선호하지만 다른 두 분처럼 추첨과 경매에도 높은 점수를 주었습니다.

다음으로는 스펜서의 제안에 대한 예상 반론 세 가지와 각 반론에 대한 스펜서의 재반론을 보겠습니다. 요약하면 이렇습니다.

> [예상 반론 1] 토지재산권은 법적인 권리이다. [재반론] 최초의 토지 권리 증서를 작성한 도구는 펜이 아니라 칼이었다. 무효인 권리가 시간이 지난다고 해서 유효로 바뀔 수 없다.
>
> [예상 반론 2] 토지를 개간한 사람은 그 토지를 소유할 수 있다. [재반론] 토지 개량가치에 대해 보상 받을 권리는 있겠지만 토지 자체가 사유재산이 될 수는 없다.
>
> [예상 반론 3] 토지를 공평하게 분배하면 배타적 소유로 할 수 있다. [재반론] 토지 가치가 동일하게 되도록 분배하기도 어렵고 분배 대상자를 정하는 것도 어렵다. 일시적인 분배도 어렵지만 분배 후에 후손이 태어나면 더욱 어렵다.

예상 반론 1에 대한 스펜서의 재반론은 분명하며 저도 이견이 없습니다. 재반론과 같은 내용을 우리 현행 법제와 연계하여 효과적으로 설명한 책을 제가 읽은 적이 있습니다. 제가 새삼 말씀드리기보다 그 부분을 인용해 둡니다.

토지소유의 연혁을 최초배분에서부터 현재에 이르기까지 살펴본다면, 평화로운 선점에서 시작되어 계속해서 평화롭게 소유가 이전되어 온 경우는 극히 드물 것이고 대부분은 어느 단계에선가는 정치적·물리적 폭력 또는 사기에 의한 취득이 있었을 것으로 생각된다. 그러나 세월이 지나고 정부의 질서 유지 기능이 강화됨에 따라 평화적인 소유권 이전이 계속되었고, 토지사유제 사회에서는 시장에 의한 배분이 보편적으로 이루어졌다. 이런 경우, 오래전에 토지를 부당하게 취득하였다는 흠을 이유로 현 토지소유권을 무효로 할 것인가라는 어려운 질문이 기다리고 있다.

이와 같은 철학적인 질문은 법률문제가 아니지만 법률적으로 해결한다고 해도 현재의 토지 사유를 인정하기 어렵다. 토지 사유의 철저한 보장을 사명으로 하는 우리 민법 제245조 제1항은 다음과 같이 규정하고 있다. "20년간 소유의 의사로 평온, 공연하게 부동산을 점유하는 자는 등기함으로써 그 소유권을 취득한다." 평온이란 폭력적으로 이루어진 것이 아니라는 뜻이고 공연하다는 것은 비밀리에 이루어진 것이 아니라는 뜻이다. 이 민법 조문은 정치적·물리적 폭력 내지 사기에 의해 평온하지 않게 또는 공연하지 않게 점유를 시작한 부동산에 대해서는 등기를 한다고 해도 정당한 소유권이 생기는 것이 아니라는 말과 같은 뜻이다. 이런 정당하지 않은 소유자에게서 토지를 매입한 사람 역시 권리 없는 자에게서 토지를 매입하였으므로 법률적으로 유효한 소유자가 될 수 없다. 그렇다면 오늘날의 대다수 토지소유권은 무효가 된다.

그런데 민법 제245조 제2항은 이렇게 되어 있다. "부동산의 소유자로 등기한 자가 10년간 소유의 의사로 평온, 공연하게 선의이며 과실 없이 그 부동산을 점유할 때에는 소유권을 취득한다." 보기에 따라서는 제2항은, 출발은 어떻든 토지를 등기하고 별 탈 없이 시간만 지나가면 합법적인 소유자가 된다는 뜻 같기도 하다. 이상한 조문이다. 그러나 오늘날에는 제2항에 의해 소유권을 취득한 사례는 사실상 전무하다고 해도 과언이 아니다. 미등기 토지에 대해 소유권 보존등기를 하려면 토지대장등본, 임야대장등본에 소유자로 등록이 되어 있거나 판결, 수용 등에 의한 증명이 있어야 하기 때문이다.

한때 '성공한 쿠데타는 처벌할 수 없다'는 이유로 내란 범죄자를 처벌하지 않기로 방침을 세운 일도 있었고 그러나 그 후에 같은 쿠데타에 대해 처벌한 사례도 있었다. 그러면 부당한 토지소유는 사실상 성공(?)했다는 이유로 또는 오랜 시간이 지났다는 이유로 또는 역사적 흠을 입증하기 어렵다는 이유로 현재의 토지소유를 정당한 것으로 묵인할 것인가, 아니면 지금이라도 무효임을 선언할 것인가? / 김윤상, 2006가: 49-51

나중도 = 우리나라 상황을 들어 설명한 글이어서 이해가 더 쉽습니다.

신자유 = 두 번째 예상 반론은 토지를 개간하면 그 토지를 소유할 수 있다는 주장입니다. 이것은 존 로크(John Locke, 1632~1704)의 견해이기도 합니다. 이러한 로크의 견해에 대해 스펜서는 같은 책 제10장 〈재산권〉에서 반론을 펴고 있습니다.

이번에도 제가 말씀드리는 것보다 스펜서의 육성을 듣는 것이 좋겠습니다.

로크는 이렇게 주장했다. "지구와 일체의 열등 피조물은 모든 인간의 공동의 것이지만, 인간은 누구나 자기 자신의 것이다. 자신에 대해서는 본인 이외에는 그 누구도 어떤 권리도 가질 수 없다. 또 신체의 노동과 손의 작업은 당연히 자기의 것이라고 해도 좋을 것이다. 그렇다면, 자연이 부여한 상태로부터 어떤 사람이 무엇인가를 분리한다면, 이는 자기의 노동을 가미한 결과가 되고, 이미 자기의 것인 무엇인가를 그것에 결합시킨 결과가 되며, 또 그렇게 함으로써 그것을 자기의 것으로 만든 결과가 된다. 자연이 제공한 공동의 상태로부터 그 사람에 의해 분리되었으므로, 다른 사람이 가진 공동의 권리를 배제하는 무엇이 그 노동에 의해 부착되었다는 것이다. 이와 같은 노동은 의문의 여지없이 노동한 사람의 것이므로 일단 노동을 결합시킨 대상물에 대해서는, 적어도 충분한 양과 대등한 품질의 토지가 다른 사람을 위한 공유지로 남아 있는 경우라면, 그 사람 이외에는 아무런 권리도 가질 수 없다."

이 주장을 비판해 보자. 우선, "지구와 일체의 열등 피조물" 즉 지구가 제공하는 모든 사물이 "모든 인간의 공동의 것"이라고 한다면, "자연이 부여한 상태로부터 어떤 사람이 무엇인가를 분리"하려면 당연히 사전에 모든 사람의 동의가 필요하다. 이보다 더 큰 문제도 있다. 자연의 산물을 채취함으로써 "자기의 노동을 가미한 결과가 되고, 이미 자기의 것인 무엇인가를 그것에 결합시킨 결과가 되며, 또 그렇게 함으로써 그것을 자기의 것으로 만든 결과가 된다."고 하였다. 그러나 도대체 그 사람에게 채취할 권리, 즉 인류 일반에 속한 것에 대해 자신의 노동을 가미할 권리가 있는가 하는 점이다. 제9장의 논리, 지구 표면의 일부에 개인이 아무리 많은 노동을 가미하더라도 그 부분에 대한 사회의 권리가 무효화되지 않는다는 논리를 여기에 적용하면, 어떤 사람이 야생 상태의 주인 없는 동식물을 취했다고 하더라도 그것만으로는 그 동식물에 대해 다른 사람이 가지고 있는 공동의 권리에 우선할 수 없다는 결론이 나온다. 그 사람이 사냥이나 채취라는 노동을 투입했으므로 다른 개인에 비해 대상물에 대한 우선권을 가진다는 말은 맞다. 그러나 문제는 그런 노동으로 인해, 사냥 또는 채취한 대상물에 대한 그 사람의 권리가 다른 모든 사람이 가지고 있는 권리에 비해 더 커졌는가 하는 점이다. 그렇다는 것을 입증하지 못한다면 그 사람은 대상물에 대한 정당한 권리자로 인정받을 수 없다. 단지 사회적 편의성이라는 이유에서 용인될 수 있을 뿐이다.

문제가 또 있다. 재산권을 취득하려면 "적어도 충분한 양과 대등한 품질의 토지가 다른 사람을 위한 공유지로 남아 있는 경우"라야 한다는 단서에서 생기는 문제이다. 이런 조건은 엄청난 의문과 제약을 초래하여 실제에 있어 명제 전체를 무의미하게 만든다. 예를 들면 "다른 사람을 위한 공유지로 남아 있는" 상태인지 어떻게 알 수 있나? 남아 있는 것이 "대등한 품질"을 가지는지 어떻게 알 수 있나? 남아 있는 것의 접근성이 떨어지면 어떻게 되나? "다른 사람을 위한 공유지로" 남아 있는 양이 충분하지 않다면 소유권은 어떻게 행사할 수 있나? 이런 경우에는 노동을 가미해도 "다른 사람이 가진 공동의 권리를 배제"하지 못하는 이유는 무엇인가? 양은 충분하지만 품질이 동일하지 않다면 어떤 기준에 따를 것인가? 로크가 말하는 권리는 이런 의문에서 벗어날 수 없으며, 따라서 윤리적인 관점에서 보면 결국 무의미해지고 만다. / 김윤상, 2009가: 134-135

고복지 = 오늘날 토지사유제의 철학적 기초로 흔히 인용되는 로크의 주장을 스펜서가 적절히 반박했군요. 로크 시대에는 누구에게나 개방된 공유지가 많았고 또 유럽인이 보기에 주인이 없는 토지를 개척하던 아메리카 대륙을 의식하면서 로크가 '노동을 가미하면 토지마저 사유 재산이 될 수 있다'는 과도한 주장을 한 것 같습니다.

신자유 = 네, 그렇습니다. 위대한 사상가도 그 시대의 상황에 의해 많은 영향을 받기 마련이겠지요. 토지를 공평하게 분배하면 사유화가 가능하다는 세 번째 반론에 대해 스펜서는 분배의 기술적 어려움을 들면서 재반론을 폈습니다. 재반론 중 분배 대상자를 정하는 데 관련된 문제에는 깊이 공감합니다. 제1원리를 세대 간 형평성 문제에도 적용한다면, 새 아기가 태어나면 그때마다 토지를 다시 분배해야 한다는 문제가 발생합니다. 다만, 토지마다 가치가 다르기 때문에 공평한 분배가 어렵다고 표현한 것은 다소 아쉽게 생각합니다. 토지 가치 평가가 어렵다면 공공임대제에서 임대료 책정도 어렵기 때문에 자가당착이 될 수 있습니다.

나중도 = 스펜서와 같은 천재도 자가당착의 오류를 범할 수 있군요. 역시 신자유 님은 예리하십니다.

신자유 = 아니, 왜 이러십니까? (일동 웃음) 스펜서는 제1원리에서 도출될 수 있는 또 하나의 대안으로 공산주의를 들었습니다. 제10장 3에 나오는 구절을 인용하면 이렇습니다.

> 사회가 토지를 개별 구성원에게 임대하지 않고 그대로 유지하면서 주식회사 형태로 공동 경작하고 생산물을 같이 나누는 체제, 흔히 사회주의 또는 공산주의라고 하는 체제도 있다. 얼른 생각하면, 위에서 우리가 사유재산권을 도출할 때 상정한 사회와 다르기는 하지만, 이런 체제에서도 모든 사람이 평등한 지구사용권을 가진다는 원리가 적용될 수 있을 것으로 보인다. / 김윤상, 2009가: 136-137

이에 대해 스펜서는 공산주의는 토지 아닌 생산물까지 생산에 기여한 노동의 양이나 질과 무관하게 모든 사람에게 균등하게 분배하므로 제1원리에 어긋난다고 비판합니다. 또한 공동 경작 후 기여에 따라 생산물을 나누는 방식은 기여도를 측정하기 어렵다는 기술적인 이유로 비판합니다.

나중도 = 여기에서도 기술적인 측면을 언급했군요. 사실 정의의 문제를 논하는 자리에서는 기술적인 문제를 거론할 필요는 없을 텐데요.

신자유 = 저도 그 점은 언급하지 않아도 좋았다고 봅니다. 스펜서는 또 제1원리로부터 도출된 토지제도인 공공임대제로 이행하는 문제에 대해서도 검토하였습니다. 자신의 저축을 적법하게 투자하여 토지를 매입한 기존의 토지 소유자에 대한 보상 문제도 고려해야 하고, 동시에 토지사유제 때문에 다수의 권리가 침해된다는 사실도 고려해야 한다고 하였습니다. 그러나 스펜서는 이 문제를 제기했을 뿐 그 해결책을 내놓지는 않았습니다.

우리는 제2장의 Ⅱ에서 지대이자차액세를 해결책으로 제시한 바 있습니다. 지대에서 매입지가에 대한 이자를 공제한 나머지만 징수하자는 것입니다. 이렇게 하면 매입지가는 그대로 유지되므로 토지를 매입한 기존의 소유자가 손해보는 일이 없고 불로소득을 징수하므로 토지 소유자라고 해서 다른 사람에 비해 더 유리해지지 않습니다. 나중도 님이 자세히 설명해 주셨지요. 스펜서가 못한 일을 나중도 님이 해내셨습니다.

나중도 = 아니, 그건 율도국 여행 때 홍율도 님이 알려 주신 방안에 제가 설명을 붙인 것뿐인데요. 저를 떠보려고 하신 농담이지요? (일동 웃음)

고복지 = 저도 스펜서의 논리 전개 과정에는 흠이 없다고 봅니다. 다만, 논리의 출발점인 제1원리에 대해서는 약간 언급해 두고 싶습니다. 이 원리를 추구하는 사상을 흔히 최대자유주의(libertarianism) 혹은 자유지상주의라고 합니다. 스펜서는 17세기의 존 로크로부터 20세기의 로버트 노직(Robert Nozick)(▸ 266쪽 해설 13 참조)으로 이어지는 최대자유주의의 계보에 속합니다.

미국에는 민주당과 공화당 외에 정당 중에서는 가장 세력이 크다고 알려진 최대자유당(Libertarian Party)의 강령에도 제1원리와 거의 같은 이런 표현이 나옵니다. "우리는 이렇게 믿는다. 모든 개인은 자신의 삶에 대한 단독 지배권을 가지며, 원하는 방식대로 살 타인의 권리에 강제적으로 간섭하지 않는 한 누구나 자신이 원하는 방식대로 살 권리를 가진다." 제1원리는 균형형 제도의 표현이기 때문이 그 자체로는 문제가 없습니다. 그러나 미국의 최대자유당이 내세우는 강령과 정책에는 큰 시장과 작은 정부를 과도하게 강조하고 같은 맥락에서 토지사유제를 옹호하는데, 이들이 스펜서에게서 좀 배우면 좋겠습니다.

또 최대자유당은 복지정책에 대해서 강하게 반대하는데, 현실의 복지정책이 가진 문제를 바로잡자는 것이 아니라 복지정책 자체를 반대하는 것은 제 입장에서는 찬성할 수 없습니다. 제1장에서 토론했듯이 재분배 없는 사회보장도 가능하므로 제1원리나 최대자유당의 강령과 논리적인 모순을 일으키지 않는 복지정책을 얼마든지 할 수 있습니다. 이런 사실을 안다면 현실의 최대자유주의자들의 태도도 달라질 수 있지 않을까 기대해 봅니다.

나중도 = 고복지 님은 다른 나라 군소정당 강령까지도 알고 계시군요. 역지 정치 전문가이십니다. 보통의 최대자유주의자와는 달리 스펜서가 토지사유제를 부정하는 훌륭한 논리를 제공했다는 점은 놀랍습니다. 또 역시 보통의 신자유주의자와는 달리 이런 점에 충분히 공감해 주시는 신자유 님도 존경합니다.

신자유 = 아니, 화살이 제 쪽으로 향하나요? (일동 웃음)

이상향 = 네, 세 분의 장점과 개성이 드러나는 훌륭한 토론 감사합니다.

CHAPTER 3

III. 합의형: 존 롤스의 『정의론』

1. 해제

존 롤스(John Rawls, 1921~2002)는 20세기를 대표하는 미국의 철학자로 '정의' 연구에 평생을 바쳤습니다. 롤스는 50세가 되던 1971년 오랜 탐구의 결실인 『정의론』(*A Theory of Justice*)을 출간하여 세계적 조명을 받았습니다.

롤스가 『정의론』 연구에 매진하던 시기인 20세기 중반, 미국은 물질적 풍요 속에 세계의 패권국가로 등장하여 낙관적인 분위기가 주류층을 지배하고 있었습니다. 그러나 빈부격차는 여전했고 특히 흑인의 사회경제적 지위가 매우 열악한 가운데 민권운동이 전개되고 있었습니다. 세계는 자본주의와 사회주의로 양분되고 사회주의 진영 쪽에서는 서방세계가 자유와 방임을 중시하는 것은 부르주아 계급의 이익을 대변하기 위해서라고 비판하고 있었습니다. 롤스는 『정의론』에서 이런 시대적 모순을 철학으로 풀어 보려고 노력했던 것으로 보입니다.

당시 학계에서는 도덕과 정의라는 주제에 대한 관심이 줄어든 상태였고 특히 제2차 세계대전 이후 서구에서는 자본주의의 기초인 공리주의(utilitarianism)가 보편화되어 있었습니다. 롤스는 이러한 흐름을 뒤집고 정의의 문제를 학계의 중요 주제로 복원시켰습니다. 특히 롤스가 이 책에서 제시한 정의의 원칙은 복지국가의 중요한 이론적 근거로서 주목을 받았는데 바로 그 때문에 시장을 중시하는 최대자유주의나 신자유주의로부터 비판을 받기도 하였습니다. 요즈음 우리 사회에서는 복지가 중요한 화두로 등장하고 있어 이러한 롤스의 사상이 갖는 의미가 더욱 각별합니다.

2. 사회계약으로 도출되는 정의의 원칙

롤스는 『정의론』에서 로크, 루소의 사회계약설 전통에 칸트의 의무론을 결합시켰습니다. 『정의론』에서 롤스는 스펜서처럼 제1원리를 먼저 내세우고 그로부터 구체적인 제도를 도출해 내는 방식이 아니라 주민들이 계약에 의해 제1원리를 정할 경우에 어떤 내용이 될 것인지를 예상해 보는 방식을 취하고 있습니다. 이런 제1원리를 롤스는 정의의 원칙(principles of justice)이라고 불렀습니다. 정의의 원칙에 따라 사회의 기본 구조(basic social structure), 즉 주민의 기본적인 권리와 의무를 정하고 사회적 이득을 분배하게 됩니다.

롤스는 계약 당사자의 특징과 계약이 체결되는 상황에 대한 특별한 가정을 둡니다. 첫째, 롤스는 계약 당사자는 합리적이고 상호 무관심하다고 가정합니다. 합리적이라는 것은, 경제 이론에서 전형적으로 나타나는 것처럼 주어진 목적에 대한 가장 효과적인 수단을 취한다는 뜻입니다. 논란의 여지가 있는 윤리적 요소를 개념에 가미시켜서는 안 된다는 것입니다. 상호 무관심하다는 것은 내가 어떻게 될 것인지에 대해서만 생각할 뿐 타인과 비교하거나 타인의 처지를 배려하지 않는다는 것입니다. 그렇다고 해서 당사자가 타인에게 손해를 끼치면서까지 자신의 이익을 취하려는 사람은 아닙니다. 단지 서로 타인의 이해관계에는 관심이 없다는 뜻입니다.

둘째, 롤스는 사회 기본구조를 정하는 정의의 원칙에 관한 합의가 원초적 입장(original position)이라는 특수한 상황에서 이루어진다고 가정합니다. 원초적 입장에서 각 당사자는 자유롭고 평등하며 합의는 무지의 장막(veil of ignorance) 뒤에서 이루어집니다. 자유롭고 평등하다는 것은 당사자가 자신의 의사를 표명하는 데 제약이 없으며 결정권의 크기가 서로 동등하다는 평범한 뜻입니다. 무지의 장막에 대해서는 좀 더 자세한 설명이 필요할 것입니다. 롤스는 이렇게 설명합니다.

> (계약 상황에서는) 아무도 자신의 사회적 위치 즉 계층상의 지위나 사회적 신분을 모르며, 자신이 어떤 소질과 능력, 지능, 체력 등에 관한 운을 타고났는지도 모른다. 심지어 당사자들은 자신의 가치관이나 심리적 성향까지도 모른다. 정의의 원칙은 무지의 장막(veil of ignorance) 뒤에서 선택된다는 것이다. / Rawls, 1999: 11

즉 무지의 장막 뒤에서는 자신에 대한 정보가 없다는 것입니다. 이런 가정은 왜 필요할까요? 롤스는 이렇게 말합니다.

> (무지의 장막 뒤에서는) 모든 사람이 동등한 상황에 처해 있고 아무도 자신에게 유리한 원칙을 설계할 수 없는 까닭에, 정의의 원칙은 공정한 합의나 협상에 의해 도출된다. 원초적 입장 즉 모두가 상호 대칭적인 관계에 놓인 최초의 상황은, 도덕적 인격으로서의 개인 즉 자신의 목적과 나름의 정의감을 가진 합리적 존재로서의 개인에 대해 공정하다. 원초적 입장은 적절한 최초의 원상(status quo)이라 할 수 있으며, 따라서 이런 상황에서 도달하는 기본적인 합의는 공정한 것이다. / Rawls, 1999: 11

즉 무지의 장막이라는 가정을 두는 것은 앞으로 합의하게 될 정의의 원칙이 자신에게 유리한지 불리한지를 모르도록 하기 위해서라는 것입니다. 이런 공정한 상황에서 합의하게 될 정의의 원칙을 예상해 보기 때문에 롤스는 자신이 제시한 정의를 "공정으로서의 정의"(justice as fairness)라고 표현하였습니다. 그러고는 이 표현이 빚어 낼 오해를 염려하여 이렇게 덧붙입니다.

> 그러나 이 명칭은 정의의 개념과 공정의 개념이 동일하다는 것을 의미하지는 않는다. 이는 마치 "은유로서의 시"(poetry as metaphor)라는 표현이 시와 은유의 개념이 동일하다는 의미가 아닌 것과 마찬가지다. / Rawls, 1999: 11

즉 정의의 원칙의 내용이 공정하다는 말이 아니라 그 원칙에 합의하는 상황이 공정하다는 의미임을 강조하고 있습니다.

이런 원초적 입장에서 정의의 원칙을 모색한다고 하면 공리주의에 합의할 것 같지는 않다고 롤스는 예상합니다. 사회 전체의 이득이 커진다고 해서 누군가의 인생이 불리하게 될 수 있는 원칙에 동의할 것으로 생각되지 않는다는 것입니다. 불이익을 강요받는 개인이 자기 자신일 수도 있기 때문입니다. 강렬한 이타적 동기가 없는 한, 합리적 인간은 자기 자신의 기본 권리와 이해관계에 미칠 결과를 고려하지 않고 사회 전체의 이득 극대화만 추구하는 기본 구조를 받아들이지 않을 것이라는 말입니다. 그래서 공리주의는 상호 이익을 위해 모인 평등한 사람들의 사회적 협동체라는 관념과 양립하기 어렵다고 하였습니다.

롤스는 원초적 입장에서는 주민이 공리주의 대신 다음과 같은 두 원칙에 합의할 것으로 예상합니다. 첫째 원칙은 기본적인 권리와 의무의 할당을 평등하게 한다는 것이며, 둘째 원칙은 사회·경제적 불평등, 예를 들면 자산과 권력의 불평등을 허용하더라도 모든 사람, 특히 사회의 최불운 계층이 불평등을 보상받을 만한 이득을 얻는 경우에 한정한다는 것입니다. 둘째 원칙은 불운한 사람의 처지가 향상된다면 다른 주민이 큰 이익을 취한다고 해도 부정의하다고 할 수 없다는 뜻이기도 합니다. 이 원칙에 따르면, 좋은 자질을 타고 났거나 운 좋게 우월한 사회적 지위를 갖게 된 사람들도 다른 사람들의 자발적인 협동을 기대할 수 있다고 롤스는 생각합니다.

이러한 논리에 의해 롤스가 최종적으로 정식화한 정의의 원칙은 다음과 같습니다.

> 제1원칙: 각 주민은 평등한 기본적 자유의 가장 광범위한 전체 체계에 관하여 평등한 권리를 가져야 하며, 전체 체계는 그와 유사한 모든 주민의 자유체계와 양립할 수 있는 것이어야 한다.
>
> 제2원칙: 사회·경제적 불평등을 용인한다면 다음 두 조건을 충족시켜야 한다.
>
> (a) 정의로운 저축 원칙과 일관성을 유지하는 가운데 최불운 계층에게 최대의 혜택이 돌아가야 한다.
>
> (b) 불평등은 공정한 기회균등의 조건 아래 모든 사람들에게 개방된 직무와 직위에 연계된 것이어야 한다. / Rawls, 1999: 266

롤스가 공들여 다듬은 원칙이어서 표현이 다소 까다롭습니다. 제1원칙은 기본적 자유를 평등하게 보장하라는 것입니다. 제2원칙은 불평등이 불가피하다면 기회를 균등하게 보장하는 가운데 최불운 계층에게 가장 유리해야 한다는 것입니다. 그중 (a)를 "차등의 원칙"(difference principle), (b)를 공정한 기회균등의 원칙(principle of fair equality of opportunity)이라고 부릅니다.

제2원칙의 (a)에 나오는 '정의로운 저축 원칙'은, 세대 간의 정의를 위해 앞 세대가 모든 자원을 소진시켜서는 안 되고 후세를 위해 적절한 정도의 저축을 해야 한다는 내용입니다. 즉 세대 간 정의에 관한 것입니다. 제2원칙의 (b)에 나오는 '공정한 기회균등의 조건'이란, 천부적인 재능과 의욕이 동일하면 각기 어떤 사회계층에 속하든 성공의 가능성이 동일해야 한다는 것을 말합니다. 즉 비슷한 정도의 열의가 있는 사람에게는 교육을 받고 교양을 쌓을 기회를 비슷하게 보장하고, 직위와 직책을 차지할 기회를 업무 관련 자격과 노력 정도에 따라 모든 이에게 균등하게 할 때 공정한 기회균등이 됩니다.

두 원칙 가운데 평등한 권리 보장을 골자로 하는 제1원칙은 자유민주주의 사회에서는 큰 논란 없이 수용되어 왔습니다. 반면 운의 영향을 축소하려는 제2원칙은 한편으로는 복지국가의 이론적 근거로서 주목을 받으면서 다른 한편으로는 최대자유주의, 신자유주의로부터 비판을 받아 왔습니다.

"최불운 계층"이라는 표현에 대해서는 지적해 둘 점이 있습니다. 원어는 "the least advantaged"인데 "최소 수혜자"라고 번역되기도 합니다. "최소 수혜자"라는 표현은 원인이야 무엇이든 결과적으로 사회의 최저 계층 또는 최빈곤층이 된 자를 의미할 수도 있습니다. 그러나 롤스 자신은 "the least advantaged"에 대해 이런 예를 들어 설명하고 있습니다.

> 최불운 계층의 의미를 구체적으로 이해하기 위해 다음과 같은 세 가지 종류의 우연에 의한 혜택이 가장 적은 경우를 생각해 보자. 이 계층에는 출신 가족과 계급이 다른 사람보다 불리한 사람, (실현된) 천부적 자질 탓으로 인생을 남보다 더 어렵게 사는 사람, 인생 과정에 작용하는 운 때문에 남보다 행복하지 못한 사람 등이 포함된다. / Rawls, 1999: 83

롤스가 가정환경, 천부적 자질, 인생의 운에서 불리한 사람을 예로 든 점으로 볼 때 "the least advantaged"는 결과적으로 가장 열등한 처지가 된 자가 아니라 자신의 선택과 무관한 원인에 의해 가장 불리한 처지에 놓인 '최불운 계층'을 의미한다고 보는 것이 옳을 것입니다.

3. 토론

이상향 = 롤스의『정의론』을 살펴볼까요? 롤스가 제시한 정의의 원칙이 복지정책과 연관이 깊으므로, 복지 전문가 고복지 님이 토론을 주도해 주시면 좋겠지요?

고복지 = 토머스 모어의『유토피아』에 대해서는 신자유 님이, 허버트 스펜서의『사회정학』에 대해서는 나중도 님이 토론을 이끄셨으므로 이번에는 제가 맡지 않을 수 없군요. 이렇게 부담을 공평하게 하자는 생각이 자연스럽게 드는 것을 보더라도 인간에게는 제1장에서 토론했던 '균형형 제도'를 지향하는 본성이 있는 듯합니다.

먼저, 원초적 입장이라는 전제부터 생각해 보겠습니다. 계약 당사자들이 이해관계로부터 벗어나도록 하기 위해 롤스가 설정한 '무지의 장막'은 멋진 장치입니다. 이런 가상적 상황이 아니면 당사자가 유불리를 따지게 되어 정의의 원칙에 합의하기 어렵기 때문입니다. 우리는 제1장〔토론 3〕에서 환생 후에 자신이 어떤 사회적 위치에 놓일지 모르는 '환생사회 설계'를 해 보았는데 환생사회 역시 무지의 장막과 같은 취지를 가진 가정입니다.

롤스는 무지의 장막 뒤에서는 계약 당사자가 두 가지 점에 동의할 것으로 예상했습니다. 첫째, 기본적인 권리와 의무의 할당을 평등하게 해야 하며 둘째, 사회·경제적 불평등은 공정한 기회균등이 보장되는 가운데 최불운 계층에게 가장 유리한 대안을 택한다는 내용입니다. 미래가 불확실할 경우에 최소한의 안전장치를 바라게 된다는 것이지요. 한편 제1장〔토론 3〕에서 나중도 님은, 환생사회에서는 자신이 어떤 처지가 될지 모르므로 합의에 임하는 주민은 두 가지가 보장되기를 원할 것이라고 하셨습니다. 첫째, 자신이 약자로 환생할 경우에도 생존의 위협으로부터 보호받기를 원하며 둘째, 후생에서 어떤 처지가 되든 억울한 일을 당하지 않게 되기를 바란다는 것입니다. 나중도 님의 예상은 롤스의 예상과 닮은 점이 많습니다. 권리 의무를 평등하게 할당하고 공정한 기회균등을 보장하면 억울한 일을 당하는 사람이 없게 되며, 최불운 계층에게 가장 유리한 대안을 택하면 생존의 위협으로 보호받을 가능성이 그렇지 않은 경우보다 높기 때문입니다.

이상향 = 롤스가 정의의 원칙을 도출하기 위해 가정한 무지의 장막과 우리의 환생사회 사이에는 공통점이 많군요. 그러나 차이점도 있겠지요?

고복지 = 그렇습니다. 롤스는 계약 당사자가 "자신의 가치관이나 심리적 성향까지도 모른다."고 하였습니다. 그러나 그런 계약 당사자는 인간이라기보다 판박이 로봇에 더 가깝지 않을까요? 이런 가정은 제게는 지나친 것으로 느껴집니다. 롤스가 굳이 이런 가정을 하는 이유를 짐작할 수 있는 표현이 있습니다. 롤스는 계약론적 설명 방식의 장점을 설명하면서 "계약이라는 단어는 당사자가 여럿이라는 점, 그리고 이익의 적절한 분배는 모든 당사자가 수용하는 원칙에 따라 이루어져야 한다는 의미를 가지고 있다."고 하였습니다(Rawls, 1999: 15). 이처럼 "모든 당사자가 수용하는 원칙" 즉 만장일치로 합의할 원칙을 찾기 위해 자신의 가치관과 심리적 성향까지도 모른다는 가정을 둔 것으로 보입니다. 개성을 부정해야 모든 당사자가 같은 생각을 하게 될 테니까요.

우리도 당사자가 이해관계에서 초연해질 수 있도록 환생 후의 사회를 설계하는 방식을 취해 보았지만, 롤스와는 달리 주민이 자신의 성향을 유지한 채 합의에 임한다고 하였습니다. 그 때문에 만장일치의 합의를 기대하는 것이 아니라 소수 의견을 가진 주민을 불리하게 하지 않는다는 조건 하에 다수결로 정할 수 있다고 하였습니다. 이 정도로 충분하지 않을까요? 물론 만장일치가 된다면 제일 좋겠지만 만장일치를 위해 무리한 가정을 두면 그만큼 설득력이 떨어진다는 약점이 생기니까요.

이상향 = 그럼, 롤스의 가정을 그대로 따르면 반드시 만장일치 합의가 이루어지나요?

고복지 = 롤스의 가정을 인정하더라도 만장일치가 이루어지는 것은 아니라고 생각합니다. 제2원칙 중 (a) 즉 "최불운 계층에 최대의 혜택"이 돌아가야 한다는 차등의 원칙에 대해서는 그렇지 않을 것 같습니다. 우리는 제1장 토론의 결과 균형형 제도에서도 재분배 없는 사회보장을 통해 모두가 생계 불안에서 벗어날 수 있다는 데 동의하였습니다. 즉 이 조건을 제외한 나머지 원칙에 따라 특권만 부정해도 인간의 존엄성을 보장할 수 있다는 것입니다. 롤스의 계약 당사자들이 이런 사실을 안다면 최불운 계층의 처지만 특별히 주목할 이유가 없게 되고 따라서 우리 방식을 지지하는 사람도 있을 것입니다.

나중도 = 대가의 이론에 이런 비평을 해도 좋을지 조심스럽지만, 만장일치를 위해 설정한 가정이 지나치게 엄격할 뿐 아니라 그런 가정을 인정하더라도 만장일치에 이른다는 보장이 없다면 롤스의 이론에 틈이 생기는 것 같습니다.

신자유 = 저와 같은 신자유주의자들도 롤스의 이론을 높이 평가하면서도 "최불운 계층에 최대의 혜택"이 돌아가야 한다는 차등의 원칙 때문에 흔쾌히 동의하지 못하는 사람이 많습니다. 그런데 그 조건이 계약 상황에 관한 과도한 전제에서 도출된 것이라는 고복지 님의 말씀을 들으면, 신자유주의자들이 롤스 이론의 힘과 함께 한계도 더 잘 이해할 수 있을 것 같습니다.

고복지 = 차등의 원칙과 관련한 또 하나의 의문이 있습니다. 롤스의 이론 속에서는 최불운 계층에 최대의 혜택이 돌아가기만 하면 계층 간 격차가 커지더라도 합의에 이르게 됩니다. 그러나 사람은 자신의 절대적 상태만이 아니라 타인과의 비교에도 신경을 많이 쓰기 마련이라는 게 상식입니다. 최불운 계층의 상태가 개선된다고 하더라도 빈부격차가 더 심해지는 분배에 사람들이 만장일치로 동의한다고 기대할 수 있을까요? 롤스는 계약 당사자가 상호 무관심하다는 전제를 두었기 때문에 만장일치가 될 것으로 예상했지만 이런 지나친 전제로 인해 롤스 이론의 현실적 설득력이 떨어진다고 생각합니다.

이상향 = 특권이익 환수만으로 충분한 사회보장이 이루어진다면 롤스처럼 과도한 전제를 둘 필요가 없을 것이라는 말씀이군요. 그럼 제1장에서 우리가 다루었던 주제인 '원인의 정당성'에 대해서 롤스는 어떻게 생각할까요? 즉 소득을 낳는 다른 원인 중 특권을 제외한 노력과 운의 정당성을 어떻게 평가하는지요?

고복지 = 제1원칙과 제2원칙 중 (b)에 따르면 노력은 정당하며 특권은 정당하지 않습니다. 한편 운에 대해서는 그렇게 간단하게 판단할 수 없습니다. 롤스는 저서의 곳곳에서 운은 "도덕의 관점에서 볼 때 자의적"(arbitrary from a moral point of view)이라고 지적하고 있지만 운의 영향을 완전히 배제해야 한다고 하지는 않습니다. 그 대신 공정한 기회균등 원칙에 부합하는 대안이 여럿 있을 때 그중 최불운 계층에 최대의 혜택이 돌아가는 안에 합의할 것으로 예상한 것입니다.

사회의 총생산이 일정한 경우에는, 최불운 계층에 최대의 혜택이 돌아가도록 하려면 운에 의해 빚어지는 격차를 완전히 배제하면 됩니다. 즉 여러 원인 중 노력에 의한 결과만을 본인에게 귀속시키고 운이 작용하여 생긴 결과는 주민 모두에게 공동으로 귀속시키면 됩니다. 이것은 제1장 〖토론 6〗에서 제가 말씀드렸던 것과 같은 내용입니다.

그런데 〖토론 6〗에서 나중도 님이 지적하셨듯이, 선천적 자질처럼 운에 의해 형성된 능력을 활용하여 얻은 소득을 당자에게 귀속시키면 노력을 촉진하는 인센티브로 작용하여 사회의 총생산이 더 많아지면서 최불운 계층의 상황도 개선될 수 있습니다. 롤스는 이 점을 고려하여 운의 영향을 완전히 배제하는 대신 차등의 원칙을 제시한 것 같습니다. 예를 들어, 운에 의한 능력의 영향을 50%만 배제할 경우에 최불운 계층에게 돌아가는 혜택이 가장 크다면 계약 당사자들이 그렇게 합의할 것으로 예상했다는 것이지요. 그렇다면 인센티브와 무관한 운은 최불운 계층의 상태를 개선할 수 없으므로 그 영향을 배제하기로 합의하지 않을까요? 이런 점에서 보면 운에 대해 비판적이었던 롤스도 모든 운의 영향을 배제하자고 한 저보다 오히려 관대한 것으로 보입니다.

우리는 정의는 옳고 그름의 문제라는 상식적인 인식에 따라 원인 자체의 정당성을 판단한 반면 롤스는 내용의 옳고 그름이 아니라 계약 상황의 공정성만을 충족시키는 "공정으로서의 정의"를 탐구했기 때문에 이런 차이가 생긴 것으로 이해됩니다.

이상향 = 분배는 조세제도와 밀접한 관련이 있는데, 롤스는 자신이 제시한 정의의 원칙에 어울리는 구체적인 조세제도를 제시하였나요?

고복지 = 롤스가 본격적으로 다룬 것은 아니지만 정의의 원칙을 구현하기 위해서는 배경적 제도가 필요하다고 하면서 조세제도에 대해서도 언급하고 있습니다. 롤스는 기회균등을 위해 상속세와 증여세를 부과하고 일반 정부 재정은 비례적 지출세(proportional expenditure tax)로 충당하자고 하였습니다(Rawls, 1999: 246). 상속세, 증여세를 부과해야 하는 이유는, 이런 세금이 부의 분배를 바로잡고 정치적 자유의 가치와 기회의 균등성을 해치는 권력의 집중을 막아주기 때문이라고 합니다(Rawls, 1999: 245). 또 소득세보다 지출세를 선호하는 이유를 이렇게 설명합니다. 소득세는 개인이 국민의 공동 자산(common store of goods)의 형성에 기여하는 정도에 따라 과세하지만 비례적 지출세는 공동 자산을 축내는 정도에 따라 부과하는 세금이기 때문이라고 합니다(Rawls, 1999: 246).

롤스가 우리처럼 특권이익을 최우선적으로 징수하자고 하지 않고 이렇게 제안한 이유를 생각해 보았습니다. 정의의 원칙을 구현하면 특권이라는 부당한 요인은 당연히 없을 것으로 롤스가 속단했기 때문이라고 저는 추측합니다. 특권이 존재하지 않는다면 특권이익도 당연히 존재하지 않기 때문에 징수할 것도 없게 됩니다. 그렇지 않다면 기회균등을 위해서는 상속세와 증여세에 앞서 특권이익세를 제시했겠지요.

그런데 설령 정의의 원칙이 잘 지켜져서 제1장 〔토론 4〕에서 본 비공인 특권이 사라진다고 해도 공인된 특권은 존재합니다. 롤스의 정의의 원칙에 합의하더라도 사회적으로 필요하다면 토지사유제와 같은 특권적 제도를 둘 수 있다는 것이지요. 그럴 경우에는 특권 대책 3원칙에 따라 특권이익을 환수하여 공공재원으로 사용하자고 해야 일관성이 있습니다. 그런데 롤스는 이 점까지는 생각하지 못한 것으로 감히 추측해 봅니다. 나아가서 특권이익세, 상속세, 증여세 그리고 조금 전에 말씀드렸듯이 운 중에서 인센티브와 무관한 다른 원인에 의한 불평등을 바로잡는 세금만으로도 충분한 공공재원을 조달할 수 있다면 지출세를 추가로 징수할 필요도 없을 것입니다. 제가 감히 대학자의 말씀에 이렇게 토를 달려니 어쩐지 불안합니다.

나중도 = 독창적인 분석입니다. 제가 알기로는 지금까지 어떤 학자도 언급하지 않았던 점을 지적하셨습니다.

고복지 = 칭찬하시는 것 같은데요. (일동 웃음) 우리가 제1장에서 토론한 내용에 공감하는 사람이라면 저 아니라 누구라도 같은 지적을 하지 않을까요?

현실에서는 신자유 님처럼 차등의 원칙에 대해 거북하게 느끼는 사람이 적지 않습니다. 반면 우리는 제1장에서 환생사회 설계만이 아니라 처지가 다른 사람들로 이루어진 현실 사회에서도 다수결로 좌도우기를 실현할 수 있다는 낙관적 전망을 했습니다. 세계관이 다르더라도 건전한 양식을 가진 사람들끼리는 좌도우기 연합이 가능하다는 것이지요. 그런 점에서 롤스의 사회계약보다 환생사회 설계가 더 현실성이 있고 더 많은 사람들에게 설득력을 가질 수 있지 않을까 추측해 봅니다. 대가의 이론에 반론을 펴는 것이 조심스럽기는 하지만, 롤스처럼 엄격한 가정을 하지 않더라도 좋은 세상에 대한 희망을 가질 수 있다면 좋지 않겠습니까?

이상향 = 환생사회 설계가 롤스의 정의의 원칙보다 더 폭넓은 현실적 설득력을 가질 수 있다는 말씀을 들으니, 제1장에서 했던 우리 토론에 보람과 자부심을 느낍니다.

좋은 말씀 감사합니다.

C H A P T E R

4

나의 사회문제 답사기

제4장에서는 제가 70년 가까이 살아오면서 부딪혔던 몇 가지 사회문제를 소개합니다. '나의 사회문제 답사기'라는 제목은 유홍준 교수의 인기 저서 제목인 '나의 문화유산 답사기'를 본뜬 것입니다. 답사는 원래 직접 현장에 가서 조사하는 일이지만, 저의 사회문제 답사는 마음으로 문제를 체험하고 대책을 고심해 보는 일입니다.

제가 겪은 사회문제와 독자가 겪는 사회문제는 다릅니다. 그러나 인간의 본성이 변하지 않는 한 어떤 사회문제든 큰 면적의 교집합이 존재합니다. 시대와 지역이 달라도 인간의 평등한 존엄을 무시하는 특권적 제도가 가장 기본적인 개혁 대상이라는 점은 변하지 않습니다. 그러므로 더 좋은 사회를 바라는 사람이라면 다른 사람의 사회문제 '답사'를 참고하는 것도 도움이 되지 않을까요?

CHAPTER 4

I. 권력의 횡포

제가 초등학교(당시 명칭은 '국민학교') 6학년이었던 1960년에 이승만 정권의 독재와 부정선거에 분노하여 4·19 혁명이 일어났고, 중학교 1학년이었던 1961년에는 5·16 군사쿠데타로 박정희의 장기 집권이 시작되었습니다. 그러나 이런 사태는 나의 문제로 다가오지 않았습니다. 제가 어리기도 했고 학교 선생님들이나 주변 어른들이 침묵을 지켰기 때문이기도 합니다. 고등학생 때는 입시 경쟁으로 빚어진 파행적인 학교교육에 실망했지만 그저 마음뿐이었습니다.

그런데 대학에 들어가자 제가 원하든 원하지 않든 사회문제의 현장에 위치할 수밖에 없었습니다. 입학하던 해인 1967년 6월 8일에 치러진 제7대 국회의원 선거에서 박정희 대통령이 이끌던 민주공화당이 부정선거로 78% 정도의 의석을 차지하였습니다. 전국의 대학생들이 항의하는 가두데모를 하였고 곧 여러 대학이 휴교에 들어갔습니다. 저도 학우들과 가두에서 연행되어 경찰서에 몇 시간 잡혀 있기도 했습니다. 그러나 지방에서 살다가 서울 생활을 시작한 지 얼마 되지도 않은 새내기 대학생으로서 제가 '답사'해야 할 문제로 인식하지는 않았던 것 같습니다. 또 부정선거는 4·19 직전 자유당 때도 있었기 때문에 어느 정도 면역(?)이 되어 있었다고 할까요?

대학 3학년이었던 1969년에 재선 대통령이었던 박정희가 3선 개헌을 단행했습니다. 대통령을 두 번밖에 못 하도록 제한한 헌법을 고쳐 한 번 더 하겠다는 것입니다. 자신이 3선을 하고 싶어 개헌에 불을 지펴 놓고는 "기왕에 거론된 김에"

개헌 문제를 국민투표에 붙여 보겠다고 발표했습니다. 권력자가 치사하게 군다고 생각했습니다. 그리고 "개헌 문제를 통해서, 나와 이 정부에 대한 신임을 묻는다."고 엄포를 놓으면서 여러 수단으로 공포 분위기를 조성했습니다. 개헌안은 무리하게 국회를 통과한 후 국민투표에서 65.1% 찬성을 얻었고 새 헌법에 따라 박정희는 '합헌적으로' 다시 대통령이 되었습니다.

국민이 주인이라는 민주국가에서 이런 야바위 같은 일이 일어나는 데 대해 공분을 느꼈고 가두데모에도 참여하였습니다. 그러나 그 후 학생들이 학교 도서관에서 벌인 농성에는 합류하지 않았습니다. 농성으로 고생하는 학우들에게 미안하고 부끄러운 마음을 가지면서 마음의 갈등을 겪었습니다. 우리 힘으로는 3선 개헌을 저지하지 못하는 줄 알면서도 반대와 비판을 세상에 표현하기 위해 농성하는 학우들에 합류하는 게 좋을지 망설였습니다. 6·25 전쟁으로 피난살이 끝에 객지인 대구에 정착하여 힘들게 자식을 키워 오신 부모님 모습도 어른거렸습니다. 한편으로는 성과 없이 희생당하기보다는 실력을 키워 근본적으로 대처하자는 다짐도 하였지만, 비겁한 자기 합리화가 아닌가 하면서 괴로워했습니다.

대학 졸업 후 군에 복무할 때인 1972년에는 소위 '10월 유신'이라는 상상을 초월하는 횡포가 자행되었습니다. 3선 개헌 후 부정적인 국민 여론이 커진 가운데 치러진 대통령 선거에서 박정희 후보는 김대중 후보를 맞아 고전했습니다. 그 때문에 박정희는 아예 선거 없이 대통령을 계속할 수 있도록 유신을 추진한 것입니다. 10월 17일에 대통령 박정희는 헌법을 위반하면서까지 계엄과 국회해산 및 헌법정지 등을 골자로 하는 대통령 특별선언을 발표하고 12월 27일 국민투표를 거쳐 제3공화국 헌법을 파괴했습니다.

국민투표에서는 투표율 91.9%, 찬성 91.5%가 나왔습니다. 3선 개헌 찬성률이 65.1%였던 것과 비교해 보면 그때보다 훨씬 더 불공정한 국민투표가 이루어졌음을 쉽게 알 수 있습니다. 당시 저는 공군 소위였는데, 사병들은 영내 투표소에서 사실상 공개투표를 하였습니다. 저처럼 출퇴근하는 장교나 영외 하사관은 일반 투표소에서 투표했지만, 그래도 반대표를 던지면 중앙정보부(현 국가정보원의 전신)나 군정보기관이 알아내지 않을까 하는 두려움을 느낄 정도였습니다.

새 헌법에 따라 통일주체국민회의에서 대통령을 선출했는데 대의원 2,359명 중

실수로 기표를 제대로 못 한 2명을 제외한 전원의 찬성표를 얻어 박정희가 대통령이 되었습니다. 유신 체제는 행정·입법·사법의 3권을 모두 쥔 대통령이 종신 집권할 수 있도록 설계되었습니다. 대통령은 임기가 6년이지만 횟수 제한 없이 연임할 수 있게 되었습니다. 대통령 선출 방식이 국민에 의한 직접선거에서 통일주체국민회의에 의한 간접선거로 바뀌었는데, 이 기구가 거수기와 다름없다는 사실을 모든 국민이 다 알고 있었습니다. 대통령은 국회의원의 3분의 1과 모든 법관에 대한 임명권을 가졌고, 긴급조치권 및 국회해산권도 가지게 되었습니다. 박정희는 절대군주나 북한의 김일성에 맞먹는 지위가 되었습니다.

당연히 반대가 적지 않았습니다. 그러자 박정희는 1974년 초에 유신헌법이 정한 '긴급조치' 제1호를 선포하였습니다. 유신헌법에 대한 일체의 반대를 허용하지 않겠다는 내용입니다. 이 조치의 1항과 2항은 이렇습니다.

1. 대한민국 헌법을 부정, 반대, 왜곡 또는 비방하는 일체의 행위를 금한다.
2. 대한민국 헌법의 개정 또는 폐지를 주장, 발의, 제안 또는 청원하는 일체의 행위를 금한다.

이 시대를 체험하지 않은 독자는 '설마 이런 일이 있었을까?' 하고 의문을 품을지도 모르겠습니다만 이건 실제 상황이었습니다.

저는 유신헌법과 긴급조치 제1호를 내놓은 권력의 몰염치에 속이 부글부글 끓었지만 겉으로 표시할 수가 없었습니다. 군에서는 당연히 정권을 지지하는 분위기였기 때문에 공군 장교였던 저는 부대 내의 누구에게도 저의 생각을 토로할 수 없었습니다. 민간 친구들 역시 다수가 공직에 있거나 이런 문제에 무관심하였기 때문에 대화가 되지 않았습니다.

1979년 10월, 박정희가 오랜 친구이자 중앙정보부장이었던 김재규에게 피살되면서 유신체제는 끝이 났습니다. 그러나 민주 회복으로는 연결되지 못했습니다. 1980년 5·18 광주 민주화운동이 많은 희생자를 내면서 진압되었습니다. 5·18의 비극적인 진상이 나중에야 알려졌습니다. 전두환이 기존 헌법의 간선제를 악용하여 대통령에 당선됨으로써 군사독재 체제가 연장되고 말았습니다. 저는 1976

년 군에서 전역하고 곧바로 경북대학교에서 교편을 잡게 되었고, 이런 큰 사건이 터졌을 때 미국 유학 중이었습니다. 유신 때도 군복무 중이라는 변명거리가 있었는데 이번에도 유학 중이라는 변명거리가 있었습니다. 이런 사태에 대해 같이 분노해 놓고는 힘을 보태지 못했다는 부채 감정을 가진 사람이 적지 않았습니다. 저도 그중 한 사람이었습니다.

1980년대 대학교수 중에는 저와 비슷한 생각을 가진 사람이 더러 있었습니다. 대학생들은 희생을 무릅쓰면서 전두환 정권에 맞서는데, 정작 바르게 살라고 가르쳐 온 교수가 그런 학생을 말리는 입장이 되어 매우 부끄러웠습니다. 1986년에 대통령 선거를 직선으로 바꾸어야 한다는 시국선언을 교수들이 줄줄이 발표했는데 이때 선언에 서명한 교수들이 바로 이런 사람들이었습니다. 고려대에서 시작된 교수 시국선언이 전국으로 번져 나갔고, 경북대에서도 이런 움직임이 일자 흔쾌히 참여했습니다. 요즘은 교수의 무슨 선언이다, 성명이다 하는 게 흔하지만 그때만 해도 이런 일을 하려면, 모든 것까지는 아니더라도 많은 것을 걸어야 했습니다. 저는 이렇게라도 해서 그동안의 마음의 빚을 다소나마 갚아야 한다고 생각했습니다.

시국선언에 서명했다고 해서 붙여진 이름인 '서명교수'는 학내외에서 낙인이 찍혀 정보기관과 학교당국의 주목을 받았습니다. 동료교수 중에는 혹시 자기에게 불똥이 튈까 봐 서명교수를 피하는 분위기까지 있었습니다. 학계에서도 권력에 대한 비판을 두려워하고 현실과 적당히 타협하려는 태도가 많았습니다. 학계에 대한 실망을 담은 제 글 한 편을 소개합니다. 1994년 4월 한국행정학회에서 발행하는 소식지에 실린 글입니다.

부끄러운 행정학회

한국행정학회는 1956년 10월 12일에 창립되어 근 40년의 연륜을 쌓는 동안 회원수가 1천 명이 넘고 예산도 2억 원에 가까운 대학회로 성장하였다. 4년제, 2년제 할 것 없이 거의 모든 대학에 행정학과가 있고 웬만한 대학교에는 박사과정까지 있는 나라는 아마도 세계에서 우리나라뿐일 것이다. 참으로 놀라운 성장이고 자축해 마지않을 일이다.

그런데 이러한 성장을 두고 부끄러워해야 한다는 목소리가 있음은 어인 일일까? 행정학계 내부에서도 이러한 목소리가 간혹 들리기는 하지만 팔이 안으로 굽는다고 해서 그런지 강도가 그리 높지 않다. 그러나 바깥에서 행정학회와 행정학에 대해서 던지는 목소리는 곱지 않으며 야유와 독기가 같이 섞여 있는 경우가 많다.

사실, 싫은 소리는 당사자에게 잘 전달되지 않는 법이다. 또 비판이 전달된다 해도 그 속의 야유나 독기는 빼고 내용만 중립적으로 전달되는 것이 보통이다. 그래서 행정학회원께 알맹이를 빼지 않은 생중계를 한번 해 볼까 한다. 그러나 나도 행정학자이기 때문에 내가 들은 목소리도 상당히 누그러진 것이 아닐지 모르겠다.

가장 따가운 비판은, 행정학은 어용학문이었고 행정학자는 (정부를 회사로 치면) 구사대(救社隊)였기 때문에 행정학회와 행정학이 그토록 성장할 수 있었다는 비판이다. 뭉뚱그려 구사대 취급을 받는 데 대해 섭섭하게 느끼는 분도 없지 않을 것이다. 그리고 행정학이 대체로 실천 지향적 학문이고 주된 연구대상이 정부이기 때문에 행정학자가 정부와 (친하게가 아니라) 가깝게 지내다 보니 그런 오해를 받는다고 우리는 변명하고 싶어 한다. 그러나 우리에 대한 비판이 오해에서 생긴 것만은 아니다. 암울했던 시대에 행정학자가 학문은 학문, 현실은 현실이라는 학같이(?) 초연한 입장을 취하여 입을 봉하고 지냈다든지, 그냥 두면 더 나빠진다면서 정부에 참여한다든지, 심지어는 군자도 시속에 따른다는 핑계로 같은 배에 타고 사공 노릇을 같이 해 온 데 대해서 비판한 것으로 보아야 한다.

이러한 비판은 충분히 근거가 있는 것으로 보인다. 예외적인 경우가 없는 것은 아니지만, 지난 20~30년간 정부 내지 권력이 도저히 묵과할 수 없는 잘못을 저질렀을 때 위험을 무릅쓰고 이에 저항한 사건이 여러 차례 있었는데 이에 참여한 학자 중에서 행정학자의 비율은 극히 낮았다. 실은 이는 행정학뿐만 아니라 사회과학 전반의 현상으로서, 사회계열 학자의 참여비율이 인문계열 학자보다도 낮았다. 일반인의 상식으로는 학자 중에 사회과학자, 그중에서도 정치학자와 행정학자가 주도적인 역할을 할 것이라고 볼 텐데 그와는 반대의 현상이 나타났다.

위험을 무릅쓰고 저항에 참여한 사람은 모두 합해도 사실 극소수였으므로 논외로 하더라도, 다른 기준으로 보아도 우리가 떳떳했다고 하기 어렵다. 행정학자를 크게 보아 정부 쪽에 섰느냐 그 비판 쪽에 섰느냐를 기준으로 분류해 볼 때 앞쪽의 학자들이 많았음은 부인할 수 없다.

행정학자가 대체로 정부 쪽에 서는 이유로서 행정학의 성격 이외에 다른 이유를 들기도 한다. 근거가 있거나 말거나 더러 듣는 이야기이므로 역시 생중계라는 의미에서 적어 보려고 한다. 첫째, 행정학과는 새마을학과 또는 유신학과라는 것이다. 우리나라 각 대학 학부에 행정학과가 생긴 것이 1970년대 초부터인데 이때가 3선 개헌과 유신으로 이어지는 시기였음을 감안할 때, 정부는 행정학이 공무원 양성에 필요할 뿐만 아니라 행정학 교수들은 정부에 비판적이 아니며 행정학과 학생들은 데모를 안(덜)할 것이라고 보아 인가한 것인 바, 그런 만큼 행정학과에는 정부 쪽에 우호적 내지 굴종적인 분위기가 형성되어 있다는 것이다.

둘째, 우리 행정학계에 거의 절대적인 영향을 준 미국의 행정학이 비판적이 아니라는 것이다. 미국의 행정학도 19세기 후반의 행정개혁운동에서 시작하였고 신행정학과 같은 비판적 흐름이 없었던 것은 아니다. 그러나 주류는 능률 위주의 행정학이었고 특히 우리나라의 행정학 초기에 도입되어 분위기를 잡은 미국행정학은 50~60년대 흥성했던 미국사회를 배경으로 하여 비판과 개혁보다는 현상유지와 소위 '가치중립성'이 흠뻑 배어 있던 행정학이라는 것이다.

셋째, 전국에 행정대학원이라는 이상한 사교클럽이 생겨나 체제비판이 더욱 어렵게 되었다고도 한다. 행정대학원 운영을 위해서는 정부 쪽과 어떤 식으로건 관계를 유지해야 했으며, 또 행정학 교수들이 공무원, 군인과 사제관계에 있는데 정부를 비판한다면 제자와 얼굴을 붉힐 일이 생길지 모른다든지 자칫 제자를 다칠게 할지 모른다고 하는 갸륵한 명분까지 보태졌다는 것이다.

그 밖에도 우리나라 행정학계를 지도해 온 원로 중진 학자 중에 서울대 법대 출신이 많다는 점을 이야기하는 사람도 있다. 육법당(陸法黨)이라는 말도 있듯이 서울대 법대 출신은 육사 출신과 더불어 군사정권을 유지해 온 핵심세력이었는데 이들과 동문, 친구 관계에 있는 분들의 영향력이 컸던 행정학계는 체제 비판과는 거리가 있었다는 것이다(실은 나도 서울대 법대 출신이다).

이와 같이 행정학계에 비판정신이 부족하다는 평가 외에도 우리를 부끄럽게 하는 목소리는 또 있다. 주민참여와 시민에 의한 정부비판의 필요성을 누구보다도 잘 이해하는 사람이 행정학자인데도, 온건하기 짝이 없는 시민운동단체인 경실련이나 정사협과 같은 단체를 돕는 행정학자가 극히 드물다는 사실을 들어 행정학자의 정부편향성 내지 소극성에 침을 놓기도 한다. 국토의 균형발전이다, 지방분권이다 하고 행정학자들이 나서서 소리쳤지만, 서울에서 지방으로 이사했다거나 서울에서 직장을 잡을 수 있는 기회를 마다하고 지방의 직장을 선택했다는 소식을 듣지 못했다고 하면서 말 따로 행동 따로 하는 행정학자들의 이중성을 꼬집기도 한다.

이런 여러 이야기 중에는 좀 지나치다 싶은 것도 있지만 우리가 자신 있게 부인할 수 있는 것은 하나도 없다. 그런 점에서 우리는 행정학회와 행정학의 성장을 곱지 않게 보는 눈총에 당당히 맞설 낯이 없다.

우리를 부끄럽게 하는 여러 현상의 공통요인은 정기(正氣)의 결핍이 아닌가 하고 나는 생각한다. 출세와 영달을 적극적으로 꾀하지는 않는다고 해도, 다소간의 어려움이나 불이익을 염려하여 바른 길을 피하려고 하는 것은 바로 마음속에 정기가 함양되지 못했기 때문이다. 원칙에 충실하자는 개혁에 대해서도, 제도 변화에 따른 부작용에 신중히 대처해야 한다는 명분으로 원론 찬성, 각론 반대라는 나약하고 교활한 모습을 보이는 것도 정기가 죽었기 때문이다.

나는 대학에서 18년간 가르쳐 왔다. 그런데 시간이 흐를수록, 사회과학을 공부하는 학생에게는 지식보다 정기를 길러 주는 일이 더 중요하다는 점을 절실하게 느낀다. 맹자가 말하는 지대지강(至大至剛)한 호연지기(浩然之氣)까지는 엄두를 낼 수 없지만 최소한의 정기는 갖추게 하고 사회에 진출시켜야겠다는 희망이다. 그러나 후학들에게 정기를 어떻게 길러 줄 것인가. 발음이 나쁜 영어교사가 아무리 영어를 잘 가르쳐도 발음 좋은 학생을 길러내기 어려운데…….

앞으로도 우리는 계속 부끄러워할 수밖에 없는가? / 김윤상, 1994

이런 글을 쓰면서도 저는 적극적인 행동을 망설이는 소심함을 버리지 못했습니다. 사회 개혁을 위해서는 이론, 운동, 정치의 3박자가 필요하지만, 분업을 위해 나는 이론에 치중한다고 변명하면서 앞에 나서기를 주저하였습니다. 그러나 암울한 시기에 편히 지내면서 느낀 부끄러움과 미안함은 그 이후 저의 학문에도 영향을 주었습니다.

제 전공은 토지정의입니다. 토지에서 생기는 불로소득을 방치하면 정의와 효율을 해치므로 토지제도를 개혁해야 한다는 것이 핵심입니다. 당연히 기득권층이 싫어하는 주제입니다. 또 학계의 통념과 다른 결론을 제시하였기 때문에 학계의 환영도 받지 못했습니다. 그럼에도 불구하고 연구를 계속 밀고 나간 것은 현실에 직접 나서지 못하더라도 학자로서 적어도 바른말은 해야 한다고 생각했기 때문입니다. 희생을 무릅쓴 분들에 대한 저의 부끄러움과 미안함이 뒷받침해 주었기 때문에 이런 연구 주제에 꾸준히 매달릴 수 있었다고 생각합니다.

CHAPTER

4

Ⅱ. 토지 투기와 불평등

경부고속도로는 대학 1학년 때인 1968년 2월에 착공되고 졸업을 몇 달 앞둔 1970년 7월에 완공되었습니다. 대구에 살던 저는 입학 때는 통일호 열차를 타고 서울로 갔고 졸업 무렵에는 버스로 고속도로를 달려 귀향했습니다. 경부고속도로는 우리나라 고속 경제성장의 상징이자 '하면 된다'는 박정희식 개발의 표본이었습니다. 모두들 경축해 마지않았습니다. 저도 물론 고속버스를 타면서 감격스러웠습니다.

경제 성장과 고속도로 건설에 동반하여 전국의 땅값이 들썩였습니다. 대표적인 예로 서울 강남지역 개발을 들 수 있습니다. 이 지역은 말죽거리라고 불리던 허허벌판이었습니다. 그러나 정부가 제3한강교를 건설하여 경부고속도로와 연결하고 토지구획정리사업을 통해 기반시설을 조성하면서 땅값이 치솟았습니다. 3.3제곱미터당 200원 하던 땅값이 단기간에 5,000원으로 뛰어오를 정도였습니다. 자연히 토지 투기가 극성을 부렸습니다. 이 기회에 정권은 정권대로 정치자금을 마련하였고 대기업도 정경유착을 통해 막대한 이권을 챙겼습니다. 이런 사정은 서울시 도시계획과장을 지냈던 손정목 교수의『서울 도시계획 이야기』라는 책에 잘 묘사되어 있습니다(손정목, 2003).

더구나 1970년대 중반에는 중동 특수로 유입된 400억 달러 정도의 유동자금이 흘러 다녔습니다. 월남 파병으로 인한 특수가 10억 달러 정도였으니 중동 특수의 규모를 짐작하실 수 있을 것입니다. 이 돈이 어디로 갔겠습니까? 상당 부분은 돈이 돈을 벌 수 있는 부동산 투기로 흘러들어 갔습니다. 강남에서 비롯된 투기 광풍이 전국을 몰아쳤습니다. 아파트 분양권에는 프리미엄이 붙어 단기간에 커다란 차익을 남길 수 있었습니다. 도시에서 가깝거나 개발이 예상되는 전답과 야산을 사 두면 몇 년 내에 용도 변경과 개발이 이루어지면서 떼돈을 벌었습니다. 이렇게 부자가 된 사람은 부러움의 대상이 되었습니다. 사정이 이렇다보니 '전 국민의 투기꾼화'라는 우스갯소리도 생겼습니다. 직장에 다니는 남편 대신 아내들이 땅과 집을 보러 다닌다고 해서 '복부인'이라는 말도 생겼습니다. 정부는 한편으로는 부동산 투기 대책을 세우면서 다른 한편으로는 투기를 부채질하는 이중적 태도를 보였습니다.

대학생 시절부터 이런 사회현상을 보면서 이상한 생각이 들었습니다. 학부에서 법학을, 대학원 석사 과정에서 도시계획학을 공부했는데 교수님들이 이걸 문제라고 지적하지 않았습니다. 오히려 사유재산권 보호라는 명분으로, 토지수용 때는 투기적으로 상승한 땅값까지 모두 보상하는 게 정당한 보상이라고 하는 분도 계셨습니다. 정통성 없는 정권의 밀어붙이기식 개발 때문에 억울한 일을 당하는 국민이 많던 시절이니까 정부를 견제하려는 의도로 그렇게 말씀하셨는지는 몰라도, '정권이 무도하다고 해서 국민이 불로소득을 차지할 권리가 생기는 것은 아닌데……' 하는 생각이 늘 있었습니다.

그러다가 병역 의무를 마친 1976년에 경북대에 채용되었고 1978년부터 1982년까지 미국에 유학하여 도시계획학 박사학위를 받고 복직하였습니다. 박사과정 때 사회정의와 같은 가치 있는 주제를 택해서 학위 논문을 쓰고 싶었지만 영어가 원어민에 비해 턱없이 부족한 저로서는 벅찬 일이었습니다. 그래서 계량분석 기법과 컴퓨터를 많이 사용하여 논문을 썼습니다. 물론 계량적인 방법도 장점이 있지만 그 자체를 일생의 연구 대상으로 삼을 가치는 없다고 보았습니다. 그래서 연구 분야를 무엇으로 할지 한동안 고민하였습니다. 귀국한 지 4년 후인 1986년에 낸 첫 저서 『도시모형론』 서문에 이런 제 심정이 표현되어 있어 일부를 인용해 보겠습니다.

이제는 도시모형 연구에서 멀어지고 싶다. 도시 현상의 수리적 표현인 도시모형이 사회과학계에 밀어닥친 계량화의 물결을 타고 학문이라는 이름의 과대포장을 한 사치품처럼 생각될 때가 있으며 또 도시모형을 다루다 보면 우리 사회에 보다 절실한 본질적인 문제를 외면하고 얄팍한 숫자놀음을 하고 있는 것이 아닌가 하는 걱정이 되기 때문이다. 마치 운동선수가 기초체력의 연마는 등한시하고 지엽적인 기교를 다듬는 훈련에만 열중하는 듯한 느낌이 들기도 한다는 것이다. / 김윤상, 1986가: i

이 무렵 "우리 사회에 보다 절실한 본질적인 문제"로 제게 다가온 것이 바로 토지문제였습니다. 1980년대에도 지가는 급속히 상승했고 따라서 투기도 멈추지 않았습니다. 1986년에 아시안게임, 1988년에 올림픽 등 굵직한 국제행사에 대비하는 등 정부가 각종 개발과 정비에 박차를 가하자 사정은 더욱 심각해졌습니다. 부익부 빈익빈 현상이 극심해졌고 뛰어오른 전세금을 마련하지 못해 가족이 동반 자살하는 비참한 일까지 벌어졌습니다.

우리나라 지가 통계가 시작된 1974년부터 20년간의 지가 상승률을 보면 [표 46]과 같습니다.

[표 46] 지가상승률과 회사채수익률(괄호 속은 1974년 기준 지수) (단위: %)

연도	서울	대구	전국	회사채수익률
1974	– (100)	– (100)	– (100)	– (100)
1975	31.6 (132)	13.6 (114)	27.0 (127)	20.1 (120)
1976	16.1 (153)	21.2 (138)	26.6 (161)	20.4 (145)
1977	31.7 (201)	33.0 (183)	33.6 (215)	20.1 (174)
1978	135.7 (474)	51.5 (277)	49.0 (320)	21.1 (210)
1979	6.4 (505)	82.6 (507)	16.6 (373)	26.7 (266)
1980	13.4 (572)	12.6 (570)	11.7 (417)	30.1 (347)
1981	3.6 (593)	4.1 (594)	7.5 (448)	24.5 (432)
1982	8.7 (644)	1.3 (602)	5.4 (472)	17.3 (506)
1983	57.7 (1016)	7.0 (644)	18.5 (560)	14.2 (578)
1984	23.3 (1253)	6.9 (688)	13.2 (634)	14.1 (660)
1985	8.1 (1355)	6.6 (733)	7.0 (678)	14.2 (753)
1986	3.7 (1405)	5.4 (773)	7.3 (727)	12.8 (850)
1987	6.3 (1493)	57.7 (1219)	14.7 (834)	12.8 (959)
1988	28.1 (1913)	38.2 (1685)	27.5 (1064)	14.5 (1098)
1989	33.5 (2554)	35.3 (2278)	32.0 (1404)	15.2 (1264)

연도	서울	대구	전국	회사채수익률
1990	31.2 (3350)	27.4 (2902)	20.6 (1693)	16.4 (1472)
1991	11.2 (3725)	13.7 (3300)	12.8 (1910)	18.8 (1748)
1992	−2.8 (3621)	−2.6 (3214)	−1.3 (1885)	16.2 (2032)
1993	−8.7 (3306)	−7.8 (2963)	−7.4 (1746)	12.6 (2288)
1994	−1.4 (3261)	−7.8 (2989)	−0.6 (1736)	12.0 (2563)

주: 지가상승률 기준일은 1986년까지는 10월 1일, 그 후는 1월 1일.
자료: 건설부, 지가동향, 각 연도. 한국은행, 경제통계연보 및 한국은행경제통계시스템.

이 표에서 보듯이, 1990년대 들어 지가가 약간 하락하기는 했지만 그때까지는 지가가 가파르게 올랐습니다. 1974년의 지가를 기준으로 두면 지가가 정점을 찍은 1991년까지 17년간 서울의 지가는 무려 37배로 뛰어 올랐습니다. 이 숫자는 서울 전체의 평균일 뿐 개발이 이루어진 위치에서는 상상을 초월하는 상승이 이루어졌습니다. 전국의 지가도 같은 기간에 19배로 올랐습니다. 이 역시 평균치이므로 개발이 이루어진 땅을 소유하던 사람들은 그보다 더 엄청난 불로소득을 올렸습니다.

최근의 한 연구에는 이보다 더 극적인 통계가 제시되었습니다. 전국 지가는 1964년 1.93조 원에서 2013년 말 5,848.0조 원으로 3,030배 급증하였습니다. GDP 대비 토지자산 비율은 1964~2013년 중 평균 392%를 보인 가운데 1970년(547%)과 1991년(597%)에 쌍봉의 형태로 급등하였고 1978년(434%)에도 높은 수준을 보였습니다. 2013년은 전체 기간의 평균 수준 부근인 409%에 위치해 있습니다(조태형 외, 2015).

이런 사회현상을 보면서 적어도 당분간은 이 문제를 파고들기로 하였고 한동안 이 연구 주제를 붙잡고 씨름한 후 내린 결론은 단순했습니다. 토지는 인간의 생산물이 아니므로 단지 토지를 소유한다는 이유만으로 얻는 이익은 불로소득이라는 것, 투기는 정상보다 더 높은 이익을 기대할 수 있을 때 발생하므로 그런 이익을 제거하면 투기도 사라진다는 것입니다.

그런 과정에서 여러 문헌을 접하다 보니 19세기 미국의 토지개혁가 헨리 조지가 저와 비슷한 생각을 했다는 사실을 알게 되었습니다. 그래서 헨리 조지 사상의 전파를 목적으로 하는 미국의 샬켄백 재단(Robert Schalkenbach Foundation)에서 그의 저작을 구하여 읽기 시작했습니다. 1986년에는 토지문제에 관한 첫 논문 「토지사유제와 지대조세제」(김윤상, 1986나)를, 이듬해에 두 번째 논문 「토지 가치 귀속정책」(김윤상, 1987)을 발표하는 등 연구를 이어 갔습니다.

토지 투기가 극성을 부리자 정부에서는 이런저런 대책을 내놓지 않을 수 없었고 정부 산하 연구기관인 국토개발연구원(현 국토연구원)에서도 이 문제를 다루었습니다. 마침 1988년 4월에 열린 '토지공개념 확대와 투기억제대책을 위한 정책 세미나'에서 제가 '투기억제방법으로서의 조세제도'라는 제목으로 발표를 하였습니다. 내용은 평소에 생각해 온 것으로, 핵심은 다음과 같습니다.

> 첫째, 토지 투기는 토지 불로소득이 존재하기 때문에 발생한다. 둘째, 토지 불로소득을 완전히 없애는 방법으로 지대이자차액세와 지대세 제도가 있다. 셋째, 흔히 고려 대상이 되는 다른 제도는 위의 제도보다 못하다.[10] / 김윤상, 1989: 79-93

토지 불로소득은 지가차액과 지대이자차액의 합입니다. 지가차액이란 (매각지가 - 매입지가)이고 지대이자차액이란 (지대 - 매입지가에 대한 이자)입니다. 그런데 지대이자차액을 징수하면 이론상 지가차액이 0이 되기 때문에 토지 불로소득도 0이 됩니다.[11] 따라서 지대이자차액세를 징수하면 지가차액은 징수할 필요가 없어집니다. 토지의 경우 양도소득세가 필요 없게 된다는 것입니다.

제가 헨리 조지와는 달리, 지대를 모두 징수하는 지대세 대신 이자를 공제한 나머지를 징수하는 지대이자차액세를 제시한 것은, 이미 토지사유제가 정착된 사회에서 목돈을 지불하고 토지를 매입한 선량한 토지 소유자를 보호하기 위해서였습니다. 지대이자차액을 징수하면 지가는 0이 되지 않고 매입지가 수준으로 유지되기 때문에 기존의 토지 소유자가 제도 변화로 인해 손해를 보지 않습니다.

세미나에서 이런 발표를 하자 비판적인 토론이 나왔습니다. 토론자들은 기존의 교과서에 나오지 않는 생소한 아이디어에 여러 의문을 제기하기도 했고, 투

10 지대이자차액세, 지대세를 당시 발표문에서는 지대-이자차액조세, 지대조세라고 했고 토지 불로소득도 토지 초과소득이라고 표현했다.

11 지가차액과 토지 불로소득이 0이 되는 이유는 제2장 Ⅱ 참조.

기를 막는 목적을 넘어 체제 자체의 변혁을 초래할 수 있다고 염려하기도 했습니다. 어쩌면 마음속으로 '이거 사회주의 아니야?' 하는 생각을 했을지도 모르겠습니다. 저는 이후 계속해서 토지문제를 연구 주제로 삼았는데 논문을 학술지에 투고할 때마다 대다수 심사자가 비슷한 의문과 비판을 제기하곤 하였습니다. 자신이 학교에서 배우지 않은 새로운 패러다임에 대한 학자들의 거부감이 높은 벽으로 느껴졌습니다. 기존의 경제학 교과서에는 토지 투기에 대한 언급이 별로 없습니다. 완전경쟁시장에서는 투기란 없거나 있다고 해도 시장 작용에 의해 금방 사라진다고 보기 때문입니다. 그래서인지, 현실 시장에서는 자유경쟁을 통해 불로소득이 사라지기 어려우며 따라서 인위적으로 불로소득을 제거해 주어야 시장이 제 기능을 한다는 제 주장을 아예 인정하지 않으려는 학자들이 많았습니다. 저는 다행히도 학술지 게재가 그리 까다롭지 않고 교수 업적 평가도 그리 심하지 않던 시기에 교수 생활을 했지만, 제가 요즘 다시 교수가 된다면 이 주제를 꾸준히 붙들고 연구할 수 있을지 모르겠습니다.

아무튼 저는 헨리 조지 사상을 바탕으로 한 토지문제 연구를 계속하였고 1989년에는 헨리 조지의 명저『진보와 빈곤』의 축약본을 번역하여 출판하였습니다. 저의 당시 문제의식을 보여 주는 구절을 이 번역서 서문에서 인용해 봅니다.

이즈음 우리 사회에서는 기존의 체제, 특히 해방 이후 40여 년간의 체제가 과연 기필코 수호할 만한 가치가 있는 체제인가라는 의문이 심각하게 제기되고 있어 일종의 위기감마저 느껴지기도 한다.

기존의 체제에 대한 의문은 그 발생 원인에 의해 대체로 세 가지로 나누어 볼 수 있다. 첫째, 역사적 청산이 필요한 시기에 제대로 청산하지 못했기 때문에 생긴 의문이다. 둘째, 민주주의를 표방하면서도 독재를 해왔기 때문에 생긴 의문이다. 셋째, 경제적 분배의 불공정에 의해 생긴 의문이다.

이러한 의문은 좌우익 간의 투쟁에서 살아남아야 한다는 생존 지향적 사회 상황과, 오랫동안 찌든 가난에서 빨리 벗어나야겠다는 성장 지향적 사회 상황 속에서 비중 있게 부각되지 못했다. 뿐만 아니라 기득권을 가진 계층의 현상 유지

욕구와 현실적인 힘에 의해 의문을 제기하는 일 자체가 금기시되어 왔다. 그러나 이제는 우리 사회가 급한 불은 끈 셈이고 불을 끄는 동안 문제가 더욱 커졌으며 국민의 의식도 상당한 정도로 성숙한 결과 이러한 의문이 본격적으로 제기되고 있다.

이러한 세 가지 의문 중에서 불공정한 분배의 문제는 특별한 전문지식이나 소명의식을 가진 엘리트만이 관심을 갖는 문제가 아니라 시정의 일반 사람들도 누구나 느끼고 있는 보편화된 문제이다. 더구나 토지가격이 상승하여 가진 자의 불로소득이 엄청나게 증가하고 서민층의 '내 집 마련'이라는 소박한 꿈마저 산산조각 나는 지경에 이르자 이에 대한 국민의 불만이 고조되어 아마도 현재 사회 갈등의 가장 심각한 원인이 되고 있는 것으로 보인다.

이러한 시기에 역자는 헨리 조지(Henry George, 1839~1897)의 사상이 시공을 초월하여 설득력을 가진다는 사실을 다시금 느끼게 된다. 헨리 조지는 19세기 후반에 사회를 풍미하던 통설, 즉 인구의 증가가 빈곤의 원인이라는 견해를 반박하고, 사회가 고도로 진보하는 가운데 극심한 가난이 존재하는 원인은 토지의 사유에 있다고 갈파하였다. 그리고 이를 해소하기 위한 대책으로 지대의 100%를 조세로 징수하자는 제안을 하였다. 이러한 조세는 일반적으로는 토지 가치세(land value tax) 또는 토지단일세(single tax)라고 부르는데 역자는 '지대세'라고 부르기도 한다.

헨리 조지의 사상은 이후 많은 이상주의자에게 공감을 불러일으켰고 각국의 토지제도에 상당한 영향을 주었다. 역자도 토지문제에 오랫동안 관심을 가지면서 여러 학설을 검토하였지만 헨리 조지의 제안이 토지에 관한 정의성과 효율성을 동시에 달성할 수 있는 최선의 방법이라는 확신을 가지게 되었다. 또 자유시장을 통해 개인의 경제적 노력과 기여에 정당한 대가가 돌아가도록 하는 제도를 자본주의라고 한다면 지대세 제도는 진정한 자본주의를 실현하기 위한 필수조건이라는 생각도 하게 되었다.

지대세 제도를 실시하면 우리 사회체제에 대한 의문이 상당히 해소될 수 있을 것으로 생각한다. 위에서 지적한 세 가지 의문에서 각각 비판의 표적이 되는 세 계층은 사실상 거의 동일한 계층, 즉 우리 사회의 기득권층 내지 범여권인 동시에 대토지 소유자 계층이라고 할 수 있는데 지대세 제도를 통해 이 계층이 부당하게 누리고 있는 경제적특권 및 이에 근거한 정치적·사회적 특권이 대폭 축소될 것이기 때문이다.

또 지대세 제도를 실시하면 간혹 거론되고 있는 사회주의적 색채의 개혁 논리도 호소력을 잃을 것으로 생각한다. 사회주의적 방식의 비효율성이 확인된 현대에 이러한 개혁 논리가 우리 사회에서 다소나마 호소력을 갖는 이유는 빈익빈 부익부 현상을 매일매일 생활경험에서 생생하게 느낀다는 점과 현재의 기득권층이 워낙 강하여 보통의 방법으로는 양보를 받아 내기 어렵다는 점 때문인 듯하다. 그러나 지대세 제도를 실시하면 토지에 기인한 불로소득이 소멸하고 기득권층의 경제적 우월성도 많이 약해질 것이므로 사회주의적 개혁 논리가 공감을 얻기 어려울 것이다. / George, 1879, 김윤상 옮김, 1989: 7-8[12]

1980년대는 우리 사회의 각종 모순에 대한 해결책을 열정적으로 찾던 시대였고 특히 이 책이 출간된 시점에는 부동산 값이 폭등하여 대다수 국민이 극심한 고통을 겪고 있었습니다. 그 때문인지 이 책이 예상 밖으로 좋은 반응을 얻었는데, 그 정황을 유시민 씨의 『청춘의 독서』에서도 엿볼 수 있습니다.

그 무렵에 말로만 들었던 책, 헨리 조지의 『진보와 빈곤』을 읽었다. 아쉽게도 완역본이 아니라 발췌 번역한 축약본이었고 …… 내가 20대에 마지막으로 읽은 고전이었다. …… 처음 읽었을 때나 지금이나 변함없이, 내게 『진보와 빈곤』은 꿈을 일깨우는 책이다. 조지는 황량한 사막 한가운데, 혹시 있을지도 모르는 푸른 오아시스를 보여 주었다. 삭막한 대도시에서 길을 잃은 사람들의 가슴에 망각해 버렸던 이상을 되살리고 열정을 불러일으켰다. 『진보와 빈곤』은 과학 기술이 고도로 발전한 오늘날에도 민중의 삶이 이렇게 힘들고 팍팍한 이유를, 그 숨겨진 비밀을 밝혀주는 책이다. / 유시민, 2009: 250-251

12 이 책은 절판되었다가 번역을 다시 다듬어 2012년에 『간추린 진보와 빈곤』(경북대학교출판부)이라는 제목으로 출판되었다. 새 책에도 첫 출판 당시의 서문이 실려 있다.

부동산 문제는 우리나라만의 문제가 아닙니다. 2008년에는 미국발 금융위기가 전 세계에 엄청난 충격을 주었는데 그 뿌리에 부동산 투기가 있었습니다. 특히 일본은 투기로 부풀려졌던 부동산 가격이 1990년대에 반 이하로 급락하면서 경제가 침체하였습니다. 이 시기를 "잃어버린 10년"으로 부르고 있지만 실은 일본은 20년이 넘은 지금도 그 영향을 벗어나지 못하고 있는 형편입니다.

저는 계속해서 토지문제에 집중하여 1991년에는 토지 관련 첫 저서인 『토지정책론』을 출판했고 1997년에는 『진보와 빈곤』 완역본을 냈습니다. 논문도 토지문제에 초점을 맞추어 썼습니다. 그러나 제 연구는 학계에서 별 주목을 받지 못했습니다. 정부나 경제 쪽에서도 별로 반응이 없었습니다. 그런데 노무현 정부 시절 서울 강남 지역을 기점으로 하여 집값이 치솟고 정부에서 강력한 대책을 마련하면서 사정이 약간 달라졌습니다. 부동산 대책을 둘러싸고 벌어진 뜨거운 논쟁 속에서 '부동산 정책의 배경에 헨리 조지가 있다'는 언론의 보도가 나오면서 제 주장이 다소간 세간의 주목을 받았습니다. 이런 보도가 나온 것은, 경북대 이정우 교수가 당시 청와대 핵심 브레인이었기 때문일 것입니다. 이정우 교수는 저를 포함한 몇몇 대구지역 학자들과 함께 '헨리 조지 연구회'를 만들어 부동산 문제에 대해 연구해 왔습니다.

제가 토지문제 연구에 몰두해 온 것은 물론 현실을 개혁하기 위해서입니다. 현실을 개혁하려면 이론 외에 운동과 정치의 3박자가 맞아야 하지만 저는 그중 흠없는 이론을 정립하는 데 특화해 왔습니다. 그런 제가 간접적으로나마 현실 정책에 영향을 준 사례 하나를 소개하려고 합니다.

1990년대 들어서면서 급격한 지가 상승 추세는 꺾였습니다. 우리나라만이 아니라 세계적으로 1980년대 후반에 부동산 가격이 급등하다가 1990년대에는 소강상태로 접어들었습니다. 그러자 부동산 문제가 과거보다 덜 심각하다거나 부동산 투기의 시대는 지나갔다고 진단하는 사람이 많았습니다. 그런데 10여 년 잠잠하던 부동산이 노무현 정부 때 서울 강남지역을 시작으로 들썩였습니다. 정부는 강력한 대책을 마련하였고 이런 대책에 대한 비판이 여기저기에서 일었습니다.

이 무렵 부동산 문제에 관한 전문가의 여론을 수렴하기 위한 국민경제자문회의가 열렸습니다. 이 회의는 헌법기관으로서 대통령의 자문기관입니다(헌법 제93조). 당시 부동산에 대해 저와 견해를 같이하던 경북대 이정우 교수가 청와대 정책실장으로 있으면서 저를 2004년 8월에 열린 국민경제자문회의에 참석하도록 하였습니다. 대통령이 주재하고 경제장관들이 배석한 가운데 국토연구원장, 한국개발연구원장 등 국책연구원장들과 학자 몇 명이 참석했습니다. 대부분의 발언자가 정부 개입을 줄이고 부동산 경기를 활성화해야 한다는 논조를 폈는데 저만 다른 방향의 발언을 했습니다. 후일 이정우 교수의 전언에 의하면 제 발언이 회의의 흐름을 바꾸었다고 합니다. 듣기 좋으라고 이정우 교수가 과장한 면도 있겠지만 그 회의 뒤에도 노무현 정부의 부동산 대책이 다른 참석자들의 주장과 거리가 있었던 것은 사실입니다. 제 발언 요지는 다음과 같습니다.

참여정부가 국민의 기대 속에 공들여 만든 부동산 대책이 '실수요는 살리고 투기수요는 막겠다'는 확실한 신호를 부동산 시장에 보냈고 그 효과가 지금 나타나고 있습니다. 그런데도 부동산 대책을 완화해야 한다는 의견이 있는 것으로 압니다.

완화론자 가운데는 사익을 추구하거나 참여정부에 흠집을 내려는 의도를 가진 사람이 상당수 있겠지만 이들에 대해서는 언급을 하지 않겠습니다. 반면 나름대로 소신에 의해 완화론을 펴는 경우도 적지 않다고 봅니다. 이런 완화론자도 두 집단으로 나눌 수 있습니다. 한 집단은 소위 자유주의자 또는 시장주의자입니다. 정부 규제를 가급적 줄이고 기업의 경제활동을 최대로 보장해야 한다는 생각을 가진 분들입니다. 사유재산제와 시장경제를 중시하는 분들입니다. 사유재산제는 노력과 기여의 대가를 보호하자는 취지를 가진 제도입니다. 불로소득까지도 보호해 주는 것은 진정한 사유재산제가 아닙니다. 토지는 인간의 생산물이 아니고 그 가격 변화도 소유자의 생산적 노력과 무관합니다. 그러므로 자유주의자를 자처하는 분이 토지 불로소득을 차단하려는 정부의 부동산 대책에 반대한다면 자기모순에 빠지고 맙니다.

또 하나의 집단은 당면한 경기 부진을 염려하는 일부 경제부처, 경제계, 정치권입니다. 부동산 경기를 진작하면 건설업이 살아나고 그 결과 경제가 활성화된다는 것이 이 분들의 논리입니다. 물론 건설업은 파급효과가 큰 산업입니다. 그러나 현재의 부동산 경기 침체라는 것은 주택 부문에서 아파트 미분양이 나오고 프리미엄과 전세금이 전과 같지 않은 현상을 말합니다. 이런 현상은 그동안 투기 때문에 공급이 넘치고 가격이 부풀려진 상태가 정상 국면으로 조정되는 지극히 '시장적인' 과정입니다. 그런데도 불구하고 주택부문 건설업을 자극하기 위해 부동산 대책을 완화하자고 하는 것은, 일시적 금단현상을 겁내는 것밖에 안 됩니다. 설령 이분들의 주장처럼 부동산 경기를 자극하여 경기 호전의 효과가 난다고 하더라도 이것은 마치 알코올 중독자에게 술을 주어 일시적으로 정상적인 생활을 하도록 하는 것과 같습니다. 부동산 경기가 활성화된 이후에는 다시 경기침체가 뒤따른다는 실증적인 연구도 있습니다.

이런 점을 감안할 때, 지금 참여정부가 해야 할 일은 부동산 대책을 완화하는 것이 아니라 현재의 정책기조를 유지하면서 오히려 토지 불로소득의 환수를 강화하는 것입니다.

한편, "그러면 현재와 같은 정부의 부동산 대책에 100% 동의하는가?" 하고 물으신다면 그런 것은 아닙니다. 현재의 정책기조를 유지하되 앞으로 개선해 나갈 경우에 대비하여 '부동산 대책 3원칙'과 플러스 1을 제시하려고 합니다.

부동산 대책 3원칙 + 1

1) 건물이 아니라 토지에 과세해야 합니다.
2) 부동산 거래세에서 토지보유세로 옮겨 가야 합니다.
3) 부동산 과세와 더불어 다른 조세를 감면해야 합니다.
4) 지방분권 정책 기조와 일관성을 유지해야 합니다.

1) 건물이 아니라 토지에 과세

최근 아파트가격이 급등하고 이어서 주상복합건물, 상가 등으로 확대되었기 때문에 부동산문제는 건물의 문제인 것으로 생각하기 쉽습니다. 강남이든 강북이든 건물 자체의 가격은 비슷하며 차이가 나는 것은 땅값입니다. 또 건물이야 땅만 있으면 더 지을 수 있습니다. 그러므로 부동산 문제의 핵심은 건물이 아닌 토지입니다. 이런 인식에 비추어 보면 문제가 되지 않는 건물에까지 종합부동산세를 부과할 필요가 없습니다.

다만, 아파트 등의 경우에는 대지의 공시지가가 너무나 낮게 평가되어 있다는 현실적인 제약 때문에 건물 전체의 거래가액을 기준으로 과세하겠다는 안이 나오는 것으로 보입니다. 그러나 이 문제는 공시지가를 대폭 수정하는 정공법으로 해결해야 합니다.

2) 거래세가 아니라 보유세로

거래세보다 보유세가 좋다는 데 대해서는 학계에서도 합의가 있고 오늘 이 자리에 참석하여 발표하신 분들도 인정하고 있는 것으로 보입니다. 이런 인식에 비추어 보면 종합부동산세는 좋은 방향의 대책입니다. 현재 광역자치단체에서 부과하는 취득세와 등록세도 거래세이므로 이것도 보유세로 전환하는 것이 좋습니다. 거래세는 부동산 경기의 영향을 많이 받아 세수가 불안정하기 때문에 이러한 전환은 지자체가 원하는 바입니다. 광역자치단체가 조세 수입을 동일하게 유지한다는 조건 하에 스스로 전환할 수 있도록 해 주면 됩니다.

3) 타 조세 감면

정부가 세제에 손을 대면 국민은 또 세금을 더 거두나 하고 불안하게 생각합니다. 그 때문에 좋은 목적의 정책도 오해를 받고 불필요한 저항을 야기합니다. 그러므로 국세인 종합부동산세 신설로 인해 세수가 증가할 것으로 예상되면 그에 상응하여 다른 조세를 감면해 주어야 합니다.

4) 지방분권 정책 기조와 일관성 유지

지방분권 정신을 살리려면 지방세는 대폭 자율화하고 투기 억제 등 국가 목적은 국세를 수단으로 삼으면 됩니다. 또한 납세자가 지방세로 납부한 보유세액을 국세에서 감면해 준다면 이중과세라는 비판이 생길 여지도 없습니다.

노무현 정부의 부동산 정책에 대한 비판은 많았습니다. 특히 부동산에 이해관계를 가진 쪽에서는 그런 정책을 달가워할 리가 없었습니다. 대표적인 예로, 자유기업원 원장이었던 김정호 박사의 비판을 보겠습니다. 자유기업원의 현재 명칭은 자유경제원으로, 그 명칭이 상징하듯이 재계의 관점을 대변하여 기업의 자유를 무엇보다도 중시하는 기관입니다. 김정호 원장은 그전에도 저서와 칼럼 등을 통해 토지세 강화론 비판에 앞장서 왔는데, 그중에서 『땅은 사유재산이다』(김정호, 2006)에서 제시한 헨리 조지 비판을 소개하겠습니다.

첫째, 헨리 조지는 토지는 누구도 생산한 것이 아니기 때문에 본질적으로 사유의 대상이 되지 않는다고 하였습니다. 이에 대해 김정호 원장은 "만든 사람만이 소유할 수 있다면, 누구도 만들지 않은 땅에 대해서는 국가를 포함한 그 누구도 소유권을 가질 수 없다."(316면)고 하였습니다.

그러나 이런 비판은 국가가 국민을 대표하는 기관임을 부정하는 것입니다. 어느 개인도 생산하지 않은 것이라면 당연히 모든 국민의 것이고 따라서 국민을 대표하는 국가에 귀속되는 게 이상할 게 없지 않습니까?

둘째, 헨리 조지는 지대를 모두 환수하여 정부 재원으로 삼아야 한다고 하였습니다. 이에 대해 김정호 원장은 지대를 다 환수한다면 "잘해 봤자 본전인데, 무엇 때문에 힘들여 가면서 땅으로부터 수익을 내려고 애쓰겠는가?"(314면) 그리고 "아무리 열심히 일해 봤자 남 좋은 일(세금 납부)만 시키는 활동을 무엇 때문에 하겠는가?"(315면)라고 하였습니다.

경제학자답지 않은 비판입니다. 김정호 원장의 비판이 옳다면 부동산을 임차해서 사업하는 사람은 없을 것입니다. 임대료를 지불하고 나면 사용자는 잘해 봤자 본전이고 부동산 주인 좋은 일만 시킬 것이기 때문입니다. 그런데 위치가 좋은 지역일수록 남의 건물에 세 들어 장사하는 사람들로 넘치지 않습니까? 경제학 교과서에 따르면 생산자가 지대를 포함한 모든 생산요소를 제값 내고 쓸 때 효율적인 자원 배분이 이루어진다고 되어 있습니다. 또 완전경쟁시장의 토지 소유자는 미래의 모든 지대를 한꺼번에 다 지불하고 토지를 매입한 사람입니다. 김정호 원장이 이런 간단한 원리를 몰랐을까요? 몰랐다기보다는 결론을 부정하고 싶은 마음이 앞서서 그랬던 것으로 보입니다.

셋째, 김정호 원장은 토지를 "언제 어떠한 용도에 어떻게 사용할 것인지는 소유자가 결정하게 하는 것이 가장 바람직"하므로 토지사유제가 필요하다(321면)고 비판하였습니다.

이 비판의 '소유자'를 '토지사용 결과가 귀속되는 사람'으로 대치하면 옳은 말입니다. 소유자가 토지를 직접 사용한다면 두 사람이 동일인이 되지만, 임대차 등의 방식으로 토지 소유자와 사용자가 다른 경우도 많습니다. 그렇다면 토지 용도를 누가 결정하는 것이 사회 전체를 위해 더 나을까요? 당연히 사용자이겠지요. 뿐만 아니라 토지 소유자는 임차인의 토지 자체의 가치를 훼손하지 않는 한 토지를 어떤 용도로 사용하건 임대료만 받으면 만족합니다. 물론 소유자가 직접 토지를 사용할 때는 용도에 신경을 쓰겠지만 이 경우에도 소유자로서가 아니라 사용자로서 신경을 쓰는 것입니다. 김정호 원장의 이런 잘못된 비판 역시 시장에 대한 이해 부족 때문이라기보다는 지공주의를 부정하려는 의도 때문이 아닐까요?

비슷한 시기인 2006년 3월 자유기업원 원장에 이어 최승노 대외협력실장도 비판 칼럼을 썼습니다. 참여정부의 토지정책과 지공주의에 대한 대기업 측의 강한 거부감을 느끼게 됩니다. 이에 대응하는 저의 칼럼을 소개합니다.

자유주의와 정글주의는 다르다

한국경제연구원이나 자유기업원 등 나름대로 '자유주의'를 표방하는 단체에서 최근 지공주의 즉 헨리 조지의 경제사상에 대해 비판적 관심을 보여 주고 있다. 한 예로, 자유기업원 최승노 대외협력실장이 지공주의를 비판하는 글을 24일 자유기업원 홈페이지에 실었는데 요약하면 다음과 같다.

(1) 자원의 효율적 배분을 위해서는 재산권을 설정해야 한다.

(2) 재산권은 사용권, 수익권, 처분권을 모두 포함하는 소유권이어야 한다.

(3) 토지사용 규제, 토지이익 환수는 재산권 원리에 어긋난다.

지공주의의 관점에서 위 세 명제에 대해 논평해 보자. 명제 (1)에 대해서는 대체로 동의한다. 물론 재산권 설정이 모든 희소한 자원의 배분에 다 명약이 되는 것은 아니다. 최 실장도 한강이나 북한산이 사유화되는 것을 원하지 않을 것이다. 짧은 글에 다 언급하기가 어려워서 일반론만 편 것으로 이해하고 싶다.

명제 (2)는 문제가 있다. 현행법상 토지소유권에는 사용권, 수익권, 처분권이 다 포함되어 있다고 말한다면 그건 맞다. 그러나 그게 바람직하다고 한다면 그건 아니다. 토지의 효율적 배분을 위해서 필요한 것은 배타적 사용권과 사용 결과의 확실한 보장일 뿐, 불로소득까지 보장할 필요는 없다.

자유주의의 기수 하이에크도 이 점을 분명하게 인식하였다. 자유기업원에서 번역하기도 한 『자유헌정론』(*The Constitution of Liberty*, 1960)에 나오는 하이에크의 견해를 요약해 보자.

> 도시 토지에는 이웃효과(neighborhood effect)라는 것이 있다. 토지의 이용은 서로 이웃 토지에까지 영향을 준다는 것이다. 이 문제의 해결책으로서, 지대를 환수하자고 하는 헨리 조지의 제안은 매력적이다.

이처럼 하이에크는 토지에서 불로소득이 발생한다는 사실, 그로 인해 토지의 효율적 배분이 저해된다는 사실, 따라서 지대를 환수하는 것이 좋다는 사실을 알고 있었다.

그러나 안타깝게도 하이에크는 '주민 공동의 노력과 개별 소유자의 노력에 의한 가치를 구분해서 평가하기 어렵다'는 이유를 들어 지대 환수의 제도화에는 반대하였다. 대가답지 않게, 원론은 맞지만 실무가 어렵다는 이유로 반대한 것이다. 필자는 '실무가 어렵다'는 이유마저도 근거가 없다는 점을 다른 논문(「지공주의를 옹호한다」, 『역사비평』, 2005년 가을호)에서 지적한 바 있다.

명제 (3)도 하이에크의 의견과 상충된다. 하이에크는 같은 책에서 이웃효과의 부정적인 면을 최소화하고 긍정적인 면을 최대화하기 위한 도시계획이 필요하다고 했다. 도시계획의 본질적인 내용은 토지 규제다.

최 실장이 규제 중에서 지나친 규제, 불필요한 규제에 반대한다면 필자도 대찬성이다. 토지 불로소득을 제대로 환수하지 않으면 토지는 사용의 대상에서 투기의 대상으로 전락한다. 그래서 졸렬하고 과격한 규제가 나온다. 우리나라에서 실시되었던 토지공개념 정책도 예외가 아니다. 토지 규제에 반대한다면 우선 토지시장부터 정상화하여 토지 불로소득이 생기지 않도록 해야 한다. 그 최선의 방법은 단순한 방임이 아니라 토지 불로소득을 보유세로 환수하는 것이다.

설령, 최 실장의 표현대로 "토지이익을 정부가 회수하는 제도는 재산권 원리에 위배된다."고 하더라도, 소득과 부가가치처럼 생산적 노력과 기여의 결과에 세금을 매기는 것은 재산권 원리에 더 심하게 위배된다. 따라서 주장의 일관성을 유지하려면 이런 세금부터 먼저 없애자고 주장해야 한다. 그래서 자유주의의 또 다른 기수 밀턴 프리드먼도 "지대 환수는 가장 덜 나쁜 세금"이라고 평가한 바 있다.

토지 불로소득 환수는 최 실장의 인식과 달리, 재산권 '원리'에 위배되는 것이 아니고 일부 재산권 '이론'에 어긋난다. 자연물과 생산물을 구분하지 않는 잘못된 재산권 이론을 맹목적으로 추종하다 보면 고귀한 자유주의는 어느덧 추악한 정글주의로 변모하고 만다. 반면, 지공주의는 진정한 자유주의를 추구한다. 노력과 기여의 대가를 생산자에게 보장하고 불로소득을 (악성도가 높은 불로소득부터) 환수하여 최우선적인 정부수입으로 삼자는 것이다.

'자유주의' 단체가 (비록 비판적이기는 하지만) 지공주의에 관심을 갖는 것은 바람직한 일이다. 짤막한 언론 칼럼을 통해서가 아니라 더 진지하고 깊이 있는 대화를 거치면 오해가 풀릴 수 있을 것이다. 맨손으로 뛰는 지공주의자에 비해 현실적으로 돈과 조직을 갖추고 있는 '자유주의' 단체에서 대화의 장을 마련하는 것이 좋지 않을까?

열보다는 빛을 많이 내는 건설적인 토론이 이어지기를 기대한다. / 김윤상, 2006나

그 후에도 저는 토지문제에 관한 연구를 계속하였고 2009년에는 30여 년에 걸친 토지연구를 정리하여 『지공주의: 새로운 토지 패러다임』이라는 책을 냈습니다. 이후에는 토지사유제 문제에서 특권 문제로 연구 범위를 넓혔습니다. 특권이란 노력과 운에 비해 남보다 더 유리한 결과를 얻을 수 있는 원인을 말합니

다. 토지소유권은 전형적인 특권입니다. 능력과 운에서 차이가 없는 두 사람이 같은 노력을 들여 농사를 짓는다면 비옥한 농지를 차지한 사람이 더 많은 수확을 올릴 것이기 때문입니다.

그런데 세상에는 토지소유권 외에도 특권이 많습니다. 환경을 오염시키거나 천연자원을 독점 채취할 수 있는 권리가 있다면 이것도 특권입니다. 서울사람은 지방사람보다 유리합니다. 장관이 거의 예외 없이 서울 거주자 중에서 임명되는 걸 보더라도 분명합니다. 이런 걸 저는 '수도권특권'이라고 부릅니다. 좋은 학벌을 가진 사람은 같은 실력을 가진 다른 사람보다 더 좋은 기회를 얻게 됩니다. 이런 걸 저는 '학벌특권'이라고 부릅니다. 수도권특권과 학벌특권 역시 항상 제가 주목해 온 사회문제였습니다. 그 외에 남성이 여성보다 여러 면에서 유리한 사회에 존재하는 '남성특권', 과거에 양반들이 누리던 '신분특권'도 특권의 좋은 예입니다. 비정규직에 비해 정규직이 같은 일을 하는 비정규직보다 더 나은 처우를 받는데 이 역시 '정규직특권'이라고 부를 수 있습니다. 이런 여러 특권에 주목하여 토지원리를 일반화한 저서『특권 없는 세상』을 2013년에 출판하였습니다.

그런 가운데 다행히 제 사상에 공명해 주는 분들도 있었습니다. 1985년 〈한국헨리조지협회〉와 2005년 〈토지정의시민연대〉라는 시민단체가 생겼고, 학자들도 1994년부터 〈헨리조지연구회〉를 시작하여 오늘날까지 계속하고 있으며, 2007년에는 헨리 조지 사상을 우리 현실에 접목시키는 연구소인 〈토지+자유연구소〉도 생겼습니다. 또 〈헨리조지연구회〉 회원인 경북대 이정우 교수가 노무현 정부에서 청와대 정책실장을 지내면서 지공주의 정책을 위해 노력하기도 하였습니다. 그러나 고정관념과 기득권이 지배하는 세상을 바꾸기에는 아직 우리의 힘이 너무나 미약합니다. 좋은 세상을 꿈꾸며 지공주의와 특권 없는 세상에 공감하는 더 많은 인재가 나타나기를 기대합니다.

2009년의 졸저『지공주의: 새로운 토지 패러다임』에 대해 제 자신이 쓴 해제문을 올려 둡니다. 학자로서 제 인생과 사상에 대해서도 약간 언급하고 있습니다.

지공주의: 새로운 토지패러다임

저는 운이 좋은 사람입니다. 만 26세에 경북대에 들어와 지금까지 큰 탈 없이 재직하고 있습니다. 달랑 석사학위 하나 가지고 교수가 되었는데 그 학위도 공군 장교로 24시간 3교대를 하는 특수 부서에 근무한 덕에 취득할 수 있었습니다. 또 재직 중에 하버드-옌칭 재단의 장학금을 받아 미국에서 박사과정을 이수하였습니다. 이만하면 운이 좋은 인생이겠지요.

학생 때는 제가 학문이나 교수직과 인연을 맺을 것이라고는 상상도 못했습니다. 6·25 피난살이로 대구에 정착한 외롭고 가난한 집안에서 자랐기 때문에 미래에 대한 기대가 높을 수 없었습니다. 가난하더라도 자유로운 교양인으로 사는 것이 꿈이라면 꿈이었습니다. 그러던 중 뜻밖에도 학문을 직업으로 삼게 되었고, 나이가 들면서 나로 인해 세상이 조금이라도 좋아진다면 다행이라는 생각도 들었습니다. 그래서 학문을 통해 사회에 기여해야 한다는 사명감을 다소나마 가지게 되었습니다.

미국 학문의 식민지화를 피해서

이런 이유로, 유학 후 경북대에 복직한 1982년부터 한동안 무엇을 연구할 것인지를 심각하게 고민하였습니다. 미국에서 배운 학문을 계속하는 분도 많았지만, 저는 미국의 사회과학은 미국의 풍토에서 생겨났기 때문에 우리나라에 도움이 덜 된다고 보았습니다. 제가 미국식 학문을 답습하면 우리 국민이 낸 세금과 우리 학생들이 낸 등록금으로 미국 학문의 식민지화에 일조할 뿐이라고 생각했습니다.

그런 고민 끝에 토지정책을 연구 분야로 삼게 되었습니다. 대학 시절에는 경부고속도로 건설을 계기로 전국에 부동산 투기가 번지는 모습을 보았습니다. 경제성장이 본격화되는 과정에서 온 국민이 부동산 투기에, 한편으로는 시달리면서 다른 한편으로는 매달리는 모습도 보았습니다. 지난 수십 년 동안 부동산은 교육과 더불어 우리 사회의 기회균등을 훼손하는 최대의 원인이 되었습니다. 그래서 부동산 문제의 근본적인 해결책을 모색해 보고 싶었습니다.

이 분야는 학부에서 법학을 석·박사과정에서 도시계획학을 전공한 저와 인연이 전혀 없지는 않습니다. 그러나 그 내용은 새로운 것이었습니다. 국내에는 제가 관심을 둔 주제에 관한 도서도 연구도 거의 없는 상태여서 자료를 직접 외국에 주문하여 독학하였습니다. 이런 과정을 거치면서 나름대로 쌓아 온 연구 성과가 졸저『지공주의: 새로운 토지 패러다임』에 담겨 있습니다.

토지와 자연은 우리 모두의 것

『지공주의: 새로운 토지 패러다임』이 출간된 2009년은 경북대에 몸담은 지 무려 33년이 되는 해였습니다. 또 제가 회갑을 맞은 해여서 정년퇴임을 의식하지 않을 수 없는 시점이었습니다. 그래서 그동안의 연구 성과를 망라하여 하나의 체계 속에 담아 보려고 하였습니다. 과거에 출간했던『토지정책론』과『알기 쉬운 토지공개념』에 후속 연구 성과를 보태 전체를 새롭게 집필하였습니다.

『지공주의: 새로운 토지 패러다임』을 압축하면 아래 토지원리와 같습니다.

토지원리

① (평등한 토지권) 모든 국민은 토지에 대해서 평등한 권리를 가진다.

② (합의에 의한 우선권 인정) 사회적 필요성이 있으면 사회적 합의에 의해 특정인에게 우선권을 인정할 수 있다.

③ (우선권 인정의 조건) 사회가 특정인에게 우선권을 인정하려면 다음 조건을 충족시켜야 한다.

㉮ (취득 기회균등) 모든 사람에게 우선권 취득 기회를 균등하게 보장한다.

㉯ (특별이익 환수) 우선권에서 발생하는 특별이익을 환수한다.

㉰ (사회적 제약) 우선권 행사는 우선권을 인정하는 취지에 부합해야 한다.

'지공주의'(地公主義)라는 용어를 처음 듣는 분이 많으실 것입니다. 당연합니다. 제가 만든 용어니까요. 지공주의는 토지공개념과 비슷한 말입니다. 인간이 생산한 것은 생산자가 소유하되 천부된 토지와 자연은 우리 모두의 것이 되어야 한다는 사상입니다. 자연물을 인공물과 다르게 다루는 것은 매우 상식적이고 역사적으로도 뿌리가 깊지만 현실에서나 학계에서나 무시당하고 있습니다. 제 연구에 대해서도 '하나의 주제를 가지고 줄기차게 하는군' 정도의 반응이 있었을 뿐 그 이상의 관심은 끌지 못했습니다.

지공주의는 좌도우기론(左道右器論)

'지공주의는 좌파'라는 오해도 있습니다. 토지국유화나 사회주의를 연상하기 때문인 듯합니다. 마음에 안 드는 대상에는 일단 좌파라는 딱지를 붙이고 보는 우리나라 기득권층의 나쁜 버릇 때문일 수도 있습니다. 물론 지공주의는 좌파의 가치인 분배정의와 사회보장을 지향합니다. 그러나 자유와 시장을 기반으로 하는 우파적 방법을 제시합니다. 좌파의 이상을 달성하려면 좌파가 지금까지 내놓은 것보다 더 세련된 방법이 필요하며 또 우파적인 분배정의만 진정으로 구현해도 빈곤 퇴치와 사회보장이 가능하다고 보는 것이 지공주의의 인식입니다. 그런 의미에서 저는 지공주의를 좌도우기론이라고 합니다.

꿈이 없으면 개혁도 없다

위에서 본 토지원리 중 우리 사회에서 심하게 무시되는 것이 ③의 ㈏(특별이익환수)입니다. 토지에서 생기는 불로소득을 방치한다는 것입니다. 토지 불로소득은 분배정의와 경제 효율을 해치며, 미국발 금융위기에서 비롯된 현재의 경제위기도 뿌리는 여기에 있습니다. 이런 폐해를 막기 위해 『지공주의: 새로운 토지 패러다임』에서는 토지보유세를 높이면서 다른 세금을 줄이자고 제안합니다.

세금 중에 경제 효율 면에서 토지보유세가 가장 우수하다는 사실은 우파(?) 교과서에서 예외 없이 인정하고 있습니다. 그렇게 본다면 『지공주의: 새로운 토지 패러다임』의 부제인 '새로운 토지 패러다임'은 잘못 붙인 셈입니다. 지공주의는 전혀 새롭지 않은 평범한 진리이기 때문입니다. 한편, 북한과 같은 토지국유제 사회라면 토지를 개인에게 임대하고 사용권을 최대한 보장하여 개인의 창의를 유발하는 방안을 제시합니다.

이해관계와 고정관념으로 얼룩진 현실에서 지공주의가 수용되기 어렵다는 사실을 잘 알지만 그럼에도 불구하고 포기할 수 없습니다. 모든 개혁은 불가능해 보이는 꿈에서 시작되며, 꿈을 포기하면 결국 아무 개혁도 이룰 수 없기 때문입니다. 마치 중생이 빠짐없이 부처가 된다든지 하나님 나라가 이 땅에 이루어지는 것이 현실적으로 불가능하다는 것을 알더라도 그렇게 되도록 노력하지 않을 수 없는 것과 같습니다. 애쓰는 그 자체만으로 아름다운 일이고 세상이 조금이라도 그런 방향으로 변화한다면 보람도 느낄 수 있지 않겠습니까?

눈앞의 현실에서는 이성의 영향력이 비록 미약해 보여도 역사는 결국 그 방향으로 나아갈 것이라 믿습니다. 200년 전에 노예제도가 철폐될 것이라고 누가 예견했겠습니까? 100년 전에 남녀가 동등하게 투표권을 행사할 것이라고 누가 내다보았겠습니까?

헨리 조지는 『진보와 빈곤』에서 "다른 사람도 같은 별을 본다는 사실을 알 때 더 확신을 가지고 별을 보게 된다."고 하였습니다. 『지공주의: 새로운 토지 패러다임』을 통해 새로운 별을 보게 되는 사람이 몇 명이라도 나타난다면, 아무도 알아주지 않는 가운데 묵묵히 연구해 온 학자로서 보람 있는 일이 아닐 수 없습니다. / 김윤상, 2010

CHAPTER 4

Ⅲ. 서울중심주의

저는 서울에서 태어났지만 대구 출신이나 다름없습니다. 돌도 되기 전에 터진 6·25 전쟁으로 가족이 피난살이를 하다가 대구에 정착하였고 저는 초등학교부터 고등학교까지 대구에서 다녔기 때문입니다. 대학, 대학원과 군대 시절을 합하여 8년 정도 서울에서 살았고 유학과 연구년으로 6년간 미국에서 지내기도 했지만 그때도 생활 기반은 역시 대구였습니다.

1960년대 급속한 경제 성장과 더불어 인구가 도시로 몰렸고 특히 서울 집중이 심했습니다. 하지만 후진국 발전의 초기 단계에는 어쩔 수 없는 일이라고들 생각하였습니다. 그래서 1970년대만 해도 지역불균형 문제라고 하면 주로 영호남 간의 문제였습니다. 제가 대학을 졸업한 해인 1971년 경북 구미 출신 박정희가 전남 목포 출신 김대중과 대통령 선거에서 겨루었습니다. 박정희는 헌법을 무리하게 개정해서 3선에 나섰기 때문에 국민 여론이 좋지 않았습니다. 고전을 하던 박정희 진영은 여러 무리수를 두었는데 그중에는 지역감정에 불을 지피는 전략도 들어 있었습니다.

저는 박정희 이전에도 주위 사람들이 호남에 대한 편견을 드러내는 것을 더러 경험했습니다. 그러나 그 정도는 세계 어느 곳에나 있는 굴절된 애향심 정도가 아니었을까요? 실제로 전남 광양 출신 조재천 씨가 대구에서 세 차례나 민의원에 당선될 정도로 지역감정은 정치에 거의 영향을 주지 않았습니다. 제가 초등학교 시절 조재천 의원의 지역구에서 살았지만 주변 어른들로부터 전라도 출신이니 찍지 말아야 한다는 말을 들은 기억이 없습니다.

그런데 지역감정을 정치에 악용하면서 호남에서는 호남 푸대접론이 생겼습니다. 경부선 지역에 비해 호남선 지역은 발전하지 못했다거나, 고위 공직에 영남 출신이 편중되고 호남 출신은 드물다거나, 공업단지도 구미, 울산 등 영남에 쏠려 있다는 등의 불만이 많았습니다. 선거를 하면 여동야서, 즉 소백산맥 동쪽 영남지역은 당시 박정희가 이끄는 여당이, 서쪽 호남지역은 그에 맞서는 야당이 장악하는 소위 '싹쓸이' 선거가 시작되었습니다.

1979년 박정희가 피살되고 대구 출신인 전두환 중심의 신군부가 정권을 잡는 과정에서 광주민중항쟁이 일어났습니다. 1980년 5월 18일부터 27일까지 계엄령 철폐와 전두환 퇴진 등을 요구하며 벌인 처절한 저항이었고, 5·18 민주화운동이라고도 부릅니다. 전두환은 유혈사태를 빚으면서 항쟁을 진압하고 대통령이 되었습니다. 지역감정은 더욱 악화되었습니다. 진압군이 영남 출신 중심으로 편성되었다는 소문까지 돌았습니다.

그런데 제가 미국 유학을 마치고 1982년에 경북대에 복직한 후 이 문제를 냉정하게 살펴보니 지역간 불균형은 영호남 사이보다 서울과 지방 사이가 훨씬 더 심각했습니다. 영남이든 호남이든 지방과 지방거주자는 언제나 뒷전이었고, 모든 정책은 서울중심이었습니다. 자원과 기회가 서울에 집중되었습니다. 그런데도 지방사람들은 이상하게도 서울에 사는 자기 지역 출신과 자신을 동일시하면서 지방사람들끼리 지역감정 싸움을 벌였습니다.

1980년대에 대학 졸업정원제를 실시하면서부터 인재의 서울 집중이 심해졌고 지방대학 졸업자의 취업이 크게 위축되었습니다. 1994년에 취임한 경북대의 박찬석 총장이 이런 문제를 염려하면서 소위 '인재 지역할당제'라는 아이디어를 제시하였습니다. 수도권 대학 출신이 좋은 직장을 점령하다시피 하는 문제를 시정하기 위해 지방대학 출신에게 공직 공채에서 일정 비율을 할당하자는 것입니다. 저는 이 방안이 서울중심주의를 혁파하는 데 크게 도움이 될 수 있다고 보았고 무엇보다도 예산을 들이지 않고도 효과를 볼 수 있다는 점에서 적극 동조하였습니다. 박찬석 총장과 공동 명의로 논문을 발표하기도 하였습니다 (박찬석·김윤상, 1997).

박찬석 총장의 적극적인 노력 덕에 인재 지역할당제가 조금씩 세간의 관심을 끌기 시작하자 반론도 만만찮게 제기되었습니다. 반론은 대체로 세 가지로 나눌 수 있습니다. 가장 큰 반대는 물론 수도권에서 제기되었습니다. 호남 쪽에서도 소위 '영남패권주의'를 가볍게 보는 게 아닌가 하는 의문이 있었습니다. 심지어는 같은 영남지역에서도 기회균등에 대한 관점의 차이에서 생기는 반론이 적지 않았습니다. 모든 새로운 아이디어가 맞는 공통적인 운명이라고 할까요?

그중에서 우선 수도권에서 제기되는 반론 사례 하나를 소개합니다. 2007년 대구에서 열린 국제경제학회에서 박세일 교수가 발표한 견해를 요약하면 이렇습니다.

1. 서울을 발전시켜야 한다.
   1) 집적이익이 혼잡비용보다 더 크다. 따라서 서울을 발전시켜야 하고 이를 위해 수도권 규제를 풀어야 한다.
   2) 세계화 시대를 맞아 서울 발전은 지방 발전에 기여한다. 따라서 서울의 국제 경쟁력을 높여야 한다.
2. 지역의 발전을 위해서는 이렇게 하자.
   1) 광역 준연방제 수준의 분권화
   2) 지역인재 양성과 지역리더쉽 양성
      평준화 정책을 풀고 정부 지원으로 지역 명문대를 육성해야 한다.
   3) 지역 나름의 비교우위를 발견하고 발전 전략을 세워야 한다.

박세일 교수의 주장은 노무현 정부의 지방분권 정책에 반대하는 진영에서 제기한 비판론의 대표적인 예입니다. 수도권 규제를 해서는 안 되고, 지역인재를 양성해야 하지만 우대하는 것은 옳지 않다는 것입니다. 이에 대해 당시 토론자였던 저는 이렇게 논평하였습니다.

1. 집적이익이 혼잡비용보다 크다?
   이건 입증되지 않은 주장이다. 이론적으로 실증적으로 그 반대의 증거도 많다.
2. 서울중심주의를 놔둔 채 지역인재를 양성한다?

발표자는 "고교평준화 정책을 풀고 정부 지원으로 지역 명문대를 육성"해야 한다고 하는데, 고교평준화 여부와 무관하게, 지역에서 출생한 인재는 대체로 고교 때까지는 지역에 머물며 문제는 그 후에 생긴다. 사람들이 지방에 살려고 하지 않는다. 이런 경향은 고급 인재가 심하다. 우수한 고교 졸업생들은 너나없이 서울로 진학하고 싶어 한다.

지역 명문대 육성? 서울중심주의가 버티고 있는 한 지방에 좋은 대학을 만들어도 좋은 학생이 진학하지 않는다. 지방 명문대를 만들기 위해서도 서울중심주의를 타파해야 한다. 지방에 살아도 불이익과 설움을 받지 않도록 해야 하고 서울만이 아니라 지방도 "사업하기 좋고 근로자들이 살기 좋은" 곳으로 만들어야 한다. 이를 위해 지역균형 인사, 수도권 규제, 각종 시설과 기회의 지방 분산이 필요하다. 그래야 서울도 과밀 없는 발전이 이루어진다.

3. 지역의 비교우위를 발견하여 발전 전략을 세워야 한다?

발표자의 비교우위론에는 '각 지역이 지역 내에서 비교우위를 가진 상품의 생산에 특화한다면'이라는 전제가 들어 있다. 그런데 1차 산업을 제외한 모든 산업에서 서울이 절대우위에 있는 상황에서는 지역 특화를 한다고 해도 서울중심주의 상황에서는 서울·지역 간 하청구조를 낳아 오히려 서울중심주의를 강화하는 쪽으로 작용할 것이다.

4. 이런 비유를 어떻게 생각하나?

가난한 집안에 삼형제가 살고 있는데, 형제 중 하나가 대학에 진학하면 다른 둘은 고교 진학마저 포기할 수밖에 없는 형편이다. 이때 장남 하나라도 대학에 보내자고 하는 것이 박세일 교수의 논리이다. 그러나 두 동생은 이렇게 생각한다. "형만 대학에 가는 것이 집안에 도움이 될까? 집안 전체에 도움이 된다고 해도 형의 출세가 나한테도 도움이 될까? 더구나 형이 결혼이라도 하면 형수의 눈치를 볼 수밖에 없을 텐데……."

여기서 형은 서울, 동생은 지방, '형수'는 서울중심주의가 계속되기를 원하는 수도권의 정치적·경제적 이해관계를 말한다.

1998년 여름에는 광주에서 열린 학회에서 「DJ시대의 영호남: 서울중심주의를 타파하자」라는 제목의 논문을 발표하였습니다. 광주전남행정학회와 대구경북

행정학회는 두 지역 화합을 위해 1994년부터 매년 여름에 공동 학술대회를 열었으며 그 전통은 아직도 이어지고 있습니다. 여기서 DJ는 그해 봄에 취임한 김대중 대통령의 애칭입니다. 논문의 핵심 내용 두 가지를 요약합니다(김윤상, 1998: 1).

첫째, 대구·경북 지역 및 그 주민이 1960년대 이래 소위 'TK정권' 30년간 상당한 혜택을 입었을 것이라는 통념을 뒷받침하기 어려운 통계적 근거를 제시하였다. 중앙정부 엘리트 충원이 대구·경북 출신에 유리하게 이루어졌다는 사실과 관련하여 대구·경북 주민이 다른 지역 주민보다, 특히 광주·전남 주민보다 혜택을 많이 받았다는 믿음이 널리 퍼져 있다. 이런 생각은, 여러 가지 이유로 피해의식을 가질 법한 광주·전남 주민뿐만 아니라, 대구·경북 주민을 제외하면, 일반 국민도 상당수 가지고 있는 것으로 보인다. 그러나 지역소득 통계와 생활지표 통계를 통해 볼 때 이런 믿음은 입증되지 못하였다. 생활수준을 나타내는 지표로는 주택보급률, 1인당 1일 상수도 급수량, 1인당 도로 면적, 1천 명당 전화가입자수를 선정하였다.

둘째, 진정한 불평등은 서울과 지방 간에 존재하며 이러한 서울중심주의를 해소하기 위해서는 권력, 산업·문화시설, 인재를 분산해야 한다고 주장하였다. 특히 그중에서도 인재분산에 초점을 맞추었는데 그 이유는 권력분산과 산업·문화시설분산은 종래에 많이 논의되어 왔으므로 새삼스럽게 강조할 필요가 없으며 특히 인재분산은 비용이 거의 들지 않는 경제적인 방안이기 때문이다. 인재분산은 많은 사람이 추구하는 대학 진학, 취업, 지위 획득의 기회를 거주지역에 관계없이 균등하게 부여하여야 가능하므로 이를 위해 구체적으로 다음과 같은 방안을 제시하였다.

가. 대학입학 기회의 거주지역간 균등화
나. 소위 "인재 지역할당제" - 중요 국가시험 합격기회의 거주지역간 균등화
다. 대기업 입사 기회의 거주지역간 균등화
라. 장관, 각종 위원회 위원 등 중앙정부의 정책엘리트 선임에 거주지역 배려

이 발표는 상당한 논란을 불러일으켰습니다. 무엇보다도 그동안 계속되어 온 '영남정권'하에서도 대구·경북 주민의 삶이 광주·전남 주민보다 더 나아지지 않

았다는 사실을 통계로 보여 주었다는 점이 그랬습니다. 이 주장은 당시의 통념과 달랐고 특히 영남에 대한 피해의식을 가진 호남사람들은 믿기 어려워했습니다. 그러나 "서울과 지방 사이의 불평등은 심각한 수준이며 서울중심주의를 해소하기 위해서는 권력, 산업·문화시설, 인재를 분산해야 한다."는 데 대해서는 인식을 같이하였습니다. 영호남이 해묵은 지역감정에 매이지 말고 힘을 합쳐 서울중심주의에 대항해야 한다는 데 공감대가 형성된 것입니다.

수도권과 호남 아닌 곳에서도 반론이 적지 않았습니다. 저와 같이 경북대에 근무하던 이정우 교수의 반론을 예로 들어 보려고 합니다. 이정우 교수는 소득분배론을 전공하면서 늘 약자를 배려하는 학자이며 후에 지방분권에 역점을 두었던 노무현 정부에서 청와대 정책실장을 맡기도 하였습니다. 이처럼 유력한 우군이 될 수 있는 이정우 교수마저 인재 지역할당제를 비판한 것을 보면 다른 사람들의 거부감은 더 컸을 것으로 짐작할 수 있습니다. 이정우 교수는 1998년 대구지역의 유력 일간지인 『매일신문』에 비판 칼럼을 실었는데 이에 대해 제가 반론을 썼고, 그 후 재반론, 재재반론으로 이어졌습니다. 그중에서 논쟁 전체를 이해할 수 있도록 쓴 저의 재재반론을 실어 둡니다.

인재 지역할당제 - 독자의 판단을 위하여

국회에 법안이 올라가 있는 인재 지역할당제를 놓고 이정우 교수와 필자 사이에 반론, 재반론이 있었다. 모든 사회문제가 그렇듯이 이 문제에도 절대적인 정답이 있는 것이 아니고 결국은 국민의 건전한 판단에 의해 결정될 수밖에 없다. 그런 의미에서 독자의 판단을 돕기 위해 이 제도에 대한 중요한 반대 견해를 정리하는 것으로 답에 대신하려고 한다.

첫째, 가장 무게 있는 반대 근거는 이 제도가 불평등하다는 것이다. 이 제도 하에서는 서울의 고득점자가 불합격하는 반면, 대구의 저득점자가 합격할 수 있으므로 거꾸로 서울사람을 차별하게 된다는 것이다.

(사견: 역(逆)차별적인 제도가 모두 불평등한 것은 아니다. 심각한 불평등을 해소시키기 위해 잠정적으로 적용하는 제도로서 불평등한 정도와 제도 사이에

비례관계가 있으면 헌법상 평등원칙에 위배되지 않는다는 것이 학계의 통설이다. 또한 국회에 올라 있는 법안에는 전국적으로 합격점을 고르게 하기 위해 법 제정 후 4년의 유예기간을 두고 있다.)

둘째, 역시 평등 문제와 관련하여, 성(性)은 본인이 선택할 수 없으므로 인재등용의 성별 할당제는 정당하지만 거주 지역은 선택할 수 있기 때문에 지역별 할당제는 정당하지 않다는 지적도 있다.

(사견: 우리 국민의 과반수는 여러 모로 혜택과 기회가 많은 서울에 살지 않고 지방에서 불평등을 겪고 있다. 이런 현상이 대체로 본인이 자유롭게 거주지를 선택한 결과라고 본다면 이 지적에도 일리가 있으나 여러 가지 불가피한 사정에 의해 그렇게 된 것이라면 형식적인 선택권이 존재한다는 이유를 들어 인재 지역할당제가 부당하다고 해서는 안 된다.)

셋째, 서울과 비서울의 불평등을 해소하는 데에는 지방발전, 지방대학육성 등 더 좋은 다른 방법이 있으므로 인재 지역할당제는 좋지 않다는 지적도 있다.

(사견: 서울 집중의 문제는 권력집중, 산업·문화시설집중, 인재집중을 포함하고 있다. 이 3자는 서로 원인도 되고 결과도 되는 관계에 있으므로 이 중 어느 한 가지를 분산시키는 조치는 다른 집중문제 해결에도 도움이 된다. 또 지금과 같은 서울중심주의 속에서 권력과 중요시설을 분산시키는 것은 인재 지역할당제를 성사시키는 것보다 더 어렵다. 뿐만 아니라 비서울 인재의 등용기회를 넓히는 제도가 불평등하다고 주장한다면 비서울 발전에 정부예산을 많이 배정하는 조치도 역시 불평등하다고 주장해야 하지 않는가?)

넷째, 법안에는 할당 단위 지역을 잘게 나누어 대구·경북, 광주·전남 등을 단위로 설정하고 있는데 서울과 비서울이라는 두 지역 간의 불평등을 해소하기 위한 제도라면 단위지역도 둘로만 나누어야 한다는 지적도 있다.

(사견: 이 지적에 대해서는 필자도 동의한다. 잘게 나눈 것은 아마도 지역구를 의식하는 국회의원의 동의를 이끌어 내기 위한 것이 아닌가 추측한다.)

그 밖에도 여러 반대 근거가 있을 수 있으나 이 정도로도 독자께서 충분히 판단하시리라 믿고 생략한다. /『매일신문』, 1998년 3월 23일자

다행히 지역균형 발전에 대한 공감대가 점차로 넓어지면서 국회의원들이 법안을 제출하기도 하였습니다. 1998년 2월, 제15대 국회에서 의원 45명이 '국가 인재의 지역 간 균등 등용 촉진 법안'을 발의한 것입니다. 대표 발의자는 서훈, 조영재, 한화갑 의원이었고 의안번호는 150971입니다. 2001년 제16대 국회에서도 의원 94명이 '지방대학 육성을 위한 특별법안'을 발의하였습니다. 대표발의자는 한화갑 의원, 의안번호는 161292입니다. 두 법안은 지금도 국회 의안정보시스템에서 검색할 수 있습니다. 발의자 명단에는 여야 의원이 골고루 들어 있는데도 안타깝게 의원 임기 만료로 폐기되고 말았습니다. 그렇지만 저로서는 중요한 의미를 지닌 법안입니다. 서울중심주의에 대한 사회의 문제의식이 높아졌다는 증거이니까요.

2001년에는 '지방분권 실현을 위한 전국 지역 지식인 선언'이 있었고 2002년에는 '지방분권 운동 대구·경북 본부'(상임대표: 김형기 경북대 교수)가 창립되었습니다. 2002년 대통령 선거에서는 수도권 집중 문제가 중요한 이슈로 등장하게 되었습니다. 후보 중에서도 이 문제에 관심이 특히 많았던 노무현 후보가 당선되자 행정수도 이전, 공공기관 분산 배치 등 전례 없이 과감한 조치를 추진하였습니다. 서울대학교에서도 정운찬 총장 재직 시 지역균형 선발제를 통해 지방의 고등학생을 배려하는 입시 제도를 도입하였습니다. 한국은행 등 공공기관과 일부 기업체에서도 지역균형 선발제를 도입하기 시작하였습니다. 2010년에는 6급 이하의 공무원에 지역인재를 추천에 의해 임용할 수 있도록 국가공무원법(▶ 267쪽 해설 14 참조)이 개정되었습니다. 이와 같은 변화는 저의 희망에 비하면 매우 미흡하지만 그래도 작으나마 긍정적인 신호라고 할 수 있습니다.

지금도 서울 집중은 해소되지 않아 국가 핵심 기능과 부의 80% 이상이 수도권에 집중되어 있습니다. 최근 통계를 보더라도 매출액 기준 10대 기업의 90%, 100대 기업의 80%, 1000대 기업의 70% 정도가 수도권에 몰려 있습니다. 수도권 법인의 시가 총액은 전체 코스피 시가 총액의 90%에 육박하고 코스닥도 75% 정도를 차지합니다. 전국의 대학 평가 상위 20개 중 80%인 16개 대학이 수도권에 있습니다. 전국 예금액, 연구개발비, 재산세 징수액도 약 70%가 수도권에 집중되어 있습니다.

그런데도 이명박 정부 이후 서울중심주의에 대한 경각심이 정치권에서 사라지는 분위기입니다. 안타깝습니다. 권력이 서울에 집중되어 있는 현실에서는 서울중심주의를 타파하기 어렵다는 사실을 절감합니다. 하지만 절망하지 말고 지방 차별 해소를 위해 계속 노력해야 합니다. 이만큼이라도 변화를 이룬 것은 절망하지 않았기 때문이 아닐까요?

지역구 국회의원이 많은데도 불구하고 지방 차별이 계속되는 이유로 서울 중심의 정당제도 탓이 크다고 봅니다. 지역에 기반을 둔 정당을 가로막고 있는 정당법을 개정해야 한다는 제 칼럼을 소개하면서 서울중심주의 답사기를 마무리합니다.

지역정당을 허하라
정치의 서울중심주의부터 허물어야

내년에는 총선과 대선이 연이어 닥치고 이명박 정부가 끝난다. 지방에 사는 우리로서는 이 명박 정부 집권기에 서울중심주의가 더 심해진 것이 특히 마음이 아프다. 1990년대부터 10여 년간 '지방분권' 운동이 활발하게 전개되었으나 대기업, 부유층, 서울 중심의 사고방식을 가진 이명박 정부는 노무현 정부 때 이룩했던 약간의 결실마저 없던 일로 하려고 애를 썼다.

그런데도 대구와 경북에 지역구를 둔 한나라당 국회의원은 이를 보고만 있었다. 호남 출신 의원이 압도적인 민주당 국회의원들도 역시 적절히 대처하지 못했다. 왜 그럴까? 여러 원인이 있겠지만 모든 정당이 서울을 중심으로 운영되는 정당(이하 '서울당')이라는 점이 크게 작용했다고 본다.

지역의 요구도 '서울당'을 통해야 표출

현행 정당법에 의하면 정당은 수도에 소재하는 중앙당이 등록해야 성립하고(제3조, 4조), 5개 이상의 광역시·도에 시·도당을 가져야 하며(제17조), 각 시·도당은 그 지역에 사는 1천 명 이상의 당원을 가져야 한다(제18조)고 되어 있다. 즉, 전국 조직을 가지고 당원이 최소한 5천 명을 넘어야 하며 중앙당은 반드시 서울에 소재해야 한다는 것이다. 엄청난 진입장벽이다.

그래서 모든 정당은 서울당이 되고 말았다. 지방 주민이 절실한 문제를 정치적으로 표출하려고 해도 서울당을 통할 수밖에 없다. 국회의원도 결국 서울당의 공천을 받아야 하므로 지방의 요구를 제대로 반영하기 어렵다. 더구나 대다수 국회의원의 실제 거주지는 수도권이어서 서울사람의 의식을 갖고 있다. 사람의 마음은 베개를 두는 곳에 있기 때문이다. 지방은 서울당의 선거 식민지로 전락하였다.

심지어 기초자치단체의 장과 의원마저도 서울당에 예속되고 말았다. 그래서 지방선거에서는 정당공천제를 없애야 한다는 목소리도 있었다. 현실을 고려할 때 나름대로 일리가 있는 주장이지만, 지역 정치도 정치이므로 정당을 배제한다는 것은 원론에 맞지 않는다는 점에서 설득력이 떨어지는 것이 사실이다. 그렇다면 정당법을 개정하여 지역정당을 만들어야 한다. (이하 생략)

〈체인지 대구〉를 위해서도 지역정당 필요

또 최근 대구에는 〈체인지 대구〉라는 이름의 비정당 시민정치행동 조직이 탄생하였다. 한나라당 일색의 대구 정치를 바꾸기 위해 야권의 통합 내지 연대를 추진하는 조직이다. 지역의 야권이 후보라도 단일하게 내어 여권에 맞서도록 함으로써 최소한의 균형을 확보하자는 취지를 가지고 있다. 대한민국의 정치 왕따가 된 우리 지역을 구하기 위한 시민운동으로 주목받고 있다.

그런데 지금과 같은 정당법으로는 지역 야권 후보의 난립을 (일시적으로는 몰라도) 근본적으로 막기 어렵다. 정치 참여 욕구를 가진 사람은 서울당에 가입하는 수밖에 없는데, 서울당이 분립되어 있는 상황에서는 이들도 나뉘게 되고 그 결과는 지역의 후보 난립으로 나타난다. 난립의 책임을 출마자들에게만 물을 수는 없다. 제도를 바꾸어야 한다.

정당법 개정으로 지역정당이 생기면 지역 정계의 판도가 놀랄 정도로 달라지지 않을까? 유권자들이 머나먼 서울당 후보보다는 생활정치를 하려는 가까운 후보를 더 선호할 것이다. 서울당 때문에 분열되어 있는 지역 정치인들도 생각을 바꾸게 될 것이다. 물론 이건 희망적인 예상이고 지역정당이 추가되면서 후보가 더 난립할 가능성도 있다. 그러나 자존심 강한 지역 주민은 서울당의 지점에 만족하지 않을 것이며 결국은 지역정당이 중심이 되고 서울당과 정책연대를 하는 쪽으로 재편될 것으로 예상한다. 또 그렇게 되도록 〈체인지 대구〉와 같은 단체에서 노력해야 한다.

다른 지역과도 연대하면 효과 커진다

정당법 개정 노력은 다른 지역과 연대하면 효과가 더 크다. 지역마다 서울중심주의와 특정 정당의 싹쓸이를 걱정하는 시민운동이 있을 것이므로 이들이 힘을 모아 압력을 높이는 것이 좋겠다. 영호남에서 모두 의미 있는 지역정당이 탄생한다면 서로 상대편의 싹쓸이를 명분 삼아 자기 지역의 싹쓸이를 합리화해 온 비뚤어진 지역 정서도 대폭 완화될 것이다.

지역정당을 허용하면 지역 이기주의가 심해진다고 반대하는 사람도 있다. 그러나 정당이란 나라 전체의 공익을 해치지 않는 범위 내에서 누군가의 정치적 욕구를 대변하는 정치조직이므로 이런 반대는 옳지 않다. 대기업, 부유층, 서울 등 강자의 이익을 대변해 온 한나라당보다 소외된 지역의 이익을 대변하는 정당이 훨씬 나은 것은 말할 것도 없다.

서울중심주의 타파를 위해서도 〈체인지 대구〉와 같은 시민운동의 진정한 성공을 위해서도 지역정당을 허용하도록 정당법 개정 운동을 벌여야 한다. / 김윤상, 2011다

CHAPTER 4

Ⅳ. 시장주의의 편견

저는 학부에서 법학을 전공하였지만 경제학 등 인근 사회과학에 어느 정도 관심을 두었고 석·박사과정에서 도시계획학을 전공하면서도 경제학을 좀 배웠습니다. 1980년대 이래 제가 선택한 연구 분야인 토지정책 역시 경제학과 관련이 있습니다. 그래서 경제학의 핵심 개념인 '시장'에 대해서 생각하는 기회가 많이 있었습니다.

인간은 자신이 노력해서 얻은 것은 자기 것이라고 여기는 본성이 있습니다. 또 자신이 원하는 것을 적은 비용으로 획득하려고 하는 본성도 있습니다. 이런 본성에 따라 자기 것을 주고 자신에게 더 필요한 남의 것을 취득하기 위해 시장이 형성되었습니다. 즉 시장이란 여러 사람이 서로 자신의 것을 교환하는 장소 또는 기구입니다. 교환이 일반화되면 전문화와 분업을 통해 사회 전체의 효율도 향상됩니다. 그래서 저는 시장은 불가피할 뿐 아니라 개인에게도 좋고 사회에도 도움이 된다고 생각합니다. 경제학 교과서에 완전경쟁조건을 갖춘 시장에서는 자원의 효율적 배분이 이루어진다고 되어 있습니다.

더구나 현실의 정부는 강압과 무능과 부패의 이미지를 가지고 있습니다. 우리나라 현대사를 체험한 국민이라면 정부의 강압을 염려하는 것이 이상할 게 없습니다. 장발 단속이니, 미니스커트 단속이니 하면서 경찰이 국민의 머리카락과 치맛자락의 길이를 자로 재던 시대가 있었습니다. 유신 때는 헌법에 대한 찬반 의견도 표현하지 못하게 했습니다. 국민에게 위안을 주던 가요, 예를 들면 '동백아가씨'나 '아침이슬'을 방송금지곡으로 지정하였습니다. 권력을 감시하고 사회의 목탁이 되어야 할 언론에 간섭하여 자기네들에게 유리한 여론을 조작해 왔습니다.

정부가 무능하다는 사실을 보여 주는 예는 따로 들 필요도 없을 것입니다. 공무원이 국민의 이익보다는 조직 보호와 조직 내 자기 위치 확보에 더 신경을 쓰는 모습은 흔합니다. 무슨 사태가 터져도 문제 해결보다는 조직 논리가 더 강하게 작용합니다. 무사안일과 자기 보신이 체질화된 것으로 보입니다. 게다가 정부가 쓰는 돈도 자신이 노력해서 벌어들이는 돈이 아니니 아깝다는 생각 없이 마구 쓰는 경향이 있습니다. 이러고서 무능하지 않다면 오히려 이상할 정도입니다.

정부의 부패도 국민이 잘 알고 있습니다. 사소한 부패는 말할 것도 없고 규제권을 가진 공무원이 권한을 악용하여 사적인 이익을 채우는 사례도 많습니다. 정치 권력과 경제 권력이 결탁하는 정경유착의 사례도 적지 않습니다. 공무원 좋고 업자 좋은 가운데 국민만 손해 보는 일이 다반사로 일어납니다. 그래서 정부는 정부대로 재계는 재계대로 국민에게 나쁜 인상을 주었습니다.

여기에 정치의 결함이 가세합니다. 국민의 대표가 선거를 통해 선출되기 때문에 공익보다는 대중 영합적인 공약을 내걸고, 임기가 4년 또는 5년으로 짧아 단기간에 반짝 효과가 나는 정책을 추구해 왔습니다. 이런 상황에서는 국가의 백년대계가 발붙일 곳이 없습니다. 더구나 정치를 하려면 돈이 많이 들기 때문에 정치인은 가진 자의 편을 드는 경우가 많습니다. 현실이 이런 지경이니 정부와 정치가 제발 좀 간섭하지 말고 가만히 있기를 바라는 국민이 적지 않은 게 당연합니다.

더구나 1980년대 이래 정부의 간섭을 경계하고 시장을 중시하는 신자유주의가 세계의 지배 이념이 되었습니다. 신자유주의는 주로 미국 풍토에서 배양된 사조이지만 우리나라에서도 빨리 수용되었습니다. 우리나라 학자와 정치인들이 미국을 많이 모방하는 탓도 있고 또 우리 사회에 정부 불신이 짙게 깔려 있는 탓도 있을 것입니다. 김영삼 정부는 말할 것도 없고 좌파정부라는 말을 듣기까지 하는 김대중 정부도 시장 쪽으로 기울어진 정책을 폈습니다.

시장이 완전하다면, 적어도 자원 배분의 효율성 기준으로는 정부가 간섭하지 않는 게 좋을 것입니다. 그러나 현실의 시장은 현실의 정부처럼 흠도 많고 반칙도 많이 일어납니다. 그런데 정부에 흠이 많다고 해서 시장을 그대로 두어야 할까요? 사람은 자연에 순응할 때 가장 좋은 건강 상태를 유지하지만, 그렇다고 해서 병이 나도 의사가 간섭하지 말라고 해야 할까요? 의사도 부족함이 있고 때로는 반칙을 저지르기도 하므로 자연치유에 맡기는 것이 낫다고 해도 될까요? 시장에 간섭하지 말라고 하는 것은 결국 시장의 흠과 반칙을 그대로 두라는 말과 같지 않습니까?

더구나 시장에 방임할 때 유리한 쪽은 경제적 강자이기 때문에 시장의 흠과 반칙은 잘 드러나지 않는 경향이 있습니다. 제1장에서 소득의 원인에는 노력, 운 외에 특권이 있다고 했고 토지소유권과 같은 공인된 특권 외에도 수많은 특권이 존재한다는 점을 보았습니다. 이처럼 시장 참여자의 평등이 보장되지 않는 현실에서 시장을 그냥 두라는 주장은 강자에게 유리한 제도를 옹호하는 것과 다름없습니다. 제1장에서 사용했던 용어를 다시 쓴다면 이기형 제도를 지지하는 것과 같다는 것입니다.

시장방임을 원하는 사람들은 흔히 애덤 스미스의 '보이지 않는 손'을 인용합니다. 그러나 '보이지 않는 손'은 이기심을 옹호하고 방임을 주장하기 위해 사용한 표현이 아니며 오히려 스미스는 중상주의 체제 하에서 정부와 결탁하여 독점을 추구한 자본가를 통제해야 한다고 역설한 사람이었습니다(Smith, 1776; 김근배, 2016). 이것은 제1장 〔토론 4〕에서처럼 특권적 제도를 없애자는 주장이기도 합니다.

시장과 관련된 여러 가지 생각 끝에 시장과 정부의 역할에 대해 이런 결론을 내리게 되었습니다.

시장과 정부의 조화

시장과 정부의 역할을 상호 대립적인 것으로 보는 견해가 지배적이기 때문에 시장의 역할을 강조하는 시장주의와 정부의 역할을 강조하는 개입주의는 평행

선을 긋고 있다. 개입주의자의 눈에 비치는 시장주의자는 경제제일주의와 무한경쟁을 추구하며 양극화, 불로소득 사유화 등을 불가피하다고, 심지어 바람직하다고까지 생각하는 사람이다. 반면 시장주의자의 눈에 비친 개입주의자는 정부의 능력과 도덕성에 대한 환상을 가진 순진한 사람, 부유층의 정당한 재산을 약자에게 퍼 주어 그들의 버릇을 나쁘게 들이는 사람이다. 이렇게 대립된 시각은 학계에도 역시 존재한다. 오히려 학자들은 나름대로 이론적인 근거를 갖추고 있다고 자부하기 때문에 설득과 화해가 더 안 된다.

그런데 양자의 긴장관계는 상당 부분 '진정한 시장경제'에 대한 오해에 기인한다. 진정한 시장경제에서는 시장주의와 개입주의의 소통이 가능하고 그 긴장관계가 상당히 해소될 수 있다. 진정한 시장경제에서는 시장과 정부의 영역이 상호보완적 관계 속에 조화롭게 자리 매김할 수 있다.

두 영역의 역할을 정의하는 기준을 제시하면 다음과 같다.

(1) 정부는 진정한 시장경제의 필수요소 즉 '평등한 자유'의 원리에 부합하는 재산권을 보장한다. 현실의 시장경제와 비교하여 가장 두드러지는 차이는 특권이익을 환수한다는 점이다.

(2) 현실 시장이 완전경쟁조건을 제대로 구비하지 못하면 정부가 이를 충족시키기 위해 지원한다. 이는 시장을 대체하기 위한 개입이 아니라 시장을 보완하기 위한 개입이다.

(3) 이런 기초 위에 경제문제는 우선적으로 시장을 통해 해결하도록 한다. 시장을 우선하는 가장 중요한 이유는 불가피론이다. 현재 인류는 이기심에서 벗어나지 못하는 수준인데 시장은 이런 수준의 인간이 자연스럽게 형성하는 질서이므로 시장을 거스르는 정책은 실효를 거두기 어렵기 때문이다. 불가피론 외에 시장이 가진 적극적인 장점도 이유가 된다. 공권력의 간섭이 줄어드는 만큼 개인적인 자유와 자율의 크기가 늘어난다. 또 일정한 조건을 갖춘 시장은 자원을 효율적으로 배분하면서 제도 비용이 적게 든다.

(4) 시장이 적절하게 해결하기 어려운 문제에 대해서는 정부가 공동체의 지혜를 모아 해결책을 모색한다. '시장이 적절하게 해결하기 어려운 문제'는 다음과 같은 시장의 한계에서 발생한다.

완전경쟁시장이 되기 위해 필요한 조건은 현실에서 충족되기가 매우 어렵다. 뿐만 아니라, 완전경쟁시장이라고 해도 시장은 본질적으로 다음과 같은 결함을 가지고 있다.

첫째, 사회에는 다양한 가치가 존재하나 가격을 매개로 자원을 배분하는 시장은 경제가치로 환산되지 않는 가치의 배분에 관해서는 무력하다. 이러한 시장의 한계는 결국 국민의 정치적인 선택에 의해 해결될 수밖에 없다. 경제현상은 사회현상의 일부이고 경제현상은 다양한 다른 현상과 연결되어 있으므로 경제현상을 다룸에 있어 경제논리 외에도 올바른 정치논리, 올바른 도덕논리, 올바른 환경논리 등의 간섭은 당연히 필요하며 올바른 경제논리는 다른 분야의 논리와 조화를 이루어야 한다.

둘째, 경제가치로 환산되는 것 중에도 가격이 반영하는 것은 공급자 또는 수요자 자신에게 귀착되는 사적인 이익과 비용일 뿐이다. 따라서 가격을 기준으로 자원이 배분되는 시장은 공급자와 수요자 이외의 타인, 나아가서는 사회 전체의 이익과 비용을 감안한 최적의 배분은 이루지 못한다.

셋째, 가격에는 시장에 참가하는 자만의 선호와 지불능력과 예측이 작용할 뿐 시장에 참가하지 않는 사회구성원의 이해관계는 반영되지 않는다. 시장에 참여하지 못하는 큰 이유는 공간적·시간적 제약을 들 수 있다. 특히 이 세상에 태어나지 않은 세대의 이해관계는 조상의 시장 외적인 배려가 아니면 가격에 반영될 길이 없다.

(5) 시장처럼 정부도 한계를 가지고 있으므로 정부가 특정 사안에 대해 개입하려면 개입을 통해 공익을 더 증진시킬 수 있음을 입증할 수 있어야 한다. / 김윤상, 2009가: 299-301

경쟁

시장과 밀접하게 관련된 주제로 경쟁, 자유무역, 세금에 대해서도 제가 어떻게 '답사'했는지 간략히 소개합니다.

첫째 주제는 경쟁입니다. 시장을 중시하는 쪽에서는 경쟁이 사회에 이익이 된다고 믿습니다. 완전경쟁시장이라는 용어에서도 짐작할 수 있듯이, 시장이 자원의 최적 배분을 이룩하려면 수요자는 수요자끼리 그리고 공급자는 공급자끼리 치열한 경쟁을 벌여야 하며 그 누구도 가격을 좌우할 수 없어야 합니다. 이 때문에 시장도 선이고 경쟁도 선이라는 생각합니다. 특히 미국식 주류 경제학의 특징인 동시에 경쟁에서 이길 자신이 있는 상류층의 믿음이기도 합니다.

반면 보통 사람은 경쟁을 싫어합니다. 개인적으로는 경쟁 자체가 부담스러울 뿐 아니라 패배하면 실리도 잃습니다. 뿐만 아니라, '승자의 저주'(winner's curse) (▶ 267쪽 해설 15 참조)라는 용어가 있을 정도로 승자마저 손실을 입는 경우가 생깁니다. 그러나 '경쟁은 선'이라는 믿음이나 '경쟁은 악'이라는 거부감은 너무 순진하고, 때로는 위험하기도 합니다.

경쟁이 사회에 도움이 되려면 세 가지 조건을 충족해야 합니다. 경쟁의 성격이 적어도 소모적 경쟁은 아니어야 하고, 경쟁 과정이 공정해야 하며, 경쟁 결과 생기는 패자에 대한 배려가 있어야 합니다. 이 가운데 경쟁을 중시하는 쪽에서 가장 무시하는 문제는 소모적 경쟁입니다. 모든 종류의 경쟁을 선이라고 오해한다는 것입니다. 그러나 영화관에서 앞사람이 서면 뒷사람도 서서 볼 수밖에 없습니다. 다들 경쟁적으로 일어서면 괜히 다리만 아플 뿐 아무에게도 이익이 안 됩니다. 상점의 간판을 크게 만들어 다는 것도 마찬가지입니다. 일부 상점의 간판만 크다면 몰라도 모두들 큰 간판을 달면 효과가 없습니다. 간판 비용만 더 들어갈 뿐입니다.

현재와 같은 대학입시 경쟁도 소모적입니다. 대학, 특히 치열한 경쟁의 목표가 되는 세칭 '명문대'의 모집정원은 일정합니다. 그런데 이런 대학에 들어가려고 고등학생들이 다 같이 공부시간을 늘리면 누구의 합격도 쉬워지지 않습니다. 또 출제의 범위와 수준을 제한할 수밖에 없는 대학 입시에서 경쟁은 진짜 학력이 아니라 문제 풀이 능력을 높이는 게 보통입니다. 그 통에 학창시절이 지옥으로 변하고 그 나이에 꼭 양성해야 할 체력, 창의력, 지적 호기심, 예술적 감수성이 희생됩니다.

경쟁지상주의는 제가 40년 가까이 몸담아 온 대학에도 깊은 상처를 내고 있습니다. 교수들은 단기적 업적 평가의 틀에 갇혀 긴 호흡의 학문을 할 수가 없습니다. 그 결과 대학의 비판정신은 사라지고 말았습니다. 학생들도 취업 경쟁에서 조금이라도 유리하려면 스펙을 쌓아야 한다는 강박관념에 사로잡혀 있습니다. 대학 생활은 지성인이 되기 위한 준비 과정이라는 종래의 가치관은 자리를 잃고 말았습니다. 대학 풍토가 이렇게 변하자 상식 이하의 일이 주위에 벌어져도 교수든 학생이든 아무런 반응이 없습니다. 종래 대학은 부당한 권력을 견제하는 소금의 역할을 담당해 왔는데 비판정신이 사라진 지금은 그 짠맛이 없어졌습니다. 이제 정권과 교육부는 대학을 두려워하지 않습니다. 초등학생도 다 하는 선거 방식으로 총장이나 학장을 선출하는 것조차 금지당해도 대학은 조용합니다.

전 세계를 괴롭힌 2008년 미국발 경제위기도 부동산 불로소득을 추구하는 소모적 경쟁에서 생긴 불상사입니다. 불로소득은 사회에 아무런 이익을 주지 않지만 개인을 부자로 만들어 줄 수는 있습니다. 그래서 부동산 가격 상승기에는 다들 경쟁적으로 불로소득을 좇습니다. 남보다 '한 걸음이라도 앞서야 한다'는 또는 '최소한 뒤져서는 안 된다'는 강박관념이 지배합니다. 강박관념은 쏠림 현상을 낳고 그로 인해 부동산 거품이 더 커지며 거품이 커지면 다시 쏠림 현상을 증폭시킵니다. 그러다가 급기야 거품이 한계에 도달하면 그제야 정신들을 차립니다. 너나없이 서둘러 판에서 발을 빼려고 하지만 이미 때는 늦습니다. 부동산에서 시작한 위기가 경제 전반으로 번지면서 총체적 파국으로 치닫습니다.

소모적 경쟁에 의한 낭비와 파국을 막으려면 어떻게 해야 할까요? 모든 사람이 과도한 욕심을 자제하고 냉철한 판단에 따라 행동하면서 타인과 사회를 배려할 수 있다면 가장 좋겠지요. 그러나 현 인류의 성숙도는 그 수준에 못 미치는 것으로 보입니다. 그렇지 않다면 역사상 어리석은 파국이 되풀이되었을 리가 없습니다. 경쟁 자체를 규제해야 한다고 생각하는 사람도 많습니다. 영화 관람객이 자리에서 일어서지 말도록, 간판의 크기를 일정 크기 이하로 하도록, 입시 경쟁을 못하도록, 투자회사들이 부동산 파생상품을 판매하지 못하도록 하자는 것입니다. 그러나 이건 일시적 해법이 될 수 있을지 모르나 근본적인 해법은 아닙니다.

규제 위주의 대증요법보다는 원인을 없애는 것이 정답입니다. 영화관의 스크린과 좌석을 잘 배치하여 아무도 일어설 필요가 없도록 하면 됩니다. 간판의 경우에는 큰 간판이 별 쓸모가 없도록 고객을 위한 안내 제도를 잘 구축하면 됩니다. 대학 입시와 부동산 투기의 경우는 학벌과 부동산에서 불로소득이 생기지 않도록 하면 됩니다.

경쟁을 정책화하려면 경쟁에 대한 깊이 있는 성찰이 필요한데도 우리 사회에는 경쟁지상주의가 만연해 있습니다. 신자유주의의 영향 하에, 경쟁을 거치기만 하면 승자가 독식을 해도, 그 결과로 그들이 촉진하려는 경쟁이 사라지더라도 괜찮다고 생각하는 듯합니다. 왜 그럴까요? '경쟁은 선'이고 '규제는 악'이라는 막연한 고정관념, 기득권을 강화하려는 이해관계, 경쟁을 부정하는 상대 진영에 대한 적대감 때문에 냉철함을 잃고 있는 게 아닐까요?

자유무역

둘째 주제는 자유무역입니다.

시장에 대한 믿음이 국제적으로 표출된 것이 국가 간 자유무역협정(Free Trade Agreement, FTA)입니다. 한미 FTA는 2006년 2월 협상이 시작되어 2007년 4월에 타결되었으며 2011년 11월 22일 비준안이 우리 국회에서 통과되었습니다. 이 과정에서 한미 FTA는 뜨거운 논쟁 주제가 되었는데, 평소 시장의 순기능과 역기능을 주목해 온 저도 자연히 이 주제에도 깊은 관심을 갖게 되었습니다. 저는 원론적으로 시장과 자유무역을 지지하는 사람입니다. 그러나 시장과 자유무역이라는 이름으로 이루어지는 모든 현상이 인류에게 도움이 되는 것은 아니라고 봅니다. 그래서 협정이 타결되고 내용이 공개된 직후인 2007년 5월에 제 생각을 정리하여 칼럼을 썼습니다. 시장과 정부에 대한 저의 문제의식을 국제무역에까지 확장하여 적용한 내용입니다. 한미 FTA에 관해 아무도 명쾌하게 해명하지 않고 넘어가고 있는 근본적인 질문 세 가지를 제기하였습니다.

자유무역에 대한 근본적인 세 질문

여론조사 결과를 보면, 한미 간의 자유무역협정(FTA) 결과를 긍정적으로 보는 국민이 더 많다. 긍정적으로 평가하는 사람 중에는 협정이 자신에게 이익이 될 것으로 예상하는 사람, 큰 나라하고 씨름해서 그만해도 잘했다고 너그럽게 봐주는 사람, 어차피 맞을 매라면 조금이라도 덜 아플 때 남보다 먼저 맞는 게 낫다고 쓴 웃음을 짓는 사람 등 다양해 보인다.

경제학자를 포함한 경제 전문가의 지지도는 일반 국민보다 더 높다고 한다. 전문가라면 사적인 이해관계나 현실론을 떠나 좀 더 근본적인 차원의 성찰을 해야 한다. 단순히 시장지상주의에 물들어 그런 반응을 보인 것이 아니기를 바라면서, 필자와 같은 비전문가로서는 이해가 잘 안 되는 근본적인 세 질문을 던져본다.

첫 번째 질문은, 자유무역의 이론적 근거가 좀 미심쩍다는 것이다. 교과서에는 자유무역의 근거로 리카도의 '비교우위설'(▸ 267쪽 해설 16 참조)이 나온다. 비전문가인 필자가 보더라도 비교우위설 자체는 틀리지 않는 것 같다. 하지만 비교우위설에는 '각국이 국내적으로 비교우위를 가진 상품의 생산에 특화하여 자유무역을 한다면'이라는 전제가 들어 있다. 과연 각국이 이 전제처럼 특화를 할까? 글쎄다. 특화의 이익보다 독점의 이익이 더 클 경우에는 갑이 두 상품 모두를 생산하여 을에 수출하려고 할 것이다. 또 이미 각국에 A, B 두 산업이 존재하는 경우에는 특화를 위해 산업구조를 변경하는 데 드는 고통과 비용이 만만치 않다. 이처럼, 자유무역으로 두 나라가 다 같이 이익을 얻는 경우는 제한적이지 않을까?

또 특화를 한다고 하더라도 문제는 남아 있다. A의 부가가치가 B보다 높다면 A의 생산에 특화하는 갑이 상대적으로 유리해진다. 갑은 을에 비해 점점 더 부유해져서 두 나라 사이의 격차가 커진다. 또 A가 B보다 더 필수적인 상품이라면 갑은 A를 을을 위협하는 무기로 사용할 수도 있다. 이런 사실을 내다본다면 을은 '특화-자유무역' 방식에 찬성하지 않는 것이 자연스럽지 않나?

두 번째 질문은, 인간의 자유와 행복을 높이는 것이 자유무역의 이상이라면 왜 자본과 상품의 자유로운 이동만 추구하고 인간의 자유로운 이동 즉 이민의 자유는 같이 추구하지 않는가? 리카도의 가정처럼 갑이 A, 을이 B의 생산에 특화한다고 하더라도 갑 국민 중에 A보다는 B를 생산하는 나라에 사는 것을 더 행복하게 여기는 사람이 있고, 을 국민 중에 B보다는 A를 생산하는 나라에 사는 것을 더 행복하게 여기는 사람이 있을 것이다. 그렇다면 두 나라가 서로 이민을 자유롭게 해주는 것이 자유무역의 궁극적 이상에 합치하지 않나?

물론, 수용 능력을 초과하는 대량 이민이 갑자기 발생하는 것은 바람직하지 않으므로 이민의 속도를 조절할 필요는 있겠지만, 지금처럼 자유무역과 자유이민을 별개인 것처럼 다루어도 되는가?

세 번째 질문은, 설령 자유무역이 당사국의 경제적 이익을 증진시킨다고 해도 그것이 각국의 자기결정권보다 더 소중한가 하는 점이다. 자유무역에 지장을 주는 무역 장벽에는 관세장벽과 비관세장벽이 있다. 그런데 비관세장벽 중에는 그 나라 국민의 자유와 행복에 관한 취향 내지 가치관을 반영하는 것도 있다. 이걸 '장벽'이라고 불러도 좋을지도 의문이지만 어쨌든 이런 '장벽'은 유지되어야 한다. 그래야만 각국의 문화가 다양하게 발전할 수 있다. 생물의 종의 다양성이 중요하듯이 문화의 다양성도 중요하다.

예를 들면, 유전자 조작 생물체(GMO)를 원하지 않는 나라에서는 GMO의 국내 생산과 수입을 다 같이 금지하는 것이 자연스럽다. 또 음란물에 대해 엄격한 문화를 가진 나라에서는 다른 나라에서는 별것 아니게 취급되는 '음란물'의 수입을 금지하는 것도 자연스럽다. FTA 사례 중에는 '공공질서, 미풍양속, 보건위생, 환경'과 관련해 정부가 협정에 위배되는 조치를 취할 수 있다는 조항이 들어 있는 경우도 있다. 그러나 이런 경우조차, 허용사항 열거(positive list) 방식은 너무 좁다. '자유무역을 방해하려는 의도를 가지지 않은 조치는, 내국인과 외국인 간의 차별이 없는 한 모두 허용한다'고 해야 하지 않을까?

국가의 자기결정권과도 관련된 것으로서, 한미 FTA에 포함된 것으로 알려진 투자자와 국가 간의 소송(ISD, investor-state dispute) 제도와 후퇴금지(ratchet) 원칙도 의문이다. ISD는 협정을 위반하는 국가에 대해 외국 투자자가 제3의 국제기구에 제소하는 제도다. 후퇴금지 원칙은 이 협정에서 정한 수준보다 자유무역의 관점에서 더 후퇴하는 변화를 허용하지 않는다는 원칙이다.

각국의 자기결정권을 존중하는 판정을 제3의 국제기구가 해 주기를 기대할 수 있을까? 십중팔구 이런 국제기구는 세계기준(global standard)이라는 이름으로 미국기준 또는 서구기준을 적용하게 될 것이다. 또 후퇴금지 원칙을 엄격하게 적용하면, FTA 당사국이 체결 당시에는 예측하지 못한 사정 변화가 생길 경우, 곤경에 처하게 된다.

한미 FTA를 지지하는 많은 경제 전문가는 이런 근본적인 질문에 답해 주기를 기대한다. 한미 FTA를 둘러싸고 수많은 토론이 있었지만 필자는 아직 이에 대한 답을 보지 못했다. 필자는 시장반대론자가 아니다. 시장을 잘 활용하면 인간의 자유와 행복이 증진될 수 있다고 생각하는 사람이다. 그러나 전문가들이 이런 근본적인 문제에 대해 왜 언급하지 않는지 이해가 안 된다. 전문가조차도 자유무역과 한미 FTA에 대한 근본적인 성찰을 하지 않는 것인지 아니면 전문가에게는 이미 답이 나와 있는 너무나 쉬운 문제여서 새삼 언급할 필요가 없는 것인지 궁금하다. / 김윤상, 2007

세금

셋째 주제는 세금입니다.

시장경제는 사회질서가 유지되고 재산권이 보장되어야만 작동할 수 있는데, 그렇게 하려면 정부가 필요하고 따라서 정부 유지를 위한 비용도 조달해야 합니다. 그런데 세금은 완전경쟁시장의 분배를 변경하여 효율을 저해하는 수가 많기 때문에 시장주의자에게 세금은 매우 곤혹스러운 주제입니다. 그래서 세금을 시장경제의 필요악 내지 예외로 취급합니다.

그렇다면 시장친화적으로 즉 시장경제와 어긋나지 않는 방식으로 정부 비용을 조달할 수는 없을까요? 있습니다. 대표적으로 토지보유세를 활용하면 됩니다. 토지는 위치와 면적이 일정하기 때문에, 개량물을 제외하고 토지에만 부과하는 보유세는 초과부담(▸ 268쪽 해설 17 참조)을 낳지 않고 따라서 다른 세금과는 달리 경제에 짐을 지우지 않습니다. 이런 내용은 교과서에 다 나와 있지만 경제 전문가 중에서도 이를 외면하는 사람이 적지 않습니다. 그러나 평생 정부의 시장 개입을 격하게 비판해 온 신자유주의의 대부 밀턴 프리드먼(Milton Friedman, 1912~2006)은 이 사실을 선선히 인정합니다. 프리드먼은 토지보유세를 "가장 덜 나쁜 세금"(the least bad tax)이라고 하였습니다(Friedman, 1978: 14). 또 그는 "헨리 조지가 제시한 것과 같은 토지보유세"라고 표현하기도 하였습니다. 유튜브에서

“Milton Friedman talks about property taxes”라는 제목의 프리드먼 강연 동영상을 검색해 보아도 프리드먼의 견해를 쉽게 확인해 볼 수 있습니다. 좋은 세금이 아니라 “덜 나쁜 세금”이라고 표현한 것이 재미있습니다. 정부에 대한 프리드먼의 강한 불신을 엿볼 수 있습니다.

그런데 프리드먼은 현실의 세제개혁으로 ‘부의 소득세’(negative income tax)를 제시하였습니다. 부(負)는 마이너스를 의미하므로 부의 소득세란 일정 소득 이하인 경우에는 정부가 세금을 징수하는 게 아니라 오히려 지원금을 준다는 뜻입니다. 소득세와 복지를 동시에 고려한 아이디어로 주목을 많이 받았습니다. 그런데 프리드먼이 논리적 일관성을 유지한다면 토지보유세를 주된 세원으로 하는 ‘부의 토지보유세’를 먼저 제시해야 옳지 않을까요? 즉 토지보유세를 징수하면서 토지를 소유하지 않거나 일정 가치 이하의 토지를 소유한 사람에게 지원금을 주는 세제 말입니다. 왜 이렇게 하지 않았을까요? 프리드먼마저도 ‘토지는 건드릴 수 없어’라고 겁을 먹고 자신의 일관성을 훼손한 걸까요? 아니면 단순히 생각이 거기까지 못 미친 걸까요?

앞의 제1장과 본 장의 Ⅱ에서도 말씀드렸듯이, 토지소유권이라는 특권을 공인하면서도 인간의 평등을 해치지 않으려면 특권이익 즉 지대를 환수하여 공평하게 처리하여야 한다고 했습니다. 지대를 징수하는 토지보유세는 토지의 특권이익을 환수하는 이상적인 수단입니다. 다른 특권이익도 토지보유세처럼 당연히 징수하여 우선적인 정부 재원으로 삼아야 합니다. 혹 특권이익으로 충분하지 않다면 추가적으로 세금을 거두어야 할 것입니다. 이를 위해 정의에도 충실하면서 경제 효율도 충분히 살릴 수 있는 세제가 필요합니다. 추가 재원의 우선순위에 대해서는 제1장에서 다루었으므로 여기에서는 생략합니다.

CHAPTER 4

V. 진보와 보수: 대결에서 화합으로

'대결에서 화합으로'. 이 제목은 제1장 첫머리에서 이미 사용했지만 책의 마지막 대목에서 다시 꺼냈습니다. 대결은 제가 근래 '답사'한 중요한 사회문제이자 이 문제가 해결되지 않으면 앞으로도 계속 '답사'의 대상이 될 수밖에 없다고 생각하기 때문입니다. 2013년의 졸저 『특권 없는 세상』에 이어 이 책도 '대결에서 화합으로' 나아가야 한다는 저의 간절한 희망에서 집필하게 되었습니다.

동일한 사회문제에 대해서도 사람마다 해석과 처방이 다릅니다. 인간이 획일적인 로봇이 아닌 다음에야 이건 자연스러운 일입니다. 종의 다양성이 생태계의 건강을 반영하듯 사회가 건강하다면 당연히 다양한 의견이 있기 마련입니다. 뿐만 아니라 다양한 의견을 건강하게 표출하고 합리적으로 종합하면 더 나은 해법을 도출할 수 있습니다. 그러나 의견 차이가 물과 기름처럼 융합이 불가능한 것처럼 보이는 경우도 많습니다. 감정 대립이 발생하고 급기야 서로 증오하는 지경에까지 이르기도 합니다.

최근 우리 사회에는 진보와 보수의 진영 갈등이 커다란 문제로 등장했습니다. 이를 좌우 갈등이라고 하기도 합니다. 해방 후에 좌우 갈등이 치열했다고 하는데 제가 태어나기 전이거나 아주 어렸을 적 일이었기 때문에 거의 모르고 지냈습니다. 나중에 선배나 책을 통해서 실상을 대충 알게 되었지만 직접 체험하지 않아서인지 그렇게 실감이 되지 않았습니다. 그런데 좌우대립은 지나간 옛 이야기가 아니었습니다. 김대중, 노무현 두 정부는 그동안 권력을 장악해 온 계층과는 지향이 다소 달랐습니다. 선거에서 승리한 후 김대중 캠프에서 "드디어 정권 교체를 이루었다."고 표현한 것도 이런 이유에서였겠지요. 이런 새로운 지향을 사람들은 진보 또는 좌파로 부르기 시작했습니다. 기존 질서에 변화를 주려 했다는 점에서 이들을 개혁파 내지 진보파라고 할 수는 있을지언정 좌파라고 부르는 것은 이해가 잘 안 됩니다. 두 정부 모두 시장주의에 충실했다는 점에서 우파입니다. 김대중 정부는 '민주주의와 시장경제'를 국정 목표로 삼았고 노무현 정부는 한미자유무역협정을 성사시켰습니다.

그런데도 두 정부를 좌파라고 부르는 데는 두 가지 이유가 있다고 봅니다. 하나의 이유는 우리 현대사의 특수성으로 인해 상대를 좌파로 부르면 정치공학적인 반사이익을 얻을 수 있기 때문입니다. 우리나라에서는 좌파=북한이라는 고정관념을 가진 국민이 다수 있기 때문에 상대 정파에 정치적 타격을 가하는 데 이보다 더 좋은 표현이 잘 없을 것입니다. 나중에 '종북'이라는 수식어를 붙여 종북좌파라고 부르는 경우도 많아진 사실을 생각하면 이런 추측에 상당한 근거가 있다고 봅니다. 김대중 정부가 '햇볕정책'으로 북한을 지원했지만 이것이 북한 편을 든 것이 아니라는 사실은 다들 알지 않나요? 아무튼 북한과 엮어서 정치적인 이득을 보려고 하는 이런 시도에 대해서는 이 자리에서 언급하지 않겠습니다.

또 다른 이유는 이 시기에 복지정책이 확대되었기 때문입니다. 제1장 첫머리에서 분류하였듯이 전형적인 우파는 자유와 개인 책임을 지향하면서 시장을 중시하는 반면 전형적인 좌파는 평등과 사회연대를 지향하면서 복지를 중시합니다. 김대중 정부도 노무현 정부도 모두 시장경제를 기반으로 했지만 그래도 조금이나마 정부 개입을 통한 복지 확대를 시도했기 때문에 과거에 비하면 약간 왼쪽으로 이동했다고 할 수 있겠지요.

우리나라는 1961년 생활보호법으로 시작된 복지정책이 미약하나마 유지되고 있었습니다. 그러다가 김대중 정부 시절인 1999년에 이 법 대신 국민기초생활보장법이 공포되어 2000년부터 시행에 들어갔습니다. 종래의 생활보호법이 시혜적인 성격의 법인 반면 신법은 국민의 생존권을 보장해야 할 국가의 의무와 국민의 복지권을 구체적으로 규정한 법입니다. 용어만 보아도 변화를 느낄 수 있습니다. 종래 '피보호자' 또는 '보호 대상자'라고 부르던 복지 대상자가 '수급자' 또는 '수급권자'로 바뀌었습니다. 이러한 변화는 개인 책임을 지향하는 전통적인 보수층의 취향에는 안 맞았을 것입니다. 사회연대의 이름으로 베짱이를 돕는 복지 재원은 결국 열심히 노력해서 소득을 얻은 개미들의 주머니에서 나오기 때문에 정의롭지 않다고 생각했을 것입니다.

저는 1990년대에 서울중심주의에 관심을 가졌듯이 2000년대에는 새로운 좌우 대결에 주목하였습니다. 권력의 횡포 또는 지역감정과 같은 문제는 그 선악이 분명합니다. 박정희가 경제를 발전시킨 공이 크다고 높이 평가하는 측도 쿠데타와 독재까지 잘했다고는 하지 않습니다. 영호남 차별과 지역감정이 바람직하다고 보는 사람도 없습니다. 이에 비해 진보와 보수의 문제는 그렇게 단순하지 않기 때문에 더욱 걱정스러웠습니다. 제 우려를 표현한 글의 일부를 인용합니다.

> 불과 몇 년 전까지만 해도 남한 사회를 분단하는 최대의 장벽은 지역감정이었다. 그런데 김대중 정부부터는 진보와 보수를 나누는 새로운 장벽이 지역감정의 장벽보다 높아지기 시작했고 노무현 정부 이후 그 새로운 장벽은 더욱 높아지고 있다.
>
> 이념 장벽은 지역감정 장벽보다 훨씬 심각한 문제다. 지역감정의 경우에는 모든 국민이 '지역감정은 망국병이고 당연히 없어져야 한다'는 원론에 동의하고 있고 또 당사자도 '잘못인 줄 알지만 상대가 그렇게 나오니까 나도 어쩔 수 없다'는 식이다. 그러나 이념의 경우는 사정이 다르다. 각 진영이 모두 자신의 정당성을 확신하고 있기 때문이다. / 김윤상, 2009가: 21-22

오랫동안 이 문제를 생각하다가 현실의 진보와 보수 진영을 다음과 같이 분류하게 되었습니다. 제1장 첫머리에도 나왔던 [표 1]입니다.

[**표 1**] 진보/보수 진영의 지향

진영 / 태도	진보	보수
공존	A: 평등, 사회연대, 복지	B: 자유, 개인 책임, 시장
이기	C: 무임승차, 타인 의존	D: 승자 독식, 기득권 보호

이렇게 분류하고 보니 대결 구도가 좀 분명해졌습니다. 위에서 인용한 글을 좀 더 보겠습니다.

> 진정한 이념은 인간에 대한 사랑에서 나온다. 그러므로 이념을 주창한 사람이나 깊이 있는 동조자는 입장이 다르더라도 서로 통하기 마련이다. 그러나 이해관계와 정서로 뭉친 현실의 이념 사단(理念師團)은 상대방을 존중하지 않는다. 진보의 입장에서 보는 현실의 보수는, 이상사회를 향해 진지하게 고민하지 않는 속물이며 부당한 기득권을 누리면서 추호도 양보하지 않는 이기집단이다. 반면 보수의 입장에서 보는 현실의 진보는, 물정도 모르면서 설치는 하룻강아지이며 '사회정의'라는 이상한 깃발을 들고 떼를 쓰는 집단이다. 그러다 보면 인간에 대한 사랑은 사라지고 혐오만 남는다. / 김윤상, 2009가: 22

사회문제에 관해 사람들은 대체로 세 가지 방식으로 판단합니다. 첫째, 정서, 선입견, 고정관념처럼 생각을 거치지 않는 반사적 반응이 있습니다. 골머리 썩히지 않고 능률적으로(?) 결론을 내는 방식입니다. 사람이 각종 사회문제를 다 헤아릴 능력이나 여유가 없기 때문이기도 합니다. 둘째, 이해관계를 따져 결론을 내립니다. 내게 유리하면 동조하고 불리하면 반대를 합니다. 사회가 좋아지는지 나빠지는지는 관심 밖입니다. 현실에서는 이런 일이 많기 때문에 제3장에서 보듯이 롤스(Rawls)는 사람들이 자신의 유불리를 알 수 없도록 '무지의 장막' 뒤에서 합의한다는 가정을 두었습니다.

이 두 가지는 건강한 방식이 아닙니다. 좋은 사회를 지향한다면 이성에 따라 판단해야 합니다. 자신의 처지를 떠나서 백지상태에서 문제를 바라보고 논리적으로만 판단해야 합니다. 적어도 좋은 사회를 지향하는 사람이라면 그래야 합니다. 진정한 정치인 또는 지식이라면 당연히 이성적인 토론을 통해 결론을 도출해야 합니다. 이기기 위한 토론이 아니라 좋은 결론을 이끌어 내기 위한 토론이라면 상대방의 의견 중에 일리가 있는 점은 없는지, 쌍방의 장점을 뽑아 절충할 방법은 없는지를 모색해야 합니다. 그런데 우리 현실에서는 상대방이 틀렸다는 결론을 미리 내려놓고 자기의 주장만 펼치는 소위 '진영 논리'가 난무하고 있습니다. 당사자의 품격이 미흡해서일 수도 있고 토론 훈련이 제대로 안 되어 그럴 수도 있을 것입니다. 그런데 상대방과 나의 의견에는 서로 절충할 만한 공통 지점이 없다고 오해하여 '진영 논리'를 펼친다면 안타까운 일이며 화합은 없고 대결만 있는 사회가 됩니다.

그래서 저는 양쪽의 장점을 이론상 절충할 수는 없을까 고민했습니다. 상대방 주장의 전제를 수용하면서도 원하는 결론을 도출할 수는 없을까 깊이 생각해 보았습니다. 특히 신자유주의로 인해 2000년대부터 급속히 악화된 사회의 양극화와 그에 따른 복지제도의 필요성에 관한 논쟁을 지켜보면서 관심을 더 많이 가졌습니다. 복지 논쟁이 가열될수록 저는 두 가지 점에서 아쉬움이 있었습니다. 첫째로는 복지 논쟁에는 빈곤을 야기하는 원인에 대해서는 비교적 관심이 적다는 점이고, 둘째로는 다들 복지 재원은 세목이 무엇이든 증세를 통해 마련해야 한다고 전제한다는 점입니다. 우선 첫 번째 아쉬움에 대한 저의 생각을 담은 글을 소개합니다.

큰 정의는 큰 복지

복지가 정치권을 달구고 있다. 복지는 자선 또는 사치라고 여겨 왔던 우리 풍토에서 복지 논쟁이 전면에 부상한 것은 놀라운 일이다. 2010년 6·2 지방선거에서 '무상급식' 구호가 먹히자 야권은 무상의료, 무상보육을 추가로 내세우고 있으며 박근혜 의원까지 '맞춤형 복지'를 내걸면서 복지는 당분간, 적어도 다음 대선까지는, 우리 사회의 가장 뜨거운 쟁점이 될 것으로 보인다.

과거에는 복지를 대가족과 이웃사촌이 담당해 왔으나 이제는 사회가 맡을 수밖에 없도록 시대가 변했다. 대가족과 이웃사촌은 그래도 피가 통하고 인정이 통하는 집단이지만 사회는 그렇지 않다. 세금으로 복지 재정을 마련하면 '모르는 사람을 왜 내 돈으로 부양해야 하나?' 하고 반대하는 사람이 있기 마련이다. 그래서 복지 논쟁에는 '세금폭탄론'이 난무하고, 도와주기 시작하면 버릇만 나빠진다는 공격이 나온다.

노력, 능력, 운 그리고 특권과 차별

복지 수요는 결국 소득이 적어서 생기는데, 소득에 영향을 주는 원인에는 여러 가지가 있다. 알기 쉽게 성적을 예로 들자면, 열심히 노력한다고 해서 모두 성적이 잘 나오는 것은 아니다. 평소 실력이나 두뇌와 같은 능력에 따라 성적이 달라진다. 또 자신이 공부한 범위와 문제의 관계 또는 그날의 일진과 같은 운도 작용한다. 거기다가 100점 만점 시험에서 어떤 학생에게는 무조건 30점을 보태 주거나 깎는 제도가 있다면 그 역시 성적에 큰 영향을 준다. 즉 보통의 경우에는 노력, 능력, 운이 원인이 되고 그 밖에 특권과 차별도 원인이 된다는 말이다.

이런 여러 원인의 정당성에 대해 공개 토론을 벌인다면 어떤 결과가 나올까? 노력의 정당성은 만장일치로 합의할 것이다. 특권과 차별이 부당하다는 데에도 모두 동의할 것이다(속으로는 특권과 차별의 존속을 바라는 사람도 있겠지만……). 운이 떳떳하지 않은 원인이라는 점에도 대체로 합의하겠지만, 운의 영향을 정부가 나서서 줄이자는 데는 반대도 있을 것이다. 자유를 중시하고 정부 개입을 싫어하는 사람도 있고 운의 영향을 측정하기도 어렵기 때문이다.

특권과 차별의 사회 구조를 고쳐야

이런 예상이 맞다면 정부는 노력의 결과를 보호하는 동시에 특권과 차별의 사회 구조를 고쳐야 한다. 특권과 차별의 예를 들면, 과거에는 신분, 인종, 성별 등에 의한 불평등이 있었고, 요즘에는 토지 소유자와 비소유자, 대기업과 중소기업, 정규직과 비정규직, 수도권과 비수도권, 일류 학교 출신과 나머지 간의 불평등이 있다.

노력도 기여도 없이 단지 땅을 소유한다는 이유만으로 불로소득을 얻는 사회, 대기업이 중소기업을 쥐어짜는 사회, 신분이 불안정한 비정규직의 임금이 더 높아야 하는데도 거꾸로 되어 있는 사회, 수도권에 권력과 기회가 집중되는 사회, 학벌에 따라 인생이 달라지는 사회, 이런 사회에서 복지를 논하는 자체가 너무 어색하다.

대증요법 아닌 원인 제거를

특권은 불로소득을 낳고 차별은 책임 없는 손실을 낳는다. 특권과 차별을 그대로 둔 채 복지를 말할 수 있나? 특권과 차별로 인해, 사람들이 매일 가난의 늪에 빠지고 또 빠지고 있는데, 건져 내기에만 신경 써서 될까? 병의 원인을 놔두고 증상만 다스려서는 치료도 어렵고 재발을 막을 수도 없다. 때에 따라서 대증요법이 필요할 수도 있겠지만 그보다는 원인을 없애는 것이 당연히 더 중요하다.

특권과 차별이 없어지면 사회가 건강해져서 복지 수요는 크게 줄어든다. 물론 그렇다고 해서 복지 수요가 모두 사라지는 것은 아니다. 선천적·후천적으로 삶의 능력을 상실하는 사람이 있기도 하고, 생장 환경 탓으로 능력을 배양할 기회를 얻지 못하는 사람도 있기 때문이다. 그렇다면 한편으로는 복지를 제공하고 또 한편으로는 충분한 교육의 기회를 제공하면 된다.

복지 확대냐 특권과 차별 철폐냐? 둘 중 하나를 골라야만 한다면 (응급조치로서의 복지를 제외한다면) 필자는 단연코 특권과 차별 철폐다. 큰 정의는 그 자체로 큰 복지이기 때문이다. / 김윤상, 2011나

복지 논쟁에 대한 아쉬움 중 다른 하나는 복지 재원의 정당성에 관한 것입니다. 진보 쪽에서는 시장이 빚은 양극화를 어떻게든 시정해야 한다고 합니다. 반면 보수 쪽에서는 개미가 베짱이를 먹여 살리는 꼴이 되어서는 안 된다고 합니다. 이런 견해차는 현실 정치와 맞물려 점점 더 심각한 갈등을 일으켰습니다.

[표 1]의 집단 A와 B는 각자 나름대로 건전한 확신이 있습니다. 이들은 자신의 지향이 자신만이 아니라 모든 사람에게 도움이 된다고 믿습니다. 반면 집단 C와 D는 다른 사람은 어떻든 자신에게 유리한 것만 추구합니다. 그런데 현실 정치에서 A+C 연합이 진보 내지 좌파 진영을, B+D 연합이 보수 내지 우파 진영을 구성합니다. 상대 진영을 비판할 때는 A+C 연합은 주로 D의 문제점을, B+D 연합은 주로 C의 문제점을 지적하면서 상대 진영을 비난합니다. 상대방은 틀리고 자신은 옳다는 확신에 차서 대결 구도를 형성하고 있습니다.

그런데 보수 쪽에서도 동의할 수 있는 정의로운 복지 재원을 마련할 수 있다면

A와 B 사이의 갈등이, 적어도 이론상으로는, 해소됩니다. 저는 나름대로 깊게 생각한 결과, 합리적인 보수인 B가 원하는 시장친화적인 방식으로 합리적인 진보인 A가 원하는 복지를 할 수 있다는 결론을 얻었습니다. 위에서 인용한 글에 "노력도 기여도 없이 단지 땅을 소유한다는 이유만으로 불로소득을 얻는 사회. 대기업이 중소기업을 쥐어짜는 사회. 신분이 불안정한 비정규직의 임금이 더 높아야 하는데도 거꾸로 되어 있는 사회. 수도권에 권력과 기회가 집중되는 사회. 학벌에 따라 인생이 달라지는 사회"라는 구절이 나옵니다. 이런 특권과 차별은 존재하지 않는 것이 좋지만 어떤 이유에서든 존재한다면 그 이익에 대해서는 모든 국민이 균등한 지분을 가지며, 따라서 그 지분을 활용하면 재분배 없이 국민 누구나 자기 돈으로 자기 삶을 보장할 수 있게 된다는 사실을 깨닫게 되었습니다.

갈등을 회피하여 겉으로 평온한 상태를 유지하는 것은 바른 해법이 아닙니다. 화합은 야합과 다르기 때문입니다. 화합은 서로 원칙을 훼손하지 않는 가운데 상대방과 공존하는 것이지만 야합은 원칙과 무관하게 이익을 주고받으면서 땜질식으로 공존하는 것입니다. 화합은 안정적인 공존이지만 야합은 이해관계가 달라지면 언제라도 깨질 수 있는 불안정한 공존입니다. 그렇다고 문제에 눈을 감는 것도 안 됩니다. 회피한다고 문제가 사라지는 게 아니며 해결을 미루면 더 큰 문제로 자라는 경우가 비일비재하기 때문입니다. 그렇다면 보수의 원칙과 진보의 원칙의 공통점을 찾아야 합니다.

공존을 추구하는 합리적인 집단인 A, B는 인간이 평등하게 존엄하다는 공통된 인식을 갖고 있습니다. 그러므로 이 전제에서 출발하여 논리적으로 도출한 결론은 어느 쪽이든 동의하지 않을 수 없습니다. 이렇게 찾아낸 답을 저는 좌도우기(左道右器)라는 용어로 요약했습니다. 구한말 개화기에 서양문물을 수용할 것인가 말 것인가에 관한 심각한 논쟁이 있었을 때 개화파 지식인들이 내세운 동도서기(東道西器), 즉 동양의 가치를 지키면서 서양의 문물을 활용한다는 슬로건에서 따온 말입니다. 좌파가 추구하는 가치를 우파도 동의하는 방식으로 구현한다는 뜻입니다.

지금 우리 사회의 큰 화두인 복지를 예로 들면 특권이익을 환수하여 복지 재원으로 삼자는 것입니다. 합리적인 집단 A와 B는 모두 특권을 정당한 원인으로 보지 않습니다. 그러므로 특권을 없애거나 부득이 특권이 존재한다고 해도 특권이익을 사유화해서는 안 된다는 데 동의할 것입니다. 이런 특권이익에 대해서는 모든 국민이 균등한 지분을 가지고 있으므로 이 재원을 국민의 기본 생활을 보장하는 데 사용한다면 A도 만족하고 B도 이의를 달 수 없습니다. 자기 돈으로 자기 삶을 보장한다는 데 누가 토를 달 수 있겠습니까? 진정한 시장을 구현하여 복지까지 달성한다면 A와 B는 다 같이 동의할 수밖에 없습니다. 그래서 2000년대 이후 좌도우기로 시장친화적 사회보장을 이룩하자는 연구를 하였습니다(장경은 외, 2007; 김윤상, 2009가; 김윤상, 2009나; 김윤상, 2013). 특권과 그 대책에 대해서는 이미 제1장 〔토론 4〕에서 다루었기 때문에 더 자세하게는 언급하지 않겠습니다.

좌도우기는 편 가르기를 해소할 수 있는 이성적인 대안입니다. 그러나 앞서도 말씀드렸듯이 사람은 이성으로만 판단하는 게 아닙니다. 이해관계에 의해 판단하기도 하고 심지어 독자적인 판단을 접고 아예 정서, 선입견, 고정관념 등에 의해 반사적으로 반응하기도 합니다. 그러므로 대립하는 두 진영에 좌도우기 원리를 이성적으로 설득하여 동의를 구한다고 해도 모든 사람의 승복을 이끌어낼 수는 없습니다.

이해관계에 관해서는 제1장 〔토론 7〕에서 이미 다루었습니다. 국민 각자가 자신의 이해관계에 따라 결정을 내리더라도 국민의 의사를 제대로 반영하는 정치제도가 갖추어져 있으면 좌도우기 제도가 다수결로 채택될 수 있습니다. 그러나 지금 우리는 1등만 당선되는 소선구제로 사표가 양산되고 그 결과로 양대 정당이 정치를 독점하고 있어 국민 여론이 정책에 잘 반영되지 못합니다. 그래서 비례대표제로 선거제도를 개편해야 한다고 하였습니다.

물론 더 좋기로는 이해관계를 초월하여 오로지 이성에 의해서만 판단하는 것입니다. 그래서 저는 '최고의 사회봉사는 자기 수양'이라는 말을 좋아합니다. 자기 수양이란 이기심을 극복하여 인간적 품격을 높이는 과정으로 개인적인 문제이기도 하지만 동시에 사회문제의 근본 해법이기도 합니다. 수양을 통해 상당한 수준의 품격을 갖춘 사람은 이기적인 집단 C, D에 속할 수 없습니다. 남에게 의존하거나 공짜를 바라지 않으므로 C가 될 수 없고, 승자 독식을 당연시하거나 기득권을 지키려 하지 않으므로 D가 될 수도 없습니다. 건전한 양식을 갖춘 사람이라면 A 아니면 B에 속하게 되고 좌도우기 연합을 긍정적으로 보게 됩니다. 수양이 더 높은 경지에 이르면 부귀공명을 추구하지 않고 자신으로 인해 세상이 조금이라도 더 좋아지기를 바라게 되므로 좌도우기 연합이 더 쉽게 이루어질 수 있습니다. A, B가 연합하면 증오하고 경멸할 대상 자체가 없어집니다.

그 밖에 사회문제에 관해서 아무런 독자적 판단 없이 사는 사람도 적지 않습니다. 자기 신변에 관한 일 외의 세상일에 대해서는 아예 무관심한 사람도 있지만 강력한 세뇌로 이미 결론이 나 있어 심지어는 자신에게 불리한 대안까지지도 무조건 지지하는 경우도 적지 않습니다. 관심도 있고 생각도 하지만 '해 봤자 안 된다'고 포기한 사람도 결과적으로는 이들과 같습니다. 또한 소속 집단의 지배적인 견해에 동조해 버리는 경우도 많습니다. 집단과 자신을 동일시하는 개인은 소속감이라는 심리적 보상을 받을 수 있습니다. 상대방을 증오하거나 경멸하는 정도에 이르더라도 집단에 충성한다는 도덕적 찬사를 듣기까지 합니다. 나치에 맹목적으로 충성한 독일국민이나 지역감정에 매몰된 일부 영호남 주민이 예가 될 것입니다. 집단 차원의 반사적 반응은 개인 차원보다 더 나쁜 결과를 빚습니다.

독자적인 판단을 하지 않는 사람은 자동인형과 다름없습니다. 자동인형에서 벗어나 인간다운 삶을 살도록 하려면 교육과 복지가 약입니다. 단순한 지식을 주입하는 것이 아니라 스스로 생각하고 판단하는 능력을 기르는 교육이 필요합니다. 또 자신과 사회를 돌아볼 여유를 가지려면 기본 생활이 보장되어야 합니다. 교육도 정글사회에서 살아남는 기술을 익히는 것이 아니라 각자 삶의 보람을 위해 잠재력을 계발하는 과정이 되려면 역시 복지가 갖추어져 있어야 합니다. 그렇게 본다면 교육보다 복지가 더 우선적인 약이라고 하겠습니다. 개미가 베짱이를 먹여 살리는 식의 복지가 아니라 자기 돈으로 자기 삶을 보장하는 복지를 실현하려면 좌도우기 개혁이 필요합니다.

특권 없는 세상, 정의로운 세상, 좌도우기의 세상은 불가능한 꿈이 아닙니다. 그러나 그런 세상으로 나아가는 길이 평탄하지는 않습니다. 정의와 개혁을 추구하는 자는 기득권을 가진 강자의 탄압을 감수해야 하고 기존 질서에 젖어 있는 국민의 몰이해를 딛고 일어서야 합니다. 사회문제 답사라는 면에서 저의 선배가 되는 헨리 조지도 어려움을 잘 알고 있었습니다. 그의 말을 인용하면서 막을 내리겠습니다. 끝까지 읽어 주신 독자 여러분께 깊이 감사드립니다.

> 사실을 위장하지 말자. 이 세상에서 진리와 정의는 되풀이해서 세워져 왔다. 그러나 진리와 정의는 되풀이해서 무너지고 말았으며 유혈사태가 발생한 경우도 적지 않았다. 만일 진리에 반대하는 세력이 약하다면 어떻게 오류가 그토록 오랫동안 지배할 수 있을까? 정의의 여신이 고개를 들기만 해도 부정의를 쫓을 수 있다면 압박받는 사람들의 통곡이 그토록 오래 그치지 않을 수 있을까?
>
> 그러나 진리를 알고 따르려는 사람이나 정의를 인식하고 이를 위해 일어서려는 사람에게는 성공이 유일한 목적은 아니다. 성공! 성공은 거짓으로 이루기도 하고 부정의로 이루기도 한다. 진리와 정의는 본래의 권리로서 그 자신의 것인—우연이 아니라 본질에 의해 자신의 것인—그 무엇을 주지 않는가? / George, 1879, 결론

> 우리 앞에는 길고도 험한 싸움이 기다리고 있습니다. 우리 중에는 이 싸움의 성공을 보지 못하는 사람도 많을 것입니다. 그러나 그게 무슨 문제가 됩니까? 이런 투쟁에 동참하는 것만으로도 커다란 보람입니다. 이 투쟁은 모든 시대의 정의롭고 선한 사람들이 세계 곳곳에서 오랜 세월 동안 동참해 온 위대한 투쟁의 일부임을 우리는 압니다. / George, 1887

인용 문헌

김근배(2016), 『애덤 스미스의 따뜻한 손: 국부론과 도덕감정론에서 찾은 자본주의 문제와 해법』, 중앙북스.

김성준(2012), 『공공선택론』, 박영사.

김윤상(2015), 「연금 문제 해결은 부동산 세제 개혁으로」, 〈허핑턴포스트〉.

김윤상(2013), 『특권 없는 세상』, 경북대학교출판부.

김윤상(2011가), 「분배 정의와 토지사유제: NetLogo를 이용한 시뮬레이션」, 『행정 언어와 질적 연구』, 제2권 제1호: 77-96.

김윤상(2011나), 「큰 정의는 큰 복지」, 〈평화뉴스〉.

김윤상(2011다), 「지역 정당을 허하라」, 〈평화뉴스〉.

김윤상(2010), 「지공주의: 새로운 토지 패러다임」, 『경북대 교수회보』, 제63권.

김윤상(2009가), 『지공주의: 새로운 토지 패러다임』, 경북대학교출판부.

김윤상(2009나), 「버블 비극과 지공주의」, 이정전 외, 『위기의 부동산』, 후마니타스.

김윤상(2009다), 「자유주의 사회보장 설계: 지대를 재원으로 하는 생존권보험」, 『한국행정논집』, 제21권 제3호: 775-794.

김윤상(2007), 「자유무역에 관한 근본적인 세 질문」, 〈평화뉴스〉.

김윤상(2006가), 『알기 쉬운 토지공개념: 지공주의 해설』(개정판), 경북대학교출판부.

김윤상(2006나), 「자유주의와 정글주의는 다르다」, 〈오마이뉴스〉.

김윤상(2006다), 「망국적 투기근절, 국토보유세가 정답이다」, 〈데일리서프라이즈〉.

김윤상(2005), 「지공주의를 옹호한다」, 『역사비평』, 제72호: 140-169.

김윤상(2002), 『토지정책론: 토지사유제에서 지대조세제로』, 한국학술정보.

김윤상(1998), 「DJ시대의 영호남: 서울중심주의를 타파하자」, 『광주·전남행정학회보』, 제4호: 1-16.

김윤상(1994), 「부끄러운 행정학회」, 〈한국행정학회 소식지〉 1994. 4.

김윤상(1991), 『토지정책론』, 법문사.

김윤상(1989), 「토지 투기의 근절책: 토지초과소득의 완전 징수」, 『대구경북행정학회보』, 제1집: 79-93. 국토개발연구원 주최 '토지공개념 확대와 투기억제대책을 위한 정책세미나'(1988. 4. 13.~14.), 발표 제목 「투기억제 방법으로서의 조세제도」.

김윤상(1987), 「토지가치 귀속정책」, 『법대논총』(경북대법대), 제25집: 181-199.

김윤상(1986가), 『도시모형론』, 경북대학교출판부.

김윤상(1986나), 「토지사유제와 지대조세제」, 『법대논총』(경북대법대), 제24집: 233-255.

김정호(2006), 『땅은 사유재산이다』, 나남출판.

김정호(1997), 『토지세의 경제학: 미신과 현실』, 한국경제연구원.

김정호(2005), 『왜 우리는 비싼 땅에서 비좁게 살까?』, 삼성경제연구소.

박찬석·김윤상(1997), 「인재 지역할당제: 지방 차별 해소를 위한 한 방안」, 『대학교육』, 통권 85호: 56-63.
손정목(2003), 『서울 도시계획 이야기: 서울 격동의 50년과 나의 증언』 1~5권, 한울.
유시민(2009), 『청춘의 독서』, 웅진 지식하우스.
이정전(2008), 『경제학에서 본 정치와 정부』, 박영사.
장경은 외(2007), 「평등한 자유에 따른 분배: 시장부문과 복지부분의 통합」, 『한국행정논집』, 제19권 제2호: 319-344.
조태형 외(2015), 『우리나라 토지자산 장기 시계열 추정』, BOK경제리뷰, 한국은행.
황경식(2006), 「정의론: 공정으로서의 정의」, 강정인 외, 『서양의 고전을 읽는다』 제2권, 휴머니스트.

Bebchuk, Lucian Arye *et al.*(2002) "Managerial Power and Rent Extraction in the Design of Executive Compensation", *The University of Chicago Law Review*, vol. 69: 751-846.
Callenbach, Earnest and Michael Phillips(1985), *A Citizen Legislature*, Bookpeople. 손우정 외 옮김(2011), 『추첨민주주의』, 이매진.
Friedman, Milton(1978), "An Interview with Milton Friedman", Human Events, 38(46), 1978 November 18. Quoted in Charles Hooper, "Henry George", *The Fortune Encyclopedia of Economics*, New York: Warner Books, 1993.
George, Henry(1891), *The Condition of Labor, in The Land Question*, New York: Robert Schalkenbach Foundation, 1982. 김윤상 옮김(2012), 『노동 빈곤과 토지 정의』, 경북대학교출판부.
George, Henry(1887), "Thou Shalt Not Steal". 김윤상(2013), 『특권 없는 세상』, 경북대학교출판부, 202-216.
George, Henry(1886), *Protection or FreeTrade*, New York: Robert Schalkenbach Foundation, 1980.
George, Henry(1883), *Social Problems*, New York: Robert Schalkenbach Foundation, 1980. 전강수 옮김(2013), 『사회문제의 경제학』, 돌베개.
George, Henry(1879), *Progress and Poverty*, New York: Robert Schalkenbach Foundation, 1979. 김윤상 옮김(1997, 2016), 『진보와 빈곤』, 비봉출판사. 김윤상 옮김(2012), 『간추린 진보와 빈곤』, 경북대학교출판부
Hayek, Friedrich, A.(1960), *The Constitution of Liberty*, London: Routledge & Kegan Paul, 1960. 김균 옮김(1996), 『자유헌정론 I』, 자유기업센터. 김균 옮김(1998), 『자유헌정론 II』, 자유기업센터.
Mankiw, N. Gregory(2009), *Principles of Economics*, 5th edition, Mason, OH: South-Western Cengage Learning.
More, Thomas(1516), *Utopia*. 나종일 옮김(2005), 『유토피아』, 서해문집. 권혁 옮김(2006), 『유토피아』, 돋을새김.
Nozick, Robert(1974), *Anarchy, State, and Utopia*, New York: Basic Books.
O'Sullivan, Arthur(2000), *Urban Economics*, 4th ed., Boston: Irwin/McGraw-Hill. 이번송 외 역(2012), 『도시경제학』(제8판), 박영사.
Rawls, John(1999), *A Theory of Justice*, Rev. ed. 황경식 옮김(2003), 『정의론』, 이학사.
Smith, Adam(1776), *An Inquiry into the Nature and Causes of the Wealth of Nations.*

해 설

1. 지대 추구 rent-seeking

특권 혹은 독점적 지위를 확보하여 이익을 얻으려는 노력이나 활동을 말한다. 그런 이익을 경제학에서 지대 또는 경제지대(economic rent)라고 부르기 때문에 지대 추구라는 용어가 생겼다. 예를 들어, 정부가 어느 상품에 대해 독점권을 설정하려고 하고 능력이 비슷한 여러 당사자가 독점권을 차지하기 위해 경쟁을 벌이는 경우가 이에 해당된다. 이때 누가 독점권을 차지하든 사회 전체로서는 아무런 차이가 없으므로 지대를 얻기 위해 들이는 비용 즉 지대 추구 비용은 사회적 관점에서는 낭비되는 비용이다. 그러므로 정의의 기준 외에 경제 효율의 기준으로 보더라도 지대 추구는 사회에 해가 된다.

2. 세계인권선언

1948년 국제연합(UN) 제3차 총회에서 채택된 인권에 관한 선언으로서, 인류에게 막대한 피해를 준 제2차 세계대전의 참상이 인류의 양심을 자극하여 일구어 낸 위대한 결실이다. 세계인권선언에는 인간의 시민적, 정치적 권리와 경제적, 사회적, 문화적 권리에 대한 내용을 담고 있다. 이 선언은 이후 세계 각국의 헌법에 큰 영향을 미쳤으며 인권에 관한 국제 규범의 기초가 되었다. 한국에서도 선언일 12월 10일을 세계인권선언의 날로 지정하여 기념하고 있다.

3. 근로장려세제

전통적인 복지 급여는 최저생활비를 정해 놓고 그 이하의 소득을 얻는 빈곤자에게 차액을 지급하는 방식을 취해 왔다. 그 결과, 복지 수급자는 근로소득의 크기에 관계없이 결과적으로 동일한 소득을 가지게 되므로 근로소득을 벌어 수급자 상태를 벗어날 인센티브가 없었다. 근로장려세제(Earned Income Tax Credit, EITC)는 이 문제를 해결하려고 고안된 제도이다. 복지 수급자가 다른 소득을 얻을 경우에 수급액이 소득만큼 줄어드는 것이 아니라 소득세를 조절하여 추가 소득의 일정 부분을 자신이 가질 수 있도록 하여 근로 의욕을 자극한다.

4. 선거 당선자 결정 방식

선거에서 당선자를 결정하는 방식은 크게 다수대표제, 소수대표제, 비례대표제로 나눌 수 있다. 다수대표제는 최고득표자 한 명만 당선시키는 방식으로서 소선구제와 거의 같은 의미로 사용된다. 소수대표제는 득표순으로 2명 이상을 당선시키는 방식으로서 중·대선거구제와 거의 같은 의미로 사용된다. 비례대표제는 각 정당이 획득한 득표율에 비례하여 당선자 수를 결정하는 방식이다. 한국에서는 비례대표 의석을 따로 정해 두고 그 의석만 정당 지지율을 반영하여 배분하는 병립형 비례대표제를 취하고 있어 대표성이 매우 낮다. 반면 민주주의 선진국에서는 지역구 당선자를 포함한 총의석을 정당 득표율에 따라 배정하는 연동형 비례대표제를 취하는 경우가 많다.

5. 독일의 비례대표제

독일에서는 지역구와 비례대표 의석수를 1:1로 하고, 유권자가 두 표를 행사하여 한 표는 지역구 후보에 다른 한 표는 정당에 투표한다. 지역구의 1위 득표자는 일단 당선된다. 비례대표는, 정당 투표 5% 이상을 획득한 정당에 대해 득표율에 따라 의석수를 정한 후 지역구 당선자 수를 뺀 나머지 숫자만큼 의석을 할당한다. 비례대표 당선자는 정당에서 미리 작성한 명부의 순서에 따라 정한다. 현재 독일은 656석이 총 의석수이고, 이 총수의 절반인 328석은 지역구 1등으로 채우고, 나머지 328석은 비례대표로 배정한다. 지역구 당선자만으로도 할당된 의석수를 초과할 경우에도 모두 당선으로 인정하기 때문에 총 의석수가 656석을 초과할 수도 있다.

6. 지방자치에서 주민의 직접 참여 방식

지방자치법과 지방재정법 등에 규정된 주민의 직접 참여 방식으로 주민발의제, 주민투표제, 주민감사청구제, 주민소송제, 주민소환제, 주민참여예산제가 있다. 주민발의제는 주민이 조례안을 만들어 의회에 제출할 수 있는 제도다. 주민투표제는 중요 사항을 주민이 결정하도록 하는 제도로서 주민, 지방의회, 지방자치단체장, 중앙행정기관의 장이 요구할 수 있다. 주민감사청구제는 주민이 특정 행정 기관에 대해 감사를 해 달라고 청구하는 제도이다. 주민소환제는 지방의원이나 지방자치단체장을 주민투표를 통해 임기 중에 해임할 수 있는 제도다. 주민참여예산제는 주민이 지방자치단체 예산 중 일부에 대해 직접 예산 편성 과정에 참여해 우선순위 등을 정하는 제도다.

7. 공유지의 비극 tragedy of the commons

양을 기르는 지역에 풀이 잘 자라는 목초지가 있고 이 땅은 주인이 따로 없이 누구나 이용할 수 있는 공유지라고 해 보자. 양의 수가 너무 많으면 오래지 않아 풀이 사라져 제 기능을 못하게 된다는 사실을 알면서도 각 주민은 방목하는 양의 수를 자제하지 않는다. 자신이 자제한다고 할 때 그로 인한 손실은 자신만 부담하는 가운데 이익은 주민 모두에게 돌아가게 되기 때문이다. 즉 개인의 입장에서는 비용은 크고 혜택은 작다는 것이다. 주민이 다 이렇게 행동하다 보면 그 결말은 모두가 망하는 비극이 된다. 이런 현상을 하딘(Garrett Hardin, 1915~2003)이 1968년 논문에서 공유지의 비극이라고 불렀다.

8. 기본소득 basic income

국가가 어떠한 심사나 노동 요구 등의 조건 없이 모든 사회 구성원 개인에게 일정 금액을 개별적으로 지급하는 소득이다. 수급자를 선별하지 않고 누구에게나 혜택을 주는 복지 즉 보편적 복지의 대표적인 예이다. 사회경제적 불평등이 심해지는 가운데 만성적인 일자리 부족 현상이 나타나면서 점점 더 세계적인 관심을 모으고 있다. 미국 알래스카 주에서는 공동의 천연자원인 석유를 채굴하는 대가 즉 지대를 석유채굴세(severance tax)라는 이름으로 징수하여 그 운용 수익을 주민에게 균등하게 나누어 주고 있는데 기본소득의 한 사례가 된다.

9. 지대를 환수하면 지가가 0이 되는 이유

완전경쟁시장에서는, 토지 매매가격 즉 지가는 그 토지를 소유함으로써 미래에 얻을 수 있는 이익을 현재가치로 환산한 금액과 같다. 이익이란 토지 임대가치인 지대에서 토지 소유 비용을 뺀 금액인데, 정부에서 지대를 환수한다면 토지 소유를 통해 미래에 얻을 수 있는 이익이 없어지므로 지가는 0이 된다. 일상생활에서 많이 볼 수 있는 주택 임대차에서 보증금과 월세 간의 관계를 생각하면 이해가 쉽다. 보증금을 많이 내면 월세를 적게 내고 월세가 높으면 보증금이 줄어들며 월세가 극단적으로 높아지면 보증금이 거의 없어진다. 지대를 환수한다는 것은 월세를 전부 징수한다는 뜻이므로 토지 취득 시에 한꺼번에 내는 목돈인 지가는 0이 된다.

10. 지대이자차액세로 지가가 일정하게 유지되는 이유

이해를 돕기 위해 간단한 퀴즈를 먼저 풀어 보자. 첫 번째 퀴즈. 예금 이자율이 연 10%인 사회에서 연간 1천만 원의 이자가 생기는 통장이 있다. 이 통장에 들어 있는 원금은 얼마일까? 답은 물론 1억 원이다. 이자율 연 10%인 경우에 1억 원이 예금되어 있어야 연간 1천만 원의 이자가 생길 것은 당연하다.

이와 비슷한 또 하나의 퀴즈를 풀어 보자. 이자율이 연 10%인 사회에서 어느 증서의 소지자에게 연간 1천만 원의 수입이 생긴다고 하면 이 증서는 얼마에 거래될까? 답은 약 1억 원이다. '약' 1억 원이라고 한 것은 수입이 발생하는 시기에 따라 답이 약간 다를 수 있기 때문이다. 수입이 연 1회 발생한다고 하면 증서 가격은 1억 원과 1억 1천만 원 사이가 된다. 수입 발생 직전에는 증서 가격이 1억 1천만 원에 육박할 것이고, 수입이 발생하고 나면 즉시 1억 원으로 떨어진다. 그러나 수입이 매일 조금씩 나누어 발생한다면 1억 원을 약간 상회하는 일정한 금액으로 매일 동일하게 유지될 것이다.

이제, 증서 대신 토지를 대입해 보자. 어느 토지의 가격이 등기부에 1억 원으로 기재되어 있고 정부가 매년 토지 소유자로부터 1억 원에 대한 이자를 제외한 지대를 징수한다고 하면 이 토지는 얼마에 거래될까? 이 경우 토지 소유를 통해 얻을 수 있는 수입은 이자뿐이므로 지가는 당연히 그 이자에 상응하는 원금, 즉 등기부에 기재된 1억 원으로 거의 고정된다. 물론 이 경우에도 1년에 한 번 납부하는지, 같은 세액을 여러 차례 나누어 납부하는지에 따라 결과가 약간 다르겠지만 그 정도는 무시해도 좋을 것이다(김윤상, 2009가: 227-228).

11. 함석헌 1901~1989

사상가, 사회운동가, 종교인으로서 권력의 탄압에 굴하지 않고 줄곧 바른 소리를 낸 인물이다. 함석헌 기념사업회 웹사이트(www.ssialsori.org)의 소개를 인용한다. "함석헌의 삶과 사상은 어둡고 혼탁한 시대를 비추는 밝은 등불과 같고, 부패하고 황막한 세상 속을 흐르는 맑은 샘물과 같다. 일제 지배와 군사독재로 이어진 굴절되고 왜곡된 험난한 민족사 속에서 그는 평생 돈 욕심 안 내고 자리다툼한 일 없이 믿음과 양심의 길을 곧게 갔다."

12. 인클로저 enclosure

15~16세기 영국 사회에 큰 영향을 주었던 현상으로서 enclosure란 땅에 울타리를 친다는 뜻으로 종획이라고 번역하기도 한다. 당시 양모 가격이 오르자 울타리를 치고 양을 기르려는 사람들이 많아졌다. 그러자 종전에는 누구나 출입하고 경작할 수 있었던 공유지가 대량으로 사유화되었고, 경작할 땅을 잃은 수많은 농민이 도시 빈민으로 전락하고 말았다.

13. 로버트 노직 Robert Nozick, 1938~2002

1974년 저서 『아나키, 국가, 유토피아』(*Anarchy, State, and Utopia*)를 통해 최대자유주의의 철학적 근거를 제시하였다. 큰 시장 작은 정부를 추구하는 신자유주의가 1980년대 이후 세계를 지배하면서 이를 철학적으로 뒷받침하는 노직의 사상은 상당한 주목을 받아 왔다. 존 롤스(John Rawls)가 1971년에 『정의론』(*A Theory of Justice*)을 출간하여 최불운 계층을 위한 정부 개입을 정당화하는 근거를 제시하였는데, 하버드

대학교 철학과에 같이 재직하던 17살 연하의 노직 교수가 곧바로 이 책을 통해 반대 주장을 펼쳤다는 점에서도 화제가 되었다.

14. 국가공무원법 중 지역인재 추천채용제

제26조의4(지역 인재의 추천 채용 및 수습근무) ① 임용권자는 우수한 인재를 공직에 유치하기 위하여 학업 성적 등이 뛰어난 고등학교 이상 졸업자나 졸업 예정자를 추천·선발하여 3년의 범위에서 수습으로 근무하게 하고, 그 근무기간 동안 근무성적과 자질이 우수하다고 인정되는 자는 6급 이하의 공무원(제4조제2항에 따라 같은 조 제1항의 계급 구분이나 직군 및 직렬의 분류를 적용하지 아니하는 공무원 중 6급 이하에 상당하는 공무원을 포함한다. 이하 같다)으로 임용할 수 있다. 〈개정 2010. 3. 22., 2011. 5. 23., 2012. 12. 11., 2015. 5. 18.〉

15. 승자의 저주 winner's curse

경쟁에서 이긴 승자가 승리의 이익을 누리지 못하고 오히려 사정이 더 나빠지는 것을 의미한다. 예를 들면 경매에서 승리에 집착하다가 지나치게 높은 가격에 낙찰받거나 경매 후 거래 가격이 낙찰가에 못 미쳐서 경매의 승자가 오히려 손실을 입는 경우가 이에 해당된다. 경쟁지상주의의 폐단으로 많이 인용된다.

16. 비교우위설

리카도(David Ricardo, 1772~1823)가 제시한 이론으로서 국제 분업을 통한 자유무역이 당사국 모두에 도움이 된다는 내용이다. 예를 들어 갑, 을 두 나라가 A, B 두 상품을 생산하는데 갑 나라 내에서는 A의 생산성이 B보다, 을 나라 내에서는 B의 생산성이 A보다 높다고 하자. 이때 두 상품 생산성에서 모두 갑이 을보다 절대적 우위에 있다고 하더라도 각기 상대적 우위에 있는 상품 즉 갑은 A, 을은 B의 생산에 특화하여 자유무역을 하는 것이 두 나라 모두에게 이익이 된다는 것이 리카도의 설명이다. 자유무역의 근거로서 널리 인용되어 왔다.

17. 초과부담 excessive burden

정부가 세금을 징수하면 납세자의 소득이 세액만큼 줄어들 뿐이라고 생각하기 쉽지만 경제 전체에 미치는 악영향은 그보다 큰 것이 보통이다. 예를 들어, 부가가치세를 징수하면 가격이 올라서 민간의 수요가 줄어들고, 그에 따라 공급도 줄어든다. 또 소득세를 징수하면 근로 의욕에 영향을 주어 노동 공급이 줄어 결국 국민 경제가 위축된다. 이처럼 국민경제에 돌아가는 피해가 징수하는 세액보다 더 클 때 그 차액을 초과부담이라고 한다.